安徽省皖北文化研究中心重点课题
“挖掘皖北经济文化资源，重构新时代阜阳形象”
（项目编号：xdhzpt201705）阶段成果

淮河历史文化丛书 | 吴海涛　李良玉　主编

淮河流域非物质文化遗产

吴　云　路　倩　著

黄山书社

图书在版编目(CIP)数据

淮河流域非物质文化遗产 / 吴海涛, 李良玉主编;
吴云, 路倩著. —合肥: 黄山书社, 2020.12
(淮河历史文化丛书)
ISBN 978-7-5461-8888-1

Ⅰ.①淮… Ⅱ.①吴… ②李… ③吴… ④路…
Ⅲ.①淮河流域-非物质文化遗产-介绍 Ⅳ.①G127.54

中国版本图书馆 CIP 数据核字(2020)第 000905 号

淮河历史文化丛书·淮河流域非物质文化遗产 吴海涛 李良玉 主编
HUAIHE LISHI WENHUA CONGSHU HUAIHE LIUYU FEI WUZHI WENHUA YICHAN 吴 云 路 倩 著

出 品 人 贾兴权
责任编辑 周振华
责任印制 李 磊
装帧设计 观止堂_未 氓
出版发行 黄山书社(http://www.hspress.cn)
地址邮编 安徽省合肥市蜀山区翡翠路 1118 号出版传媒广场 7 层 230071
印 刷 合肥锐达印务有限责任公司
版 次 2022 年 12 月第 1 版
印 次 2022 年 12 月第 1 次印刷
开 本 700 mm × 1000 mm 1/16
字 数 340 千字
印 张 19.75
书 号 ISBN 978-7-5461-8888-1
定 价 75.00 元

服务热线 0551-63533706
销售热线 0551-63533761
官方直营书店(https://hsss.tmall.com)

总序

淮河，是我国中原腹地的一条古河流，自古就与黄河、长江、济水并称为“四渎”，在早期中国的地位举足轻重，在当代仍被列为我国七大江河之一。用“源远流长，博大精深，兼容并包，影响深远”来形容淮河文化，绝不为过。淮河流域在我国数千年的文明发展史上，始终占有极其重要的位置。淮河流域不但在地形、降水、气候上表现出明显的过渡性质，而且具有相对封闭又便于交流的地域形态，独流入海的淮河使得该流域成为一个相对完整的文化体系。淮河流域东部面向大海，西部深入中原腹地，涵盖中原文化区、海岱文化区，其南又有宁镇文化区，正处在东、西、南、北文化交汇之处，因此形成了十分复杂的古文化面貌，表现出特有的多元性、过渡性和开放性。淮河流域在5000多年的中华文明史中孕育了灿烂辉煌的文化遗产，这些丰富多彩的历史文化不仅代表了中华文明的卓越成就，还彰显了淮河流域在古代社会的重要地位，更对中华文明的形成产生了重要作用。

“说史自省，研古鉴今。”研究传统文化是为了更好地造就新文化、服务新文化，为今天大力发展社会主义精神文明服务。本套丛书以淮河流域历史文化为研究对象，以“淮河文化的历史溯源”“淮河历史文化的纵向传承与变迁”“淮河历史文化的横向内涵与外延”“淮河历史文化的自身特征”为四个子系统，运用“全息史观”理论，多角度、全方位系统考察淮河文化的历史发展与演变，探讨淮河流域历史文化的内涵、外延。同时，通过与其他区域文化的比较，细致研究淮河流域历史文化的特征。该研究可以进一步促进和深化淮河历史文化的研究，拓展我国区域社会历史文化研究的空间，丰富区域社会文化史研究的内容，进一步推动我国文化史研究向前发展。

学术界对淮河流域历史文化的研究取得了相当不错的成绩。然而，今天看来，淮河流域历史文化研究还存在一些比较薄弱的环节，主要表现在：其一，淮河历史文化整体性研究不足，研究深度有待提高，系统性的资料挖掘和整理还比较缺乏。其二，相对于经济史研究而言，淮河流域文化史研究有待加强。一方面，各个时期、各专题研究存在不平衡的现象；另一方面，就研究角度而言，对历史时期淮河流域治乱兴衰与文化传承间的关系研究涉及较少，对淮河流域文化传承与变迁的深层次原因等问题研究不够深入。其三，研究成果资鉴性不明显。淮河流域文化变迁史昭示着中国文明的兴衰。淮河流域文化传承与变迁是一个漫长过程，而影响这种变迁的因素又是至为复杂和不断变化的。在种种因素中寻找出某些有规律性的现象，总结经验教训，找出症结所在，并为该地区今后文化的可持续发展提供历史借鉴，是既有学术价值又有现实意义的课题。其四，影响不足。碎片化、个案化、学术化较强，使得关心、关注淮河流域的读者对其缺乏整体性、连贯性、易接受性的了解。

本套丛书共包括《淮河流域早期文明》等八本书，分别是：

《淮河流域早期文明》：淮河流域地处我国东部之中，气候温和，土地肥沃，雨量适中，物产丰富，人杰地灵，开发历史悠久，是我国经济、文化较早繁荣发达的地区之一，也是中华文明的早期起源地之一。沂源人、许昌人化石是我国较早的猿人化石。该流域也以发达的稻作农业和丰富的礼乐文化而著称于世，从史前到夏商周三代，都成为中华文明的重要源头之一。在中华文明的形成过程中，作为三大集团（华夏、东夷、苗蛮）之一的东夷集团扮演了不可或缺的角色。先秦时期东夷文化产生、发展、繁荣直至融入华夏文明的过程，其实质是与中原华夏文明及其周边诸文化之间相互交流、碰撞、融合的过程。春秋时期淮河流域就有了水利开发的历史，而且还取得了很大的成就。楚庄王时，孙叔敖在淮河流域兴修水利。吴王夫差开挖邗江，沟通江淮。邗沟连同后来修建的菏水、鸿沟运河，都是中国早期运河。淮河流域在先秦时期就处在政治、经济、文化的中心地位，史前时期的农业、手工业、家畜饲养以及历史遗存（如聚落、建筑）是其物质文化的重要基础；文字、音乐、思想等则是精神层面的典型表现。淮河流域还是中华思想的发源地。孕育于淮河流域的这些文化因素，不但起源时间早，而且发展程度较高，为早期中华文明的形成作出了重要贡献。

《淮河流域民俗风情》：淮河流域生产习俗是民众在长期的生产实践中创造、享用的物质文化事象。生产习俗具有周期性、延续性、区域性特征。迎春活动隆重，农业的禁忌、祭祀多样。手工业尊崇行业祖师爷，师徒关系严格。商业开张敬财神、重禁忌，庙会活动兴盛，会馆与商会较多。淮河流域服饰官民有别，贫富悬殊。日常米面同食，以面食为主，日常菜肴贫富有差异，饮酒在饮食中占有重要地位。建房有禁忌，喜聚族而居。民众远行多择吉日、晴日，出行的禁忌风气较浓。淮河流域有幼儿诞生庆贺的习俗，满月、百天、周岁都要庆贺。给长者祝寿是中华民族尊老敬老的传统之一，民间甚为重视且气氛祥和。婚姻重礼仪，重视贞节观，下层民众的婚姻困难较多。丧葬讲究礼仪，贫富人家丧葬有差异。淮河流域对岁时节日极为重视，并形成自己的特色。初一吃素饺意为素素净净过年。正月十五吃元宵意谓和和美美。清明节给坟“添土”延续着怀念故人的思绪。端午节吃粽子、佩带香袋等既是对屈原的纪念，也是对饮食文化的沿袭。七夕节是我国传统节日中最具浪漫情调的。中秋节讲究团圆，体现了亲情最重。重阳节敬老、爱老成为全社会共识，传承了自古以来中华民族尊老的美德。淮河流域祈求城隍神保佑民众风调雨顺、安居乐业。宗族建立祠堂，希冀先祖护佑。淮河流域与水患、蝗灾、民生有关的神灵如龙王、刘猛将军、河（湖）神、风神等祭祀之风兴盛。祭祀名宦实际上是对正直、业绩突出官员的崇拜。民间信仰有诸多功利性、实用性。流域内崇武风气长期盛行，至近代尤为突出，传承至今。

《淮河流域名家大族》：一个家族如若保持数十年甚至数百年而不衰，与该家族重视家训、家风以及家谱有着极为密切的关系。正如钱穆先生指出的：“一个大门第，决非全赖于外在之权势与财力，而能保泰持盈达于数百年之久；更非清虚与奢汰，所能使闺门雍穆，子弟循谨，维护此门户于不衰。当时极重家教门风，孝弟妇德，皆从两汉儒学传来。”本书选取曲阜孔氏家族、龙亢桓氏家族、亳州曹氏家族、颍川钟氏家族、淮南廖氏家族、凤阳汤氏家族、寿县孙氏家族、淮安丁氏家族、太邱刘氏家族、颍州程氏家族等历史时期淮河流域较为具有代表性的十个家族，梳理其发展脉络，阐释其家训、家风，归纳其繁衍不衰的内在原因，研判其在社会历史发展中的作用。这不仅有助于人们了解这段历史，传承弘扬中华民族传统家庭美德，也可为当前社会主义精神文明建设提供有益的借鉴。

《淮河流域灾害与治理》：人和自然关系的和谐，经济发展和人口、资源、环境之间的互相适应，生产发展，生活幸福，生态美丽已经上升为国家战略。这些正是环境变迁史或灾害史关注和研究的重要内容。12世纪以前，淮河是独流入海的，尾闾也十分通畅，水旱灾害比较少，民间也流传着“走千走万，不如淮河两岸”的赞誉。12世纪以后，由于黄河夺淮的影响，淮河水系遭到巨大的破坏，下游入海河道逐渐变为地上河，无法排泄淮河洪水，许多支流发生了变迁或淤废，造成淮河流域经常河水泛滥，受灾严重，尤其是中下游地区。面对灾害，历代统治者虽然也采取过一些治理的措施，实施了一些应对之策，但未能扭转淮河对人民危害巨大的局面，灾害反而愈演愈烈，致使淮河成为一条名声在外的害河。新中国成立后，尽管淮河的灾害仍在持续，但在党中央治淮方针的指引下，数千万淮河儿女几十年如一日艰苦奋斗、团结治水，淮河的治理取得了举世瞩目的伟大成就。新中国在治理水灾方面已经走出了历史上经常出现的因灾致荒、由荒致乱、因乱而水利失修、因水利失修而易生灾害的怪圈。淮河既是中华民族多灾多难的缩影，同时也是中华民族团结奋斗、战天斗地大无畏精神的展现，更是新时代党和人民政府为民造福、改造自然的一座永恒的丰碑。

《淮河流域历史人物》：淮河流域是我国古代著名的帝王之乡，蚌埠怀远诞生了夏后帝启，江苏宿迁孕育了西楚霸王项羽，沛县是西汉开国皇帝刘邦的故乡，亳州为三国曹魏政权曹丕的发迹之所，凤阳则走出了布衣皇帝朱元璋。伴随着这些君主帝王而建功立业的文臣武将也如群星璀璨，如张良、萧何、韩信、英布、鲁肃、吕蒙、诸葛亮、李善长、徐达、常遇春等。淮河流域历史悠久，人文荟萃，开放、包容的社会环境，使各种思想文化在此交流碰撞、混生杂融，并不时迸发、孕育出影响中华文明进程、改写中国历史的深刻思想与睿智哲学。涡水流域是道家文化的肇兴地，道家的创始人老子、庄子都诞生于淮河流域的涡水蒙地。此外，这里还诞生了管子、曹操、华佗、嵇康等一代先哲。近代以来，淮河流域风云激荡，英雄人物辈出。晚清时期，捻军首领张乐行在雉河集起义抗清，军阀始祖苗沛霖割据淮上，盘踞一方。这里还涌现出一批朝廷重臣，诸如两广总督徐广缙、光绪帝师孙家鼐、清末名将马玉昆、长江水师提督程文炳、新疆巡抚袁大化。民国时期淮河流域也孕育出一批致力革命的仁人志士，比如同盟会元老柏文蔚、程恩普，开国元勋周恩来总理。作为将军摇篮的鄂豫皖苏区也横跨淮河流域，许世友、李德生、洪学智、皮定均等一百多位将军都是从这里走出来的。近代以来的淮河流域也是多姿多彩的，银行家周作民、实业家倪道杰、亦官亦商的孙多森、史学家萧一山、考古学家罗振玉、文学家蒋光慈、画家李可染、新闻学家戈公振，等等，他们都用精诚、睿智与努力书写着人生的传奇。

《淮河流域名城古镇》：本书选取淮河流域的安徽、江苏、河南、山东四省近30个历史名城古镇，分上、下两编，分别介绍。全书在充分调研的基础上，对这些名城古镇的建置沿革、水陆交通、城镇变迁、历史遗迹、历史名人、民风民俗、传统美食以及文化艺术等进行较为翔实的介绍。该研究可以丰富淮河流域名城古镇历史文化的研究，有利于读者了解淮河流域名城古镇深厚的历史文化，也为地方政府合理利用名城古镇丰富历史文化资源以及保护名城古镇文化的多样性与独特性提供理论参考。

《淮河流域战争风云》：淮河流域独特的社会经济条件，受到各类政治集团的关注，成为各类政治力量争相控制的地区，也成为中国历史上战争多发地。据统计，中国历史上较为著名的战役有两百余次，发生在淮河流域的约占四分之一。有些战役规模之大，影响之远，深刻改变了中国历史的发展，推动了王朝的更替。淮河流域战争多发频发的原因是多方面的，既有自然地理因素，也有社会阶级因素，同时也与淮河流域所处的战略经济地位密切相关。本书从四个方面介绍了淮河流域发生的著名战役战争，根据其影响、性质将其分为部落之战与诸侯争霸、王朝争战与南北相持、农民起义与农民战争、抗日烽火与解放战争，以点带面，以战役发生、经过为论述角度、节点，辅之背景及影响、意义、后果等，来考察这一时期战争的性质及历史地位。在此基础上，探讨淮河流域战争多发的因素及其战略地位与影响，给人们提供一个观察、了解、评价这一区域历史发展与历史地位的新角度，推动淮河流域历史研究向多视角、多维度纵深发展。

《淮河流域非物质文化遗产》：淮河流域的非物质文化遗产有着悠久的历史和深厚的文化底蕴，有民间文学、传统美术、传统技艺、戏剧曲艺、武术医药等多种文化类型。这些文化遗产不仅种类繁多，内涵丰富，还具有独特的地域特征。淮河流域的非物质文化，有自己的脉络，有自己古老的阵势，它与祖祖辈辈生活在淮河两岸人民的生活紧密结合，同我们血脉中的基因难以割舍，是与生俱来的原真性、原生性文化。非物质文化遗产和自然遗产、物质文化遗产一样具有突出意义和普遍价值。非物质文化是一种具有特殊价值的人类文化活动，以文化形式存在于人类的活动、表现之中。作为一种精神活动，非物质文化遗产如果没有人继承，就会随着掌握它的特定人群甚至特定个人的放弃、灭失而消亡。作为遗产，非物质文化必须有人继承才能得以传承。我们要保护、传承非物质文化遗产，让它成为我们民族文化的巨大资源。

本套丛书由吴海涛和李良玉教授策划，由阜阳师范大学历史文化与旅游学院历史学专业骨干教师分工编写。我们力求将知识性、学术性、通俗性、可读性融为一体，期望更多读者加深对淮河历史文化的了解。淮河历史源远流长，淮河文化博大精深，这是我们编写组短时间内无法完全涉及的。本丛书一定有诸多不足之处，敬请读者指正！

前言

非物质文化遗产是一种具有特殊价值的人类文化活动，以文化形式存在于人类的活动、表现之中，即所谓“艺在人身，艺随人走”，人在艺在，人亡艺绝。作为一种精神活动，非物质文化遗产如果没有人继承，就会随着擅长它的特定人群甚至特定个人的放弃、灭失而消亡。作为遗产，非物质文化必须有人继承才得以传承下去。

淮河流域的非物质文化，有自己的脉络，有自己的古老的传承，包括民间文学、传统美术、传统技艺、戏剧曲艺、杂技医药等，种类繁多，内涵丰富，具有独特的地域特征。它们与祖祖辈辈生活在淮河两岸人民的生命紧密结合，同我们血脉中的基因难以割舍，是与生俱来的、原真性、原生性文化。我们不能把它们糊里糊涂就扔掉，我们也扔不掉。

记得2001年5月18日，联合国教科文组织第一次宣布，中国昆曲等19个申报项目为“人类口头和非物质遗产代表作”。这样，世界公认的遗产就从保护自然遗产、文化遗产，进展到保护非物质文化遗产。非物质文化遗产和自然遗产、文化遗产一样具有重要意义和普遍价值。非物质文化遗产同样积淀着中华民族最深沉的精神追求。

党的十八大以来，习近平总书记多次深刻地阐述了弘扬中华优秀传统文化，对于实现“两个一百年”奋斗目标和中华民族伟大复兴中国梦的重大价值。我们要保护和传承非物质文化，使其成为我们民族文化的巨大资源，让人民群众特别是广大青少年有文化认同感，能更加深切地感受到我国非物质文化遗产的内涵、价值和魅力。

为此，我们必须做点实事来加强对淮河流域的非物质文化遗产的保护。

今天，我们把淮河流域各地的非物质文化遗产编纂成册，希望社会各界通过创造性转化、创新性发展，共同服务于文化建设的时代任务，不断提高人们的思想觉悟、道德水平、文明素养，在新时代不断创造新辉煌。

本书主要收载了淮河流域各地的非物质文化遗产。因篇幅有限，个别地区的非物质文化没有记录在册。在编纂本书的过程之中，我们查阅了大量的书刊资料和网站信息。书中所整理的内容，主要来自淮河流域的四十多个地(市)、近两百个县(市)及相关乡镇政府、企业网站、文化中心以及众多非遗爱好者、保护者和研究者的成果，对此我们表示衷心的感谢!

本书的顺利出版离不开各界同仁的大力支持和帮助。在资料搜集整理过程中，阜阳师范大学历史文化与旅游学院2016级本科生丁然、王莹莹、许江洪、周欣、周文杰等同学为此付出了辛勤劳动。在此一并表示感谢。

目录

第一章 民间文学/1

涂山大禹传说 …… 1
皇藏峪的传说 …… 3
老子传说 …… 5
庄子传说 …… 11
大舜传说 …… 15
凤凰山传说 …… 17
鬼谷子传说 …… 19
孔子诞生传说 …… 23
梁祝传说 …… 24
柳下惠传说 …… 25
孟母教子 …… 26
女娲神话传说 …… 27
陶朱公传说 …… 29
卧冰求鲤 …… 30
汉王拔剑 …… 31
米公洗墨池 …… 32

彭祖传说 …… 34
沈拱山 …… 37
水漫泗州城传说 …… 39
铁山寺宝藏的传说 …… 41
月塔传说 …… 43
张邋遢借牛拉宝塔传说 …… 45
董永传说 …… 46
韩湘子传说 …… 50
灵宝黄帝传说 …… 53
黄帝之死 …… 55
神农播五谷 …… 58
颛顼与共工 …… 59
王莽撵刘秀传说 …… 60

第二章　传统技艺/64

临涣酱培包瓜制作工艺 …… 64
口子窖酒酿造技艺 …… 65
宿州乐石砚制作技艺 …… 65
泗县药物布鞋制作技艺 …… 66
砀山毛笔制作技艺 …… 67
埇桥唢呐制作技艺 …… 67
豆腐传统制作技艺 …… 69
高炉家传统酿造技艺 …… 70

界首彩陶烧制技艺 …… 71
临泉毛笔制造技艺 …… 73
卢家笙制作技艺 …… 74
千年古井贡酒酿造技艺 …… 75
寿州窑陶瓷制作技艺 …… 76
文王贡酒酿造技艺 …… 78
紫金砚制作技艺 …… 80
兰陵美酒 …… 82
曲阜尼山砚 …… 83
枣庄民间缝绣 …… 84
麦秸编织 …… 85
高港宫灯：百年宫灯技艺 …… 86
盐城合成昌醉螺制作技艺 …… 87
黑陶制作技艺 …… 88
洪泽湖地区水车制作与使用技艺 …… 89
淮扬菜烹煮技艺 …… 90
连云港绿茶制作技术 …… 92
汪恕有滴醋酿制技艺 …… 93
蔡记蒸饺 …… 93
档发传统手工制作技艺 …… 94
腐竹制作技艺 …… 96
高浮雕传拓技艺 …… 98

葛记焖饼制作技艺 …… 99
钧瓷烧制技艺 …… 100
宋河酒传统酿制技艺 …… 102
唐三彩烧制技艺 …… 103
真不同洛阳水席制作技艺 …… 105

第三章　戏剧曲艺/108

淮河琴书 …… 108
扁担戏 …… 110
界首渔鼓 …… 111
太和清音 …… 112
清音戏 …… 114
泗州戏 …… 115
淮北梆子戏 …… 118
坠子戏 …… 120
灵璧皮影 …… 123
四平调 …… 126
花腔渔鼓 …… 129
萧县坠子 …… 130
灵璧琴书 …… 132
端公腔 …… 132
淮北大鼓 …… 134
柳琴戏 …… 135

柳子戏 …… 137
吕 剧 …… 138
皮影戏 …… 140
山东梆子 …… 142
枣 梆 …… 143
山东花鼓 …… 145
山东琴书 …… 146
淮海戏 …… 147
淮 剧 …… 149
江苏柳琴戏 …… 151
徐州琴书 …… 152
大平调 …… 154
大弦戏 …… 157
两夹弦 …… 159
河南曲剧 …… 162
怀 梆 …… 164
罗卷戏 …… 167
罗山皮影戏 …… 168
南乐目连戏 …… 170
宛 梆 …… 171
豫 剧 …… 172
越 调 …… 176

河南大鼓书 …… 180
大调曲子 …… 184
河洛大鼓 …… 187
河南坠子 …… 189
南阳三弦书 …… 192
渔鼓道情 …… 194
豫东琴书 …… 196

第四章 音乐舞蹈/198

砀山唢呐 …… 198
五河民歌 …… 199
临北狮子舞 …… 201
独杆轿 …… 202
淮河锣鼓 …… 203
谢郢锣鼓 …… 204
棒鼓舞 …… 206
采莲灯 …… 208
火老虎 …… 209
马戏灯 …… 211
狮子灯 …… 212
菏泽弦索乐 …… 214
鲁西南鼓吹乐 …… 215
牛屯鼓乐 …… 216

山东古筝乐 …… 217
韶　乐 …… 218
鲁南花鼓 …… 220
邵伯锣鼓小牌子 …… 221
洪泽湖渔鼓 …… 222
花船舞 …… 223
板头曲 …… 224
开封盘鼓 …… 225
笙管乐 …… 228
唢呐艺术 …… 230
西坪民歌 …… 232
信阳民歌 …… 233
艾庄铜器舞 …… 235
大仵民间舞蹈 …… 236
灯　舞 …… 237
跑帷子 …… 238
麒麟舞 …… 240
豫西狮舞 …… 241
第五章　武术医药/243
杂技马戏 …… 243
陈抟老祖心意六合八法拳 …… 244
六洲棋 …… 245

五音八卦拳 …… 247
晰扬掌 …… 248
永京拳 …… 249
大洪拳 …… 250
八极拳 …… 251
苌家拳 …… 252
东北庄杂技 …… 253
少林功夫 …… 253
太极拳 …… 254
太乙拳 …… 255
心意六合拳 …… 256
贵氏针灸 …… 257
合水张氏正骨膏药 …… 258
毛氏济世堂脱骨疽疗法 …… 259
象庄秦氏妇科 …… 260
张氏经络收放疗法 …… 261

第六章　传统美术/263

灵璧钟馗画 …… 263
萧县农民画 …… 267
砀山年画 …… 268
灵璧磬石雕刻 …… 270
蚌埠杨氏微雕 …… 273

淮北泥塑 …… 274
殷派面塑 …… 275
阜阳剪纸 …… 276
杜氏刻铜 …… 278
曹县江米人 …… 279
曲阜楷木雕刻 …… 280
郯城木镟玩具 …… 282
金坛刻纸 …… 283
苏州灯彩 …… 285
徐州剪纸 …… 286
徐州香包 …… 286
汴 绣 …… 287
布 艺 …… 290
方城石猴 …… 291
朱氏古建筑彩绘 …… 292
河南省浚县泥塑 …… 293
滕派蝶画 …… 294
镇平玉雕 …… 295
阜阳刺绣 …… 296

参考文献/298

第一章
民间文学

涂山大禹传说

怀远地势险要，以水为障，以山为屏，为历代兵家必争之地。早在四千年前，怀远已是涂山氏氏族聚居之地，孕育出大量丰富多彩的民间文学。这些民间文学以朴实精练的语言，通过歌谣、谚语、民间故事、传说等形式口口相传，记录了历史上的重大事件和风土民情。

“涂山大禹传说”是从远古时代起就在怀远人民中间口头流传的一种叙事体民间故事。大禹治水到此，娶涂山氏女为妻，并在禹会村召会天下诸侯，留下了“三过家门而不入”等许多美好传说。

尧在世的时候，中原地带洪水泛滥，淹没了庄稼，淹没了山陵，淹没了人们的房屋，人们流离失所，很多人只得背井离乡。暴怒的洪水给人们带来了无尽的灾难。在这种情况之下，尧下定决心要消灭水患，于是就开始访求能治理洪水的人。

一天，他把手下的大臣找到身边，对他们说：“各位大臣，如今水患当头，人民受尽了苦难，必须要把这大水治住，你们看谁能当此大任呢?”群臣和各部落的首领都推举鲧。可是鲧治水治了九年，大水还是没有消退。尧一怒之下，革去了鲧的职务，并把他流放到羽山。尧年老了，把帝位禅让给了舜。舜为了治理洪水，也来征求大家的意见。大家都一致推举禹。

禹是鲧的儿子，但是比他父亲的德行、能力都强多了。这个人为人谦逊，待人有礼，做事认认真真，生活也非常简朴。舜就把治水的大任交给了他，并派伯益和后稷两位贤臣协助他的工作。

当时，大禹刚刚结婚才四天，他的妻子涂山氏是一位贤惠的女人，支持丈夫前去治水。大禹挥泪和自己的妻子告别，踏上了征程。

禹带领着伯益、后稷和一批助手，跋山涉水，风餐露宿，走遍了当时中原大地的山山水水，许多地方都留下了他们的足迹。大禹为自己的父亲没有完成治水的大业而深感遗憾，立志一定要完成这项任务。

大禹左手拿着准绳，右手拿着规矩，走到哪里就量到哪里。他吸取父亲采用堵截方法治水的教训，发明了一种疏导治水的新方法，其要点就是疏通水道，使得水能够顺利地东流入海。大禹每发现一个需要治理的地方，就到各个部落去发动民众来施工。当水利工程开始的时候，他就和民众在一起劳动，吃在工地，睡在工地，挖山掘石，披星戴月地干。

他生活简朴，住在很矮的茅草屋子里，吃得比一般百姓还要差。但是在水利工程上他又是最肯花钱的，每当治理一处水患而缺钱时，他都亲自去争取。

他治水时三过家门而不入。有一次他治水路过自己的家，听到小孩的哭声，那是他的妻子涂山氏刚给他生了一个儿子。他多么想回去亲眼看一看自己的妻子和孩子，但是一想到治水任务艰巨，只得向家中茅屋行了一个大礼，眼里噙着泪水，毅然离去。

他治水讲究的是智慧，如治理黄河上游的龙门山就是如此。龙门山口过于狭窄，汛期洪水难以通过，还因黄河淤积，流水不畅。于是禹大刀阔斧，改“堵”为“疏”，就是疏通河道，拓宽峡口，让洪水能更快地通过。禹采用了“治水须顺水性，水性就下，导之入海”的办法，高处凿通，低处疏导。他根据轻重缓急，定了一个治理的顺序，先从首都附近地区开始，再扩展到其他各地。

大禹集中治水的人力，在群山中开道。艰苦的劳动，损坏了一件件石器、木器、骨器，但他们仍然毫不动摇，坚持劈山不止。在他的带动下，治水进展神速，大山终于被劈开，形成两壁对峙之势，洪水由此一泻千里，向下游流去，江河从此畅通无阻。

大禹治水一共花了 13 年的时间，正是在他的治理下，咆哮的河水失去了往日的凶猛之势，平缓地向东流去，昔日被水淹没的山陵露出了水面，农田变成了米粮仓，人们又能筑室而居，过上幸福富足的生活。

后人感念他的功绩，为他修庙筑殿，尊他为“禹神”。后人称中国的疆域为“禹域”，意思就是说，是大禹曾经治理过的地方。禹是治理洪水的领导者，但他为天下万民兴利除害，躬亲劳苦，手执工具，与普通民众一起同洪水搏斗。

大禹治水在中华文明发展史上起了重要作用。在治水过程中，大禹克服重重困难，终于取得了成功，由此形成以公而忘私、民族至上、民为邦本、科学创新等为内涵的大禹治水精神。大禹治水精神是中华民族精神的源头和象征。

皇藏峪的传说

在皇藏峪有这样一个传说：位于瑞云寺西南百余米的悬崖下，有一洞口深 6 米，一巨石正挡在洞口。传说洞口原无巨石，刘邦藏入洞后，忽飞来一石，立于洞口，非近前不能观其洞，所以，这块巨石被命名为“飞来石”。

公远前 205 年，是刘邦被项羽封为汉王的第二年，刘邦乘项羽攻打齐王久战不下的机会，率领五六十万大军袭击其国都彭城(江苏徐州市)。项羽闻讯，马上带领精兵三万绕道萧县东进回击刘邦。项羽大军所向披靡，把刘邦打个落花流水。最后刘邦率残兵败将数十人自彭城一路南下逃至皇藏峪山中。

传说当时楚兵追捕甚急。此时正是中午，只听见项羽的追兵喊声震天，大队人马往皇藏峪方向追奔而来。刘邦不敢懈怠，赶紧在两名将士的搀扶下仓皇向瑞云寺西南百余米的悬崖下攀爬，一路全是荆棘砾石，越爬越陡，真比攀云梯还要艰难。一名将士在前面拽，一名将士在后面推，刘邦磕磕绊绊，费了九牛二虎之力才爬到了悬崖的峭壁下。刘邦心想：如果有一山洞藏身那多好！谁知猛抬头，在其两步之遥，就看见有一天然石洞。刘邦喜出望外，和两将士急忙躲进洞中。该洞为圆形，四壁光滑，洞深不可测，其底平坦。刘邦祈祷苍天：如果能飞来一屏障，遮挡洞口多好！正在这时，刘邦又看见石洞上空一片黑云自天空缓缓而降，一块巨石凌空落下，不偏不斜地落在石洞口，把石洞遮得似严非严，不走近根本不能发现山洞。刘邦心里又暗自求菩萨保佑：能有蜘蛛网再把洞口遮严那多安全，再落下尘埃，给敌人造成一种假象。刘邦意念未泯，猛抬头，又看见成群的大小蜘蛛在洞口不停地织网，顷刻工夫，飞来石、蜘蛛网把洞口遮挡得严严实实。

再说项羽的追兵追进皇藏峪里，看见漫山遍野的黄桑树遮天蔽日，密密麻麻，就是鸟儿在林中也插翅难逃！满峪肃寂，没有道路，将士兵马也无法再进入林中上山搜索。项羽的追兵没发现峪里有刘邦藏匿的迹象，加上天气酷热，将士也无心搜寻，就报告统领说没搜索到刘邦的踪迹，楚兵也就下山返回了。刘邦就在皇藏洞里躲过了生死大劫！

皇藏洞坐落在险关隘口上，羊肠小径蜿蜒曲折，荆棘砾石挡道，攀登者如爬天梯似的步步登高，精力要高度集中，稍不留神就会滚落悬崖。游人要有坚毅的勇气和胆量，才能领略无限风光在险峰的惊喜，一睹皇藏洞的奇险。

老子传说

李耳(约前580—约前500)，字伯阳，又称老聃，后人称其为“老子”。老子是我国古代伟大的哲学家和思想家，道家学派创始人，世界文化名人。

史料记载，老子为今安徽涡阳人，汉族，与孔子同时期而年稍长于孔子。在传说中，老子一生下来时，就有白色的眉毛及胡子，所以被称为老子。老子著有《道德经》，是道家学派的始祖，他的学说后来被庄周进一步发展。道家后人将老子视为宗师，与儒家的孔子不分伯仲。史载孔子曾向老子问道。在道教中，老子是一个主要的神仙，被称为太上老君，尊为道祖。从《列仙传》开始，人们就把老子列为神仙。东汉时期，成都人王阜撰《老子圣母碑》，把老子和道合而为一，视老子为化生天地的神灵，成为道教创世说的雏形。而在西汉时，汉桓帝更是亲自祭祀老子，把老子作为仙道之祖。

《老子》以“道”解释宇宙万物的演变，认为“道生一，一生二，二生三，三生万物”，“道”乃“夫莫之命(命令)而常自然”，因而“人法地，地法天，天法道，道法自然”。“道”为客观自然规律，同时又具有“独立不改，周行而不殆”的永恒意义。《老子》书中包括大量的朴素辩证法观点，例如认为一切事物均具有正反两面，“反者道之动”，并能由对立而转化。其学说对中国哲学发展具有深刻影响。他的哲学思想和由他创立的道家学派，不但对我国古代思想文化的发展作出了重要贡献，而且对我国2000多年来思想文化的发展，也产生了深远的影响。

关于老子的一生，其中更多的是具有传奇色彩的神话传说，这也是他成为道教开山鼻祖的原因之一。

老聃自幼聪慧，静思好学，常缠着家将要听国家兴衰、战争成败、祭祀占卜、观星测象之事。老夫人望子成龙，请一精通殷商礼乐的商容老先生教授老聃。商容通天文地理，博古今礼仪，深受老聃一家敬重。

一日，商容教授老聃：“天地之间人为贵，众人之中王为本。”老聃问道：“天为何物？”先生道：“天者，在上之清清者也。”老聃又问：“清清者又是何物？”先生道；“清清者，太空是也。”“太空之上，又是何物？”先生道：“太空之上，清之清者也。”“之上又是何物？”“清之清者之上，更为清清之清者也。”老聃又问。“清者穷尽处为何物？”先生道：“先贤未传，古籍未载，愚师不敢妄言。”夜晚，老聃以其疑惑问其母，母不能答；问家将，家将不能言。于是他仰头观日月星辰，低首思天上之天为何物，彻夜不能寐。

又一日，商老先生教授道：“六合之中，天地人物存焉。天有天道，地有地理，人有人伦，物有物性。有天道，故日月星辰可行也；有地理，故山川江海可成也；有人伦，故尊卑长幼可分也。有物性，故长短坚脆可别也。”老聃问道：“日月星辰，何人推而行之？山川江海，何人造而成之？尊卑长幼，何人定而分之？长短坚脆，何人划而别之？”先生道：“皆神所为也。”老聃问道：“神何以可为也？”先生道：“神有变化之能，造物之功，故可为也。”老聃问：“神之能何由而来？神之功何时而备？”先生道：“先师未传，古籍未载，愚师不敢妄言。”夜晚，老聃以其疑惑问其母，母不能答；问家将，家将不能言。于是他视物而思，触物而类，三日不知饭味。

又一日，商先生教授道：“君者，代天理世者也；民者，君之所御者也。君不行天意则废，民不顺君牧则罪，此乃治国之道也。”老聃问道：“民生非为君也，不顺君牧则其理可解。君生乃天之意也，君背天意是何道理？”先生道：“神遣君代天理世。君生则如将在外也；将在外则君命有所不受。君出世则天意有所不领。”老聃问道：“神有变化之能，造物之功，何以不造听命之君乎？”先生道：“先圣未传，古籍未载，愚师不敢妄言。”夜晚，老聃以其疑惑问其母，母不能答；问家将，家将不能言。于是他求教相邑之士，踏遍相邑之土，遇雨不知湿，迎风不觉吹。

一日，商老先生教授道：“天下之事，和为贵。失和则交兵，交兵则相残，相残则两伤，两伤则有害而无益。故与人利则利己，与人祸则祸己。”老聃问道：“天下失和，百姓之大害也，君何以不治？”先生道：“民争，乃失小和也；失小和则得小祸，然而君可以治也。国争，乃失大和也；失大和则得大祸，大祸者，君之过也，何以自治？”老聃问：“君不可自治，神何以不治？”先生道：“先哲未传，古籍未载，愚师不敢妄言。”夜晚，老聃以其疑惑问其母，母不能答；问家将，家将不能言。于是老聃遍访相邑之士，遍读相邑之书，遇暑不知暑，遇寒不知寒。

下面介绍四则传说。

入周求学

商老先生教授三年，来向老夫人辞行道：“老夫识浅，聃儿思敏，三年而老夫之学授尽。今来辞行，非老夫教授无终也，非聃儿学之不勤也。实乃老夫之学有尽，聃儿求之无穷。以有尽供无穷，不亦困乎？聃儿，志远图宏之童也；相邑，偏僻闭塞之地也。若欲剔璞而为玉，需入周都而求深造。周都，典籍如海，贤士如云，天下之圣地也，非入其内而难以成大器。”老夫人闻此言，心中犯难：一乃聃儿年方十三，宋都尚且难返，去周都岂不如登九天？二乃老氏只留此根，怎放心他孤身独行？正犹豫不知怎么回答，不料先生已猜知其为难处，忙说：“以实相告，老夫师兄为周太学博士，学识渊博，心胸旷达，爱才敬贤，以树人为业，以助贤为乐，以荐贤为任。其家养神童数位，皆由民间选来，不要衣食供给，待之如亲生子女。博士闻老夫言，知聃儿好学善思，聪慧超常，久愿一见。近日有家仆数人路经此地，特致书老夫，意欲带聃儿去周都。此乃千载难逢之良机，务望珍惜！”老夫人听后，不禁悲喜交集。喜先生保荐，使聃儿有缘入周，登龙门有路；悲母子分别，何日能见？思至此，老夫人感到好似聃儿已在千里之外，不觉心酸难抑，潸然泪下。老聃扑入母亲怀中，泣言道：“母亲无须伤心，聃儿决不负老师厚望，待我业成功就，定然早日来接母亲！”说罢，母子二人相拥而泣。良久，母子二人转悲为喜，拜谢先生举荐之恩。三天后，全家与商老先生送老聃至五里之外。老聃一一跪拜，上马随博士家仆西行而去。老夫人遥望聃儿身影远去，方才郁郁入车，闷闷返回。

老聃入周，拜见博士，入太学，天文、地理、人伦无所不学，《诗》《书》

《易》《历》《礼》《乐》无所不览，文物、典章、史书无所不习，三年而大有长进。博士又荐其入守藏室为吏。守藏室是周朝典籍收藏之所，集天下之文，收天下之书，汗牛充栋，无所不有。老聃处其中，如蛟龙游入大海，海阔凭龙跃；如雄鹰展翅蓝天，天高任鸟飞。老聃如饥似渴，博览泛观，渐臻佳境，通礼乐之源，明道德之旨。三年后他又迁任守藏室史，名闻遐迩，声播海内。

高论生死

话说老聃任周守藏室史，数次归家省亲，欲劝母亲随之去周。其母在陈国相邑住久，人熟地熟，不愿远迁。日月如梭，光阴荏苒，转眼间已过三十余年。一日，老聃忽然得到家信，他的母亲病危，于是报请天子，归家省视。待回到家时，母已辞世。面对茫茫大地上一堆黄土，思想九泉之下母亲之灵，回忆母亲慈祥容貌、养育之恩，老聃悲痛欲绝，寝食俱废，席地而坐，沉思冥想。他忽发觉自己愚钝，顺理追索，恍然大悟，如释重负，愁苦消解，顿觉腹饥体倦，于是饱餐一顿，倒头大睡。家将、侍女皆感奇怪，待其醒来，问其缘故。老聃答道："人生于世，有情有智。有情，故人伦谐和而相温相暖；有智，故明理通达而理事不乱。情者，智之附也；智者，情之主也。以情通智，则人昏庸而事颠倒；以智统情，则人聪慧而事合度。母亲生聃，恩重如山。今母辞聃而去，聃之情难断。情难断，人之常情也。难断而不以智统，则乱矣，故悲而不欲生。今聃端坐而沉思，忽然智来，以智统情，故情可节制而事可调理也。情得以制，事得以理，于是腹中饥而欲食，体滋倦而欲睡。"

家将问道："智何以统情？"

老聃道："人之生，皆由无而至有也；由无至有，必由有而返无也。无聃之母及聃之时，无母子之情也；有聃之母及聃，始有母子之情也；母去聃留，母已无情而子独有情也；母聃皆无之时，则于情亦无也。人情未有之时与人情返无之后不亦无别乎？无别而沉溺于情，悲不欲生，不亦愚乎？故骨肉之情难断矣。人皆如此，合于情也；难断而不制，则悖自然之理也。

悖自然之理则愚矣！ 聃思至此，故食欲损而睡可眠矣。”众人闻之，心皆豁然旷达。

函谷著书

周敬王二年(前518)，老聃守丧期满返周。 周敬王四年(前516)，周王室发生内乱，王子朝率兵攻下刘公之邑。 周敬王受迫，当时晋国强盛，出兵救援周敬王。 王子朝势孤，与旧僚携周王室典籍逃亡楚国。 老聃蒙受失职之责，受牵连而辞职，于是辞官归隐，骑一青牛，欲出函谷关，西游秦国。

离开周王朝洛邑不远，但见四野一片荒凉，断垣颓壁，井栏摧折，阡陌错断，田园荒芜，枯草瑟瑟。 田野里不见耕种之马，大道上却战马奔驰不息，有的马还拖着大肚子艰难地尾追其后。 目睹此景，老聃心如刀绞，想道：“夫兵者，不祥之器也，非君子之器。 不得已而用之，适可而止，恬淡为上。 胜而不必自美，自美者乃乐杀人也。 夫乐杀人者，不可以得志于天下矣！ 以道佐人主者，不以兵强天下。 兵之所处，荆棘生焉；大兵之后，必有凶年。 天下有道，却走马以粪；天下无道，则戎马生于郊。 戎马生于郊，则国乱家破矣。”

话说函谷关守关官员关尹，少时即好观天文、爱读古籍，修养深厚。 一日夜晚，关尹独立楼观之上凝视星空，忽见东方紫云聚集，其长三万里，形如飞龙，由东向西滚滚而来，自语道：“紫气东来三万里，圣人西行经此地。青牛缓缓载老翁，藏形匿迹混元气。”关尹早闻老聃大名，心想莫非老子将来？ 于是派人清扫道路四十里，夹道焚香，以迎圣人。

七月十二日午后，夕阳西斜，光华东射。 关尹正欲下关察看，忽见关下稀落行人中有一老者，倒骑青牛而来。 老者白发如雪，其眉垂鬓，其耳垂肩，其须垂膝，红颜素袍，简朴洁净。 关尹仰天而叹道：“我生有幸，得见圣人！”他三步并作两步，奔上前去，跪于青牛前拜道：“关尹叩见圣人。”

老子见叩拜之人方脸、厚唇、浓眉、端鼻，威严而不冷酷，柔慈而无媚态，早知非一般常人，故意试探道：“关令大人叩拜贫贱老翁，非常之礼也！老夫不敢承当，不知有何见教？”关尹道：“老丈，圣人也！ 务求留宿关舍以指修行之途。”老子道：“老夫有何神圣之处，受你如此厚爱？惭愧惭愧，羞杀老夫矣!”关尹道：“关尹不才，好观天文，略知变化。见紫气东来，知有圣人西行；见紫气浩荡，滚滚如龙，其长三万里，知来者至圣至尊，非通常之圣也；见紫气之首白云缭绕，知圣人白发，是老翁之状；见紫气之前有青牛星相牵，知圣人乘青牛而来也。”老子听罢，哈哈大笑：“过奖，过奖！老夫亦早闻你大名，特来拜会。”关尹闻言大喜，叩头不迭。之后，关尹引老子至官舍，请老子上坐，焚香而行弟子之礼，恳求道：“先生乃当今大圣人也！圣人者，不以一己之智窃为己有，必以天下人智为己任也。今汝将隐居而不出，求教者必难寻矣！何不将汝之圣智著为书？关尹虽浅陋，愿代先生传于后世，流芳千古，造福万代。”老聃允诺，以王朝兴衰成败、百姓安危祸福为鉴，溯其源，著上、下两篇，共五千言。上篇起首为“道可道，非常道，名可名，非常名”，故人称《道经》；下篇起首为“上德不德，是以有德；下德不失德，是以无德”，故人称为《德经》，合称《道德经》。《道经》言宇宙本根，含天地变化之机，蕴阴阳变幻之妙；下篇《德经》，言处世之方，含人事进退之术，蕴长生久视之道。关尹得之，如获至宝，终日默诵，如饥似渴。

圣人辞世

老聃长寿，一百六十余岁仙逝，邻里皆来吊唁。老人哭之，如哭其子；少者哭之，如哭其父母。众人念老子顺民之性、随民之情、与世无争、柔慈待人的大德大恩，皆悲不自胜。老聃好友秦佚来吊唁，至老子灵旁，不跪不拜，拱手致意，哭号三声即止。待其欲转身回去时，邻人拦住问道：“汝非老子好友乎？”秦佚答道；“当然。”邻人道：“既为老子好友，如此薄情少礼，可乎？”秦佚道；“有何不可？”邻人闻言，怒而大声责问道：“其理何在？”秦佚笑道：“吾友老聃有言，生亦不喜，死亦不悲。汝可闻乎？昔日老聃之生也，由无至有，聚气而成，顺时而来，合自然之理，有何喜哉？今日老聃之死也，由有归无，散气而灭，顺时而去，合自然之理也，有何悲哉？生而喜者，是以为不当喜而喜也；死而悲者，是以为不当悲而悲也，生时贵生，死时怕死，皆是以己之意愿而强求生来、强求死去也，皆悖自然之理而任己之情也。如安时而处顺，则哀乐不能入也。而悖自然、违天理，合于道乎？不合于道，可为老聃好友乎？老聃好友者，遵其言而动、顺于道而行者也。吾既为老聃之友，故能以理化情，故不悲。”

邻人闻之，似有所悟，又问：“汝既不悲，何以哭号三声？”秦佚笑道：“吾哭号三声，非因悲也，是与老聃辞别也。一号，言其生而应时，合自然之理也。二号，言其死而应时，合自然之理也；三号，言其在世传自然无为之道，合自然之理也。老聃举足而应时，动止而合道，吾有何悲哉？”众邻闻之，皆言秦佚乃老聃真友，故推其为主葬之人。合土之时，秦佚颂悼文道：“老聃大圣，替天行道。游神大同，千古流芳。”

庄子传说

庄子（约前369—前286），名周，字子休。是中国古代著名的思想家、哲学家、文学家，是道家学派的代表人物，老子哲学思想的继承者和发展者，先秦庄子学派的创始人，先秦七子之一。据《史记》记载，庄子为战国时蒙人（今安徽蒙城县人，一说今河南商丘人），做过蒙地方的漆园吏。他原系楚国公族，楚庄王后裔，后因乱迁至宋国蒙。庄子与道家始祖老子并称为“老庄”，他们的哲学思想体系，被思想学术界尊为“老庄哲学”，然庄子文采更胜老子。其代表作《庄子》被尊崇者演绎出多种版本，名篇有《逍遥游》《齐物论》等，庄子主张“天人合一”和“清静无为”。

2011年5月23日，“庄子传说”经国务院批准列入第三批国家级非物质文化遗产名录。其中山东省东明县庄子传说等项目名列其中。

关于庄子的传说有很多，其中几个比较有意思。

庄仙撒米

传说，庄子在登云桥升仙后，经常在玉皇大帝左右，很受重用。有一年冬天，庄仙到人间巡察以后向玉皇大帝报告说：“人间因为吃不饱，饿死了不少人，处境十分悲惨。我虽然是神仙，却无能为力。人们没有饭吃，拿不出东西供神仙，我也是空着肚子回到天宫。”玉帝听了十分同情，于是就对庄子说：“你带上稻种到人间去，走一步撒一把，借此来帮助人类。”庄仙领旨，出了天宫，带上稻种来到人间，走一步，撒一把。到了春天，地上果然长满了绿油油的稻子。从此，人间就有了大米。自此以后，在庄子观的供品中，除了有馒头、水果，还多了一碗白生生的大米饭。

庄子劝雨

在东明县西南的裕洲屯村有一座登云桥，传说是庄子升仙的地方。庄子升仙后，专管人间百姓生死、名利、行善的事，并且经常和其他仙人在一起谈天说地，谈古论今，逍遥自在。登云桥，在当地老百姓中，是个显灵的地方。有一天，一个喝醉酒的人，回家路过登云桥，站在登云桥头撒尿，碰巧被巡游的东海龙王看见，心中大怒，联合五湖四海大小龙王商量，要三年不给这个地方下雨，要叫这一带干出一场大火，毁了这块土地。自那天起，登云桥这一带久旱无雨，烈日如火，庄稼旱死了一大半。老百姓没办法，就到庄子观去烧香、祭祀、求雨。庄子知道这事以后，就找到东海龙王问明情况，东海龙王生气地说：“你在当地没少行善，他们却这样不尊敬你，在你升仙的地方屙屎撒尿，这样的人一定要惩罚。”庄子说：“一个人犯的错误，不能让一片的老百姓遭殃，你要惩罚就惩罚犯错的那个人，但是老百姓无错，还是要为他们行云布雨，行善积德啊。”东海龙王听罢，就命龙子为这一片的百姓下雨，解除百姓的干旱之苦，就是没有给撒尿的醉汉地里下雨。

庄周试妻

传说庄周隐居南华山苦心修炼十八年，终于修成正果，得道成仙。但他凡心未净，每当静尘修炼的时候，不免引发思乡之情，他的师父老子看他思乡心切，就准他回乡。

初春的一天，风和日丽，庄周归心似箭，阵阵清风相伴，不觉返回故乡庄寨村。庄子心想："我的妻子玉娘，一个人在家粗茶淡饭，孤灯空房十八年，也不知变心没有哇？"

庄周走着走着，忽见有个少妇，跪在路旁一眼泉水边，用扇子扇什么东西。庄周不免好奇心起，问道："你用扇子扇什么呀？""这是一眼回归泉，我的夫君离乡多年。听人说用扇子把泉水扇干，我的夫君就会回来了。"庄周听后，更觉奇怪，一个平常妇女，怎能把泉水扇干呢，我还是帮她一把吧！庄周深施一礼，说道："我帮你扇好吗？"这少妇见眼前来了一位仙风道骨的长者，顺手就把扇子递过去。庄周接过扇子，对着回归泉扇了三下，泉水真的干涸了。这少妇惊喜万分，说道："啊，有仙人相助，俺的夫君要回来了。"此时，庄周才看清眼前这位少妇人竟是自己的妻子周玉娘，庄周惊呆了，玉娘更惊呆了，两人便张开双臂，紧紧地拥抱在一起。

夫妻双双回到家中，庄周不免产生怀疑，我离家时是三间草房，怎么会变成楼堂瓦舍，不是有人暗中相助，一个柔弱女子，怎么会改变家境？他想了想，决定试试妻子玉娘的心。

晚饭之后，庄周托故上床休息，玉娘便支起纺花车在床前纺起线来。不一会，屋外刮起一阵凉风，把庄周身上的被子掀在地上。玉娘急忙把被子盖在庄周身上，却见庄周手脚冰凉，口鼻无息，竟然归天去了。玉娘呼天唤地，悲痛不已，哀叹自己的命运不济，十八年孤居刚结束，好不容易盼到自己的丈夫回来了，想不到一天没过就死了。"天哪！我的命太苦啦！我还不如一死了之。"说着就想往墙上撞。也是玉娘命不该绝，这时一个白面书生来到屋里，没等玉娘开口，这书生便自我介绍："我是先生的弟子，名叫孙怀周，请师母受晚生一拜。"此时，玉娘仍在痛哭，对这书生的话全然没有入耳。这书生继续说："师母，人既已死，哭也无用，眼下操办后事要紧。"这时玉娘方止住哭声，遂邀请村人把庄周入殓。

丧事完毕，已过去三天，孙怀周殷勤料理师父的善后事务。这一天晚上，孙怀周在房里同师母闲聊，言谈之中，极尽关怀。突然，孙怀周惨叫一声，倒在地上，不省人事。这时，玉娘惊呆了！多好的弟子啊！为了师父，竟心力交瘁，累病而死。顿时玉娘泪珠纵横，双手用力把弟子抱起，她哭啊哭啊，泪水终于哭干啦。也许是玉娘太累了，她怀抱着孙怀周竟呼呼地睡着了。

一觉醒来，不见了弟子孙怀周，却见夫君躺在自己怀里。此时，她羞愧难言，顺手把夫君庄周推起，走进室内，扯起三尺白绫，了却了自己的一生。

庄周见妻子死后，不但不哭，反而敲着瓦盆唱了起来。

你死我必埋，我死你必嫁。
我若真个死，一场大笑话。

庄周唱罢，大笑一声，将瓦盆打碎。笑声中突然雷声大作，从天上飘下一块黄绢，上面写着四句箴言：

庄周戏妻，触犯天理。
罚为半仙，不得上天。

关于庄周试妻的故事，民间还有另一种传说。

庄周在一次回家的路上，路过一处新坟，坟前有个穿着孝服的女子在用扇子扇坟。庄子很好奇，上前就问这个女子："为什么要用扇子扇坟呢？"女子说："坟里埋的是我的丈夫，我和丈夫生前很是恩爱，所以他临死的时候很舍不得我，对我说，如果他死了，我可以再嫁，不过别太快，等他坟上的土干了再改嫁。而现在呢，这个坟上的土干得太慢，我和我现在的男朋友都等不及啦，为了不违背誓言，所以用扇子扇坟，希望坟土快点干。"庄周听后，大为感慨，人心变得真可怕，但他也同情这个可怜的女人，于是施法把坟上的土变干了。到家后，庄周把路上遇到的事告诉了妻子田氏，并叹息道："女子都是一样的，我死后，你也会很快改嫁的。"田氏听了气得不得了，把庄周骂了一顿，并发誓一定恩爱到白头。后来庄周生了病，而且越来越严重，临终时他对田氏说，她可以改嫁。田氏又指天发誓说，要与庄周到死恩爱，决不再嫁。

庄周病入膏肓，不久便死了。田氏悲痛地收殓了庄周，把棺木停在屋中。一天，正是庄周的头七，来了个自称庄子学生的公子叫楚王孙，来哀悼庄周。楚王孙长得很英俊，不知不觉田氏爱上了他，两人情投意合，决定结合，而庄周的七七还没过呢。忽然有一天，楚王孙病了，而且越来越严重，田氏急忙请大夫给他看病，大夫说楚王孙的病要用人脑医治，要不然就活不了多久了。可到哪里去找人脑给楚王孙吃啊？田氏伤心之余，忽然想到停在棺材里的庄周。于是，田氏取了斧头劈开棺木，准备取庄周的脑子给楚王孙吃。万万没想到，几斧劈下去，棺木劈开后，庄周竟然复活了。原来这是庄周使用法术试试妻子的，楚王孙就是庄周变化的。田氏羞愤交加，自杀而亡。

因为这个传说有碍庄子形象，所以，在东明县庄寨村一直不让演《劈棺惊梦》这出戏。

大舜传说

传说尧摄政四十年丙辰五月十日上午，下了整整一天一夜的暴雨渐渐变小，不多时，细雨也停了。这时，天空中金光一闪，人们巴望了一天多的太阳，终于露出了笑脸。在家闷了一天多的大人孩子，不约而同地出了门，都想出去透透气。这时，东方突然亮起了一道彩虹，一下子吸引了人们的目光。只见这道彩虹光彩夺目，格外耀眼。正当人们看得尽兴的时候，东虹渐渐暗淡下去，但紧接着西虹出来了。人群中的妫老爷子见到后，连声说："这是吉兆啊，吉兆啊！"

妫老爷子原住在妫家墟落，前几年妫水经常闹水灾，就迁到了诸冯。他原是尧王家族的分支，今年五十多岁了，靠筮卦为生，他的卜卦很灵，对人又和气，因此大伙都尊称他妫老爷子。听他说吉兆，乡亲们都围着他问："这天上出现西虹，怎么个吉兆法？"妫老爷子摸了摸胡子，慢条斯理地说："这是天象昭示。卦书上说，虹，地龙也。龙是世间灵物，降世之时，万物皆以七彩相赠，让其披虹而生，昭示人间会增光增彩，五千年只有一次。五千年前，有过这种天象，降下了伏羲，他披虹而生，成人后创立八卦，使人能定阴阳测祸福，又教人们养蚕抽丝织锦，使人有衣穿，还使人知食粮米，能饱肚。他岂不是大贤大智大能者？五千年后的今天，又呈现同样的天象，岂不又有灵物降生？卦书上还说，东虹有雾西虹雨，南虹雨散北虹哭，就是说，若出东虹，即会雨停变雾；若现西虹，雨会越下越大；若出南虹，天将云收雨散；关键是北虹哭一句，重点在这个哭字上。试想，这灵物降世，能不哇哇大哭吗？不应了那个哭字上吗？”老爷子正说着，就见住诸冯北街东头一个叫柔弦的人边往这边跑着，边高兴地嚷道：“我有儿子啦，我有儿子啦……”这人是有名的弹唱艺人，擅长各种乐器，带嘴的他都会吹，带弦的他都会弹。用他自己的话说“带弦的不会弹丝弓，带眼的不会吹筛子”，因而人们称他喇叭嘴柔弦。他原先也住妫家墟落，论辈分应叫妫老爷子为大爷，他是和妫老爷子一起搬来诸冯的，他老婆也是妫水那儿人，叫握登。去年夏天，妫水又闹水患，握登家断了粮，握登去田野里拔野菜的时候不小心掉入深水之中。柔弦演唱回家，过河时，看到上游冲下一个人，就泅水捞上来，一看，是个姑娘，只剩下一口气儿。柔弦赶紧把姑娘抱回家，好不容易才把她救醒。姑娘把自己的情况一五一十地告诉了柔弦，为了报答柔弦的救命之恩，便嫁给了他。这不，今年就生下了大胖小子。柔弦刚得了儿子，十分高兴，特地跑来向乡亲们报喜，这正应了刚才妫老爷子说的，有大贤大智大能者降生那句话，乡亲们一齐上前祝贺他喜得贵子。柔弦看到了妫老爷子，想起妻子吩咐找妫大爷给儿子起名的事，便对妫老爷子说：“妫大爷，不管我这儿子贵贱，快去给他起个名字吧。”

妫老爷子心想，若这孩子果真是个贤能之辈，为他起个名，无上荣幸，再说乡情难却，就一口应下，和柔弦往他家走去。众乡亲为了看看这个披虹而生的孩子有啥异象，也随后跟去了。

进了柔弦家的大门，妫老爷子走在前面，一眼看到住室窗前有株舜华树，粗壮葱茏，大雨过后，正开出一树鲜花，光彩夺目。妫老爷子心里一动，高兴地对柔弦说：“孩子有名字啦，就叫舜，想叫得俏，就叫舜华，舜华树是吉祥树，这名字最好不过了。”随来的众人听了都叫好。这样，众人未进屋，孩子的名便起好了。

在炕上躺着的握登，听到妫大爷和众乡亲来了，就爬起来把孩子抱在怀里，众人一进屋，她便抱着给人看。不知谁惊奇地说：“快看，这孩子眼里还有两个瞳仁哩。”柔弦因刚生下大胖儿子，激动得忙活这忙活那，没顾上细看，一听这话，忙挤进去往孩子脸上看。她的目光刚与孩子的目光接触，就觉得双眼似有钢针刺了一下，顿觉生疼，但为了不让乡亲们扫兴，强忍着没吱声。他坚持把来看孩子的人们送走后，赶紧找人医治，但因拖了较长时间，最终成了瞽目，故后人称之为瞽叟。

这个目生双瞳的孩子，就是后来造福天下的虞舜大帝。

凤凰山传说

在很久很久以前，在西湖南边的一座山脚下面，住着两个兄妹，哥哥叫春生，妹妹叫秋姑，他们的父母早早就去世了，留下他们相依为命。父母临死时留给他们三亩租田，一间破草房，这是兄妹俩唯一赖以生活的东西。他们起五更睡半夜地耕种着这块田，想多打点粮食。可是秋天谷子刚熟，财主就收租来了，交了租子，剩下的就不够吃了。没办法，兄妹俩只好喝汤吃粥，苦挨苦熬地过日子。

有一年大年三十，有钱的财主家满桌摆的鸡鸭鱼肉；春生家呢，只剩一小盅米。秋姑就煮了一碗稀粥，给哥哥吃，但哥哥想让给妹妹，兄妹俩你推我让，谁也不肯喝。

这时候，鹅毛大雪漫天飞舞，北风呼啦啦地吼得怕人。风雪里来了个求乞的老婆婆，她头发斑白，衣衫褴褛，拄着一根拐杖，一步一颠，边走边呻吟，那沙哑的声音传进了破草房，兄妹俩听得清清楚楚。秋姑说：“哥哥，你听多可怜哪！”春生说：“妹妹，我们叫她到里面来吧。”说着，急忙开门出去，把这陌生的老婆婆扶进屋子。秋姑忙着给她掸落身上的雪花，春生端起那碗推让了半天的稀饭给她喝。

老婆婆在他们家借住了一夜。第二天，雪停了，天晴了。老婆婆起身告别，临走时，她拿出一块白绫送给秋姑，说：“姑娘，用你灵巧的双手，把这块白绫绣起来吧，幸福注定是给勤劳而善良的人的。”秋姑接过来一看，只见那白绫上淡淡描着一只凤凰。

于是，秋姑白天黑夜地绣着这幅白绫，绣呀绣的，绣花针刺破了她的手指，鲜血染在白绫上，她就在上面绣起火红的太阳和朵朵云彩。从立春绣到立夏，她终于把凤凰绣好了。

这幅凤凰图真美呀，那凤凰仰着头，朝着天上火红的太阳，就像活的一样。兄妹俩把它挂在屋子里，越看越高兴。晚上，奇怪的事情发生了。秋姑半夜醒来，见屋子里一片金光，仔细一看，那凤凰从图上下来了。她就把哥哥叫醒，兄妹俩静静地看着。只见那凤凰在屋子里走了几个圈子，便回到那幅白绫上去。

第二天早晨，秋姑起来扫地，在地上捡到一个金凤蛋，兄妹俩高兴极了，把它卖了，换了几亩田和一头黄牛。但紧接着凤凰图的事像一阵风似的传到了县官的耳朵里。县官心想：这图上的凤凰能生金蛋，真是一件奇珍异宝，我一定要把它弄到手！于是，他就把春生传来，说："老爷抬举你，愿意出三百两银子买你的凤凰图。"

春生回答说："凤凰图是我妹妹费了很多心血才绣成的，我们不卖！"

县官听了十分生气，不由分说，就给春生强加了个"盗窃国宝"的罪名，把他关在了牢里，又命衙役到春生家去抢来凤凰图。

凤凰图一到手，县官真是得意极了。他左看右看，乐得呵呵大笑。这天晚上，他坐在太师椅上，守候凤凰下金蛋。到了深夜，突然，凤凰图射出了耀眼的光芒，照得满屋子金光闪亮，那凤凰果然从图上下来了。他以为凤凰要生蛋，赶紧去观察，哪知凤凰气势汹汹向他扑来，没头没脑地乱啄，痛得他在地上乱滚乱喊救命。衙役们闻声赶来，凤凰早就“哗”的一声，冲出窗户朝山上飞去了。衙役将县官从地上扶起来，发现他满脸鲜血，左眼也被啄瞎了。

县官吃了这次亏，还不死心。于是，他就把秋姑传去，对她说，如果能重绣一幅凤凰图，便把春生放出来。秋姑为了救出哥哥，就答应了。于是她从县官那里拿回那块白绫，一针一线地绣了三个月，那绚丽的凤凰又绣好了，可是，留下一对凤眼没有绣。她对县官说，要先放了她哥哥，然后再给绣凤眼。

县官叫衙役把春生放出来。秋姑见了哥哥，便一针绣成了凤眼。这凤凰有了眼睛，就展翅飞了下来，驮着兄妹俩飞上山顶去不见了。后来，人们就把这座山叫“凤凰山”。

鬼谷子传说

“青溪千余刃，中有一道士。云生梁栋间，风出窗户里。借问此何谁？

云是鬼谷子……”这是喜欢卜筮神仙之术的东晋诗人郭璞在他的组诗《游仙诗》里所写的。鬼谷子既是真实的历史人物，在历史上有着重要影响，又是传说最多的神仙人物之一，他身上附上了一层又一层的神秘色彩。历来对他的看法，众说纷纭，莫衷一是。

据山东当地人传说，鬼谷子是其母“食谷而生”，因而取名鬼谷。目前，临漳县谷子村有一座清代的鬼谷子祠堂，保存着一块完整的光绪年间碑刻，上面叙写了鬼谷子的生平事迹和成就，在隔壁村子里，还存有一块明朝的圣母碑。2010年，临漳被中国先秦史学会鬼谷子分会确定为“中国鬼谷子文化之乡”。

“鬼谷子”姓王名禅，字诩，道号鬼谷，是战国时期著名的军事教育家，被世人誉为纵横家的鼻祖。他不仅创办了中国第一所军事学校，还培养了张仪、苏秦、孙膑、庞涓、毛遂等一批叱咤风云的军事家、纵横家，主要著作有《鬼谷子》及《本经阴符七术》。

相传，鬼谷子是村夫庆隆和东海龙女的儿子。庆隆和龙女虽被东海龙王压死在大山之中，化作一座山岭和一道龙泉，但魂魄不散，要为后人造福。

两千多年前，王员外的夫人怀孕三年都没有分娩。初春一天夜里，狂风骤起，电闪雷鸣，大雨如注。突然从空中飞来一个火球，直飞到王夫人床前，正反各转三圈，变成一条小花蛇，慢悠悠钻入王夫人被窝。很快，夫人生下一个满头红发、容貌丑陋的丫头。王员外沮丧地长叹一声拂袖而去，夫人暗暗抽泣。突然，小女儿坐起拉着夫人的手说：“妈妈，别难过，我会变美丽的。”话音刚落，女婴便咽气倒下了。夫人忙把女儿抱入怀中，又拍脑门又捋脖子，不住地哭喊：“儿呀，快醒醒，娘不嫌你长得丑，快醒醒吧。”拍了一次又一次，捋了一遍又一遍，眼泪哭干了，嗓子喊哑了，整整折腾了一个晚上，黎明时分，只听女婴哇的一声苏醒过来。王夫人喜出望外，定睛一看，小女儿满头黑发，唇红齿白，十分可爱。夫人忙让丫鬟请来老爷。王员外看见后大吃一惊，心中不禁思考：三年不坠，火球助催，紫气东来，丑女变美，是大富大贵之兆，王家的好气数。想着想着，王员外不禁大笑不止，走到床前说：“夫人，晨曦吉辰，迎霞聚瑞，我看女儿必然大富大贵，就取名霞瑞，如何？”夫人点头称是。

岁月流逝，转眼十八个冬春过去，霞瑞姑娘身居闺房，学习针线，攻读诗文。她越长越俊俏，白皙的杏仁脸上嵌着一双水灵灵的大眼睛，两个小酒窝间夹着一个樱桃小嘴，令人喜爱。但是她性格倔强，不拘于旧的礼节，善于言谈，又讲道理，对于父母的话也并不是百依百顺。有时厌恶闺中生活，常常在丫鬟陪伴下到花园嬉戏，有时还背着父母到田间去问农桑。有一年大地干旱，河水断流，大地龟裂，五谷不收。王员外家一块三顷地的谷子地里，只留下一棵禾苗，但长势特别喜人，沉甸甸，金灿灿，微风吹拂，点头摇曳，而且还散发出诱人的香味。霞瑞姑娘听说了这棵奇谷，就让家奴收来。奇谷放到绣楼，顿时闺房之内香气四溢，使人陶醉。姑娘对丫鬟小云说：“如此好的谷子，要好好地保存起来，来年多种一些。”丫鬟把谷穗放在手中揉搓，揉着揉着变成了一颗散发着香气的珠子。姑娘接过珠子，正想闻一下，却不想这珠子一下钻进口中，想要吐出来，可又溜进了喉咙。霞瑞咽下珠子不久，就觉得腹内舒畅，筋骨酥软，浑身乏困，一头倒下就睡着了。

一个月之后，姑娘不思饭食，身体渐渐消瘦。王夫人见女儿如此消瘦，十分心疼，问清楚状况后，赶忙请名医调理。霞瑞连吃两个月草药，仍不见效，肚子却一天天大起来。王员外得知消息，如同五雷轰顶一般，把夫人叫到客厅，怒气冲天地说：“你养的好女儿，如此伤风败俗，我乃赫赫大户，叫我如何做人？”夫人忙赔笑脸：“老爷息怒，家丑不可外扬，你要想个两全之策才是呀！”两人如此这般商量半天，决定把女儿连夜赶出家门，免得事后别人说三道四。

霞瑞姑娘蒙冤受屈，在丫鬟小云的陪伴下，毅然离开家门。两个弱小女子，哪里经过这样的磨难？尤其是霞瑞姑娘，腹中已有三月的胎儿，行走更加艰难，双脚都磨成血泡，走走歇歇，歇歇走走。一天中午，她们走到河边，又饿又渴，寸步不想挪动，就坐在河边歇息，刚一坐下，就进入了梦乡。等到她们一觉醒来，面前站着一位和善可亲的老太太，篮子里盛着热腾腾的白馒头，没等她们开口，老太太就把馒头送到她们手中。二人连个谢字都没来得及说，就狼吞虎咽地吃起来。老太太坐下来问道：“两位姑娘怎么这样狼狈，你们要到哪里去？”霞瑞摇摇头没说话，直爽的小云把隐情一五一十地讲了出来。老太太启唇一笑：“这就对了。你们对我讲了真话，我也把真话告诉你们。我乃西天王母，在这里等候你们多时。霞瑞姑娘，你虽是你母亲所生，但不是你母亲的骨血，而是东海龙王女儿的化身。你和庆隆相爱，情真意切，虽然最后未能如愿，但上天有眼，来世相逢。你所吞食的珠子正是庆隆的精髓，而腹中的婴儿就是你和庆隆的后代。”霞瑞和小云双膝跪地，连连叩头，感谢西天王母的指点，又恳求道：“求王母点化，我们该到哪里栖身？”西天老母道：“你们可到谷子村生活。”主仆二人连声道谢，抬头却不见了王母。

不一日，她们便来到了谷子村，却见一村妇在村头迎接。村妇像接闺女似的把她们接入家中。从此，她们老少三个女性组成了一个家庭，朝朝暮暮，形影不离，勤快的小云把村妇和姑娘照料得非常周到。转眼六个月过去了。一天，姑娘正在院里给未来的孩子做衣服，顿觉腹内疼痛难忍，村妇和小云忙把姑娘扶进屋，让她躺在床上，一眨眼村妇变成了西天王母模样，慈祥地说：“姑娘，我们该走了，不到云蒙山，你的孩子是不会出生的。”说话间，只听一声巨响，狂风骤起，小云和霞瑞赶忙闭上眼睛。那床慢悠悠飘了起来，不知不觉便来到云蒙山上空，左转三圈，右转三圈，悠然落到地上。姑娘睁眼一看，好像来到了人间仙境：层峦叠翠，林木葱郁，泉水潺潺，百鸟齐鸣。西天王母把她们带到山洞口：“姑娘请进，这就是你的安身之处。”二人举目一看，树木参天，野花芬芳，正准备向王母说声谢谢，却不见了她的踪影。此时正值暑日，知了声声，真所谓“蝉噪林愈静”。正当她俩欣赏这幽静的环境时，霞瑞又觉腹中疼痛，小云忙搀扶姑娘回到洞内。姑娘一阵头晕目眩，腹中的婴儿就呱呱坠地了，一看是个白胖的男孩。霞瑞和小云喜出望外，热泪盈眶。满月之后，霞瑞把小云叫到眼前问：“云妹，这孩子该姓什么，叫什么呢？”“不如就姓你的姓，孩子降生时知了叫得正欢，取名叫蝉如何？”霞瑞一听十分高兴：“小云，你说到我心坎上了，不过，我因吞食奇谷而生子，就叫鬼谷子吧！”因此后人有叫他鬼谷子的，也有叫他王禅的。据说，鬼谷子长大后到太室山拜华元真人为师，学习道术。华元真人归天时，留给了鬼谷子一卷竹简。那是一部无字天书，白天不见一字，夜晚却有金光闪闪的字，这就是后来的纵横学经典。

孔子诞生传说

据说孔子的母亲颜徵在怀孕后，曾多次与丈夫叔梁纥到尼山祈祷，求山神保佑生个理想的儿子。最后一次祈祷后行至山麓之时，大雾迷蒙，凝雾为雨，然而又瞬间雨止，眼前竟隐约出现一座金碧辉煌的殿堂。颜徵在顿时觉得腹痛，叔梁纥急忙将她扶入殿堂，不多时，孔子便在仙乐声中降生。孔子出生后，立时雾散景移，眼前仍然是一片荒野。颜徵在从昏迷中醒来，看到是一个男孩，十分高兴，但仔细一打量，见孩子头顶似反盂，中低四旁高，且眼露筋，鼻露孔，耳露轮，嘴露齿等，故称“七露”。叔梁纥以为生了个怪物，便把孩子弃于野岭，扶着颜徵在返回家中。此时正值炎炎夏日，孩子躺在草地上热得直喘粗气。天空盘旋的老鹰看见了，忙用翅膀给孩子扇风。傍晚时，从山上下来一只老虎，把孩子衔进山洞(即今夫子洞，又名坤灵洞)，为他哺乳。第二天，一位老者上山打柴，老虎看到后，上前叼着他的衣服，把他引向山洞。老者进山洞后发现了孩子，又见老虎没有伤害他，便明白了老虎的意思，连忙抱起孩子往山下走去。下山的时候，老虎还向老者点头致谢呢。故人称孔子降生是“龙生虎养鹰打扇”，带有浓郁的神话色彩。

在曲阜尼山脚下有一个村庄叫颜母庄，庄子的东南边有一口井，井身倾斜，清澈的井水长年流出，甘甜清澈，即使在最干旱的季节，井水依然不间断流出，这就是传说中的扳倒井。这个“扳倒井”也与孔子的出生有关。

传说自从叔梁纥夫妇把孩子扔掉后，颜徵在日夜思念儿子，于是就瞒着丈夫上山寻找，正巧遇到上山打柴的老者把孩子抱下山来，她非常感激老者。她看到孩子后，心里非常高兴，连忙急着往家赶。走到村头的时候热得大汗淋漓，气喘吁吁，看看怀中的孩子，也热得浑身是汗。这时，忽见路旁一眼水井，旁边有垂柳，颜徵在把孩子放在树荫下，想用水擦擦脸，清凉清凉，可井深又无水桶，只好作罢。她手扶井口自言自语道："要是能把你扳倒，水能自己流出来该多好呵！"哪知她话音刚落，水井竟随着她手扶之势，真的慢慢倾斜起来，接着一股清凉的水流了出来。

孔子诞生的传说，在世人中间尤其是在孔府，是妇孺皆知的，并成了教育启蒙子孙的典故。这也证明了人们对孔子的敬仰之情。

梁祝传说

据山东省济宁市文物局副局长、济宁市梁祝研究会会长、著名的梁祝文化专家樊存常先生考证，梁山伯与祝英台包括马文才，历史上确有其人，他们之间的故事为历史真实事件，而且他们的籍地都在孔孟之乡。

在汉朝时期，作为独生女的祝英台女扮男装前往邹城峄山求学读书，在从九曲村过吴桥东遇到梁山伯，二人一见如故，便一起在峄山求学。二人白天同窗读书，晚上则同寝共眠。三年转瞬即逝，而梁山伯此时并不知晓祝英台是女儿身。有一天，祝英台想念家乡，便起身回家探望。后来梁山伯已经知晓了真相，并发现自己早就爱上了祝英台，于是前往祝英台的家乡寻找她。但祝英台的父母嫌弃梁山伯贫穷无势，野蛮地赶走了梁山伯，并且不顾梁、祝的感情，把祝英台硬是许配给了有钱有势的马家。而梁山伯别后不到一载便郁郁而终。祝英台眼见马家迎亲将至，苦苦思恋梁山伯，情深意切，遂悲伤而死。传说两人死后化作蝴蝶，生生不分离。当地贤达赞其令节，将二人合葬。

柳下惠传说

柳下惠，展氏，名获，字子禽，谥号惠，后人尊称其为“柳下惠”或“和圣柳下惠”。在周朝诸侯国鲁国柳下邑出生，今属山东省济南市孝直镇展洼村，中国古代思想家、教育家、政治家。柳下惠在鲁国做士师时，掌管刑罚狱讼之事。当时鲁王室衰败，朝政把持在臧文仲等人手中。柳下惠生性耿直，不善逢迎，自然容易得罪权贵，竟然连续三次受到黜免，很不得志。100多年后的孔子在谈到这事时还十分气愤，说：“臧文仲其窃位者与？知柳下惠之贤而不与立也！”（《论语·卫灵公》）柳下惠虽然屡受打击排挤，仕途坎坷，但是他的道德学问名满天下，各国诸侯都争着以高官厚禄聘请他，都被他一一拒绝了。有人问其原因，他回答道：“我在鲁国之所以屡次被黜免，是因为坚持做人的原则。如果一直坚持下去，到了哪里也难免遭遇被黜免的结果；如果放弃做人的原则，在鲁也可以得到高官厚禄，那又何必离开生我养我的故乡呢？”

柳下惠“坐怀不乱”的故事闻名天下。传说，古时候的展沟西面有一片茂密的柳林，在一个深秋的夜晚，柳下惠路过柳林时，忽遇倾盆大雨。他急忙躲到一个破庙里避雨，恰在这时，一年轻女子也到此避雨，与他相对而坐。而在半夜时分，年轻女子被冻醒，便起身央求坐到柳下惠怀中，用其体温来驱寒。柳下惠急忙推辞：“万万使不得，荒郊野外，孤男寡女处在一起本已不妥，你若再坐我怀中，更是伤风败俗。”女子道：“世人都知道大夫圣贤，品德高尚，小女子虽坐在怀中，大人只要不生邪念，又有何妨？我如果因为寒冷病倒，家中老母便无人服侍，迟早也是死去，你救我就是救了我母女二人。”柳下惠再无推托之词，只好让女子坐到自己怀中，而外面的暴雨，一夜未停。柳下惠怀抱女子，闭目塞听，纹丝不动，漫漫长夜竟然如同不知女子在怀。天明，雨过天晴，女子不胜感激地说：“人家常说展大夫是正人君子，如今一见，果然名不虚传。”

也有另一种传说是：某年夏天，展获外出访友，途中遭遇大雨，于是他直奔郊外古庙暂避风雨，但刚一踏进门槛，便看见一裸体女子正在里面拧衣，展获急忙退出，立于古槐之下，任暴雨浇注。庙内妇女发觉，躲在门后。此事后传为佳话，故有“柳下惠坐怀(槐)不乱”的美名。

孟母教子

“孟母教子”是古老的汉族民间故事。主要讲述了孟母施教的种种做法，对于孟子的成长及其思想的发展影响极大。“孟母教子”包含“孟母三迁”“买肉啖子”“断机教子”三个小故事。

“孟母三迁”讲的是孟母为了教育儿子成才，选择良好的环境，为孟子创造学习条件的故事。刚开始的时候，孟子一家居住在城北的乡下，在他家的附近有一块墓地，每天都有人在这里挖坑掘土，忙忙碌碌。死者的亲人披麻戴孝，哭哭啼啼，吹鼓手吹吹打打，颇为热闹。那时孟子还很小，模仿能力很强，他看到这般情景，也学着他们的样子，一会儿假装孝子贤孙，哭哭啼啼，一会儿装着吹鼓手的样子，吹吹打打，包括他与邻居嬉戏时，也模仿出殡、送葬时的情景，拿着小铁锹挖土刨坑。孟母一心想使孟子成为好读书、有学问的人，看到儿子的这些怪模样，心里很不好受。她觉得是居地的环境影响了孟子，认为“此非所以居吾子也”，就决定搬家。不久，孟母把家搬到城里。当时的商业已经较为发达了，在一些大城市里既有从事商品买卖的店铺，也有远来做生意的行商。孟子居住的那条街十分热闹，有卖杂货的，有做陶器的，还有榨油的油坊，而孟子家的隔壁是一个铁匠和一个屠夫，每天人来人往，络绎不绝。孟子天天在集市上闲逛，对商人的叫卖声最感兴趣，每天都学着他们的样子喊叫喧闹，模仿商人做买卖。

孟母觉得这也影响到孟子的学习，所以又决定搬家。这次搬到城东的学宫对面。学宫是国家兴办的教育机构，聚集着许多既有学问又懂礼仪的读书人。学宫里天天书声琅琅，可把孟子吸引住了。他时常跑到学宫门前张望，有时还看到老师带领学生演习周礼。周礼是一套祭祀、朝拜、来往的礼节仪式。在这种气氛的熏陶下，孟子也和邻居的孩子们做着演习周礼的游戏，“设俎豆，揖让进退”。不久，孟子就进这所学宫学习礼、乐、射、御、术、数六艺，并且学有所成。孟母非常高兴，于是就在此处定居下来了。

“买肉啖子”的故事是讲有一次邻居家磨刀霍霍，正准备杀一只小猪。孟子非常好奇，就跑去问母亲：“邻居在干什么？”“在杀猪。”“杀猪干什么？”孟母笑了笑，随口说道：“是给你吃啊。”说完孟母便后悔了，本身孟母就常教导孟子要诚信，如今为什么要骗他呢？于是为了弥补这个过失，孟母真的买了邻居的猪肉给孟子吃了，以此教育孩子做人要“言必信，行必果”。

“断机教子”讲的是孟母鼓励孟子读书不要半途而废的故事。孟子少年读书时，开始不用功。有一次，孟子放学回家，孟母正坐在机前织布，她问儿子：“《论语》的《学而》篇会背诵了吗？”孟子回答说：“会背诵了。”孟母高兴地说：“你背给我听听。”可是孟子总是翻来覆去地背诵一句话：“子曰：‘学而时习之，不亦说乎？’”孟母听了既生气又伤心，举起一把刀，“嘶”的一声，一下就把刚刚织好的布割断了，麻线纷纷落在地上。孟子看到母亲把辛辛苦苦才织好的布割断了，心里既害怕又感到痛心，忙问母亲出了什么事。孟母教训儿子说：“学习就像织布一样，你不用心读书，就像断了的麻布，布断了再也接不起来了。学习如果不时时努力，常常温故而知新，就永远也学不到本领。”说到伤心处，孟母呜呜咽咽地哭了起来。孟子深受感触，从此以后，他牢牢地记住母亲的话，起早贪黑，刻苦读书。

女娲神话传说

传说女娲是人首蛇身，但她是一位善良的神，她为人类做过许多好事。比如说她曾教给人们婚姻，还给人类造了一种叫笙簧的乐器。传说当人类繁衍起来后，忽然水神共工和火神祝融打起仗来，他们从天上一直打到地下，闹得四处不宁。结果祝融打胜了，但败了的共工不服，一怒之下，撞向了不周山。不周山崩裂了，支撑天地之间的大柱折断了，导致天出现了一个大窟窿，地也出现了一道道大裂纹，山林烧起了大火，洪水从地底下喷涌而出，龙蛇猛兽跟随着出来吞食民众，人类面临着空前大灾难。

女娲目睹人类遭到如此奇祸，感到无比痛苦，于是决心补天。她选用各种各样的五色石子，将它们熔化成浆，然后用这种石浆将天上的窟窿填好，随后又斩下一只大龟的四条腿，当作四根柱子将倒塌的半边天支撑了起来。女娲还擒杀了残害人类的黑龙，止住了龙蛇的嚣张气焰。最后为了堵住洪水不再漫流，女娲还收集了大量芦草，把它们烧成灰，堵塞四处蔓延的洪流。经过女娲一番辛劳整治，苍天总算补上了，地填平了，水止住了，龙蛇猛兽消失了，人们又重新过着安乐的生活。但是这场特大的灾祸毕竟留下了痕迹：天还是有些向西北倾斜，因此太阳、月亮和众星辰都很自然地归向西方，又因为地向东南倾斜，所以一切江河都往那里汇流。

女娲造人的故事是讲在盘古开天辟地之后，女娲滑行在大地上，四处观赏这个崭新的世界。她热爱树木花草，但她更陶醉于那些活泼、更富有朝气的鸟兽虫鱼。打量几番后，女娲认为盘古的创造还算不上完整，鸟兽虫鱼的智力远远不能使她满意，她要创造出比任何生物都要卓越的生灵。这样，世上就有了能主宰和管理万物的生命，也就不会仅仅只是野草漫山、野兽成群、飞禽成帮，世界也就不会寂寞和荒凉了。但是女娲也不知道创造什么好，当她沿着黄河滑行，低头看见了自己美丽的影子，不禁高兴起来，她决定按照自己的形貌来捏泥人。女娲心灵手巧，不一会儿就捏好了好多的泥人。这些泥人几乎和她一样，不同的是她给他们做了与两手相配的双腿，来代替尾巴。女娲朝着那些小泥人吹口气，那些小泥人便被注入了活力，“活”了起来，变成了一群能直立行走、能言会语、聪明灵巧的小东西，女娲称他们为“人”。女娲在其中一些人身上注入了阳气——自然界一种好斗的雄性要素，于是他们就成了男人；而在另外一些人身上，她又注入了阴气——自然界一种柔顺的雌性要素，于是她们便成了女人。这些男男女女的人们围着女娲跳跃、欢呼，给大地带来了生机。但是女娲想让人们遍布广阔的大地，然而她很累，做得也太慢了。于是，她想出一条捷径。她把一根绳子放进河底的淤泥里转动着，直到绳的下端整个儿裹上一层泥。接着，她提起绳子向地面上一挥，凡是有泥点降落的地方，那些泥点就变成了一个个小人。女娲就这样创造了布满大地的人类。为了使人类绵延不绝，女娲为人类建立了婚姻制度，让男女互相配合，生儿育女，使人类能繁衍到如今。

陶朱公传说

陶朱公，本名范蠡，字少伯，楚国宛城三户(今河南省南阳淅川县)人，是春秋末期的政治家、军事家和经营思想家。传说，范蠡弃官之后，一路向西到陶(今山东菏泽定陶区)，因为陶“天下之中，诸侯四通”，所以就定居在陶，开创伟业，“定陶”之名由此而来。

关于范蠡在定陶经商致富的史实，最权威的记载当属司马迁的《史记·货殖列传》：“浮于江湖，变名易姓，适齐为鸱夷子皮，之陶为朱公。……故善治生者，能择人而任时，十九年之中，三致千金，再分散与贫交疏昆弟。”

相传在春秋时期，范蠡帮越王灭掉吴国后，就丢弃官职跑到了宜兴丁山一个叫作台山的村子。他发现当地黄龙山的泥土可以制作陶器，就教村民采泥做坯、筑窑烧陶，但烧出来的陶器不是变形就是没有烧透，并且陶器上还有很多裂缝，一时之间也没有什么有效的解决办法。有一天，西施淘好米，动手烧饭。范蠡见火苗很旺，射得很高，心想这不是浪费柴火吗？就把垫在锅底的三块石头拿掉。西施说：“锅子压在火上，火就烧不旺了。”果然，三块石头拿掉后，火就萎了下去。范蠡想：假如烧窑时泥坯不着地，垫空烧，不是很容易烧透吗？按照此法，烧出来的残次品少了。后来，人们称这种石头叫“脚石”。

又有一天，范蠡做完活回家，西施正在烧饭，烧着烧着，饭锅滚了。西施立刻将灶里的木柴夹出来，只留几块在里面。范蠡问："为什么把柴夹出来？"西施说："饭烧滚后要闷一闷，要'还火'。如果一直用大火烧，时间短了做成生饭，长了烧焦。"等到西施"还火"后，开锅盛出饭来，粒粒似珍珠。范蠡吃着吃着，突然想：烧陶器不也和烧饭一样吗？如果一直用猛火，米粒吃不消，就烧焦了，陶器吃不消，就烧裂了。假如烧烧，闷闷，不就既可烧透，又不裂了吗？后来范蠡照着这个方法做，果然取得成功。他把这些方法教给当地百姓，从此当地窑场就兴旺起来。后来，人们就尊奉他为"陶朱公"。

卧冰求鲤

王祥(184—268)，字休征，琅琊临沂人，西晋大臣。王祥因孝名和功绩被加官晋爵，王祥隐居二十余年，后从温县县令做到大司农、司空、太尉。寿终八十四岁，其孝名为历代所传颂。

王祥的母亲在他很小的时候便去世了，他的父亲又给他找了一个继母。但王祥的继母十分讨厌他，并且常常在他父亲面前说他坏话，但是王祥依然对他们很孝顺，在父母生病的时候衣不解带地照顾他们。一年冬天，王祥的继母生病了想吃鲤鱼，但因为天气寒冷，鲤鱼不便捕捞，王祥便赤身卧于冰上，用身体的温度融化冰层，时间一久冰化开以后，从裂缝处跃出两条鲤鱼。王祥十分高兴，便拿着两条鲤鱼回去侍奉继母朱氏。几天后，继母又想吃烤黄雀，但是黄雀很难抓，在王祥忧愁的时候，忽然有数十只黄雀飞进他捕鸟的网中。王祥大喜，马上又用来孝敬继母。他的举动，在十里八村传为佳话，人们都称赞王祥是人间少有的孝子。因而有诗颂曰："继母人间有，王祥天下无。至今河水上，留得卧冰模。"

汉王拔剑

在徐州市铜山区汉王镇的丁塘山下，有两眼泉，一眼叫拔剑泉，一眼叫马扒泉。这拔剑泉是从岩石缝里喷涌出来，就像济南的趵突泉那样，咕嘟咕嘟地往外冒。拔剑泉泉眼是菱形的，活像宝剑插的孔。马扒泉和拔剑泉相连，泉眼像马蹄印窝。两眼泉水一年四季都是恒温16摄氏度，冬暖夏凉，终年长流。流出的泉水经玉带河，流入徐州云龙湖，是云龙湖的重要水源之一。

说起这拔剑泉和马扒泉的来历，还有一段神奇的传说。

相传2200多年前，楚汉相争的时候，当时徐州城名叫彭城，是楚霸王项羽的国都。霸王建立楚国后，为了扩张地盘，率领大军北上攻打齐国（现山东），只留下少数兵马守护国都。汉王刘邦瞅准了这个机会，领着五路诸侯兵，偷袭并攻占了彭城。

刘邦打下彭城后，整天洋洋得意，寻酒作乐，忘乎所以。再说霸王在齐国打仗，忽听探马来报，国都彭城失陷，非常震惊。项羽亲领3万精兵，趁夜半天黑，突然猛攻彭城，这一战刘邦大败。

刘邦带着残兵败将，往彭城西南方向逃窜。霸王项羽领大军紧追不舍，至汉王的丁塘山下，把刘邦的残兵败将团团围困。刘邦兵马已无路可逃，再加上又渴又饿，疲惫至极，只好下马休息。绝望的刘邦从腰中拔出宝剑，朝石头上一捌，仰天长叹道："天亡我也！"谁知，当他从石头缝中拔出宝剑时，一股清澈的泉水随剑喷涌出来！与此同时，他的马也急躁不安地用蹄子扒地，巧得很，马蹄子也扒出了泉水。刘邦的兵马饮泉水解渴，疲劳大减，精神大振，全力拼杀冲出了项羽的重围，此后才得以东山再起，打败了项羽，一统天下，当了皇帝。

从那以后，刘邦拔剑出水、马扒成泉的传说，就像泉水一样，一直流传在汉王镇的民间。

在公元前190年前后，刘交为了给其兄刘邦歌功颂德，在刘邦死后，在其当年大难不死、逢凶化吉的风水宝地——拔剑泉旁建起了规模宏大、建筑雄伟的汉高祖庙，庙内有一刀劈状巨石，上书“试剑石”。高祖庙后经历代整修成为徐州西部最大的庙宇，当地人称之为汉王庙。

在拔剑泉南岸的绿草地中，立着十余块不同年代、大小不一的碑碣，碑碣上深浅不一的文字记载着这方神泉千年不逝的历史，印证着拔剑泉与马扒泉千年的涌动和古朴的汉风。

汉王拔剑泉和马扒泉传说起源于汉代，历时2200余年，经久不衰。徐州知府苏东坡曾为拔剑泉开辟水道，使泉水向北流入石狗湖(今云龙湖)形成现在的玉带河。

“策马来寻拔剑泉，汉王遗迹尚森然。一泓暗泄碧峰外，百丈晴拖绿树边。溜响消残龙战气，芒寒微动灞陵烟。鸿沟寂寞乌江冷，不信清流此地偏。”这首《拔剑泉》古诗是清乾隆三十三年间，一位名叫邵大业的徐州知府写下的。

现在人们所看到的拔剑泉已用水泥砌成一个长方形大井，马扒泉则扩展成一个蓄水湖。两泉涌水昼夜不断，净逸温润，流水量约为每天2592立方米，成为徐州市云龙湖及汉王镇农田灌溉的重要水源之一。

米公洗墨池

素有“苏北小西湖”之称的五岛公园，有一个二百平方米左右的砚形水池，人称“米公洗墨池”。

米芾(1051—1107)，北宋书画家，字元章，号鹿门居士，祖籍太原，后迁湖北襄阳，晚年定居镇江。米芾在宋徽宗时被召为书画学博士，擢礼部员外郎，人称“米南宫”。其书法与苏轼、黄庭坚、蔡襄齐名，并称“宋四大家”。其山水画多用水墨点染，创造出烟云朦胧的江南风景，人称“米家山水”。为人癫狂不羁，好石成癖，多蓄奇石，有“米癫”之称。他拜石为兄、装癫索砚、以假(画)乱真等趣闻轶事被传为千古佳话。

宋绍圣四年(1097)，米芾知涟水军，公务之余寄情水色风光。他登楼赋诗，举杯邀月，陶醉于眼前的风光霁月之中：“云间皓月，光照银淮来万折。海岱楼中，拂袖雄被楚岸风。”(《减字木兰花·涟水登楼寄赵伯山》)与友人作别，在长淮暮色中诉说着离情别绪，又是一种风情：“双双鸳鸯戏蘋洲，几行烟柳柔。一声长笛咽清秋，碧云生暮愁。钩月挂，绮霞收，浦南人泛舟。娟娟何处烛明眸，相望徒倚楼。”(《阮朗归·海岱楼与客酌别作》)米芾才思敏捷，超逸清丽的词句，为我们描述和保存了北宋时涟水古朴宁静、自足安宁的写意景致。

米芾在涟二年，勤于政事，断狱“迎刃无留滞”，“淮水吹载稀讼牒，典客门闭闲壶浆”。米芾在涟期间，政通人和，风清气正，以致诉讼稀少。正因此，米芾在公事之外才有闲暇挥毫泼墨、吟诗作赋，创作了许多诗词及书法作品。其行文落款常署“涟漪老垒”和“清涟老令”，充分说明他对“千古涟漪清绝地”的涟水热爱之情。民众很爱戴他，都称他为青天。

米芾对待书法的态度非常严谨。他曾于中秋登海岱楼赏月，看到淮河入海处辽阔壮丽的景色，有感而发写下了《中秋登海岱楼作诗帖》，帖中米芾共前后抄录诗文两次，中间加入一行批注“间有一两字好，信书亦一难事”，足见其求好心切。明代都穆为此帖题跋“夫海岳书，可谓入晋人之室，而其自言乃尔，后之作字者何如耶”，对米芾习书态度大为赞叹。

元祐年间，米公任满即将离去。那天，百姓们得知他要走，各家各户天未亮就起床了。有的拎来了鸡鸭，有的扛来了花生、大米，有的提来了海味，有的送来了果品。可是米公还是跟往常一样，一样礼物都没收。

米公告别了众位乡亲便动身起程。才走了一段路，突然想起来什么，又折转回来，大家都觉得诧异。原来几天前他就叮嘱随从，临行时不许带走涟水一草一木。此时他突然想起自己带走的笔中之墨是涟水之物，于是便转身回来，把笔统统取出，在池中一一洗干净。在场的百姓看到了，都感动得掉下眼泪。传说米公走后，洗墨池上空每天清晨总有薄薄的飞雾萦绕，其景被传为涟水八景之一“墨池飞雾”。

人们为了纪念米芾的为官清正，集政绩、廉洁于一身的德行，就把当年米公洗笔涤墨的水塘称之为“米公洗墨池”。数百年间，洗墨池也几经盛衰，明弘治六年(1493)，县丞李侃在墨池旁树立碑碣云“米公洗墨池”。清雍正四年(1726)夏，知县佘光祖为使米芾芳踪重光，于旧址修池构亭树碑，亲书“米南宫洗墨池”“米公亭”。清乾隆五十一年(1786)发大水，涟水城一片汪洋，米公洗墨池逐渐淤塞。

米芾知涟水军是北宋绍圣年间的事，距今已有900多年历史。9个多世纪以来，不仅米公涤墨昭示清白的故事还在人们中间流传，那个称作“米公洗墨池”的水塘也一直保存至今，还成了游人寻访的一处名胜古迹。多少年来多少代，“米公洗墨池”都是为政之人的一面镜子：廉者寻访至此，踯躅流连，不忍离去；贪者偶然近前，脸热心跳，莫敢仰视。

彭祖传说

彭祖，彭姓，名翦，又称篯铿，中国神话中的长寿仙人。传说他是南极仙翁的转世化身，享寿八百多岁，以长寿著称于世，后道教奉为仙真。据古代典籍记载，彭祖是颛顼的玄孙，于六月六日出生，其父亲陆终，母亲女馈。彭祖精于养生，《庄子·刻意》曾把他作为导引养形之人的代表人物，《楚辞·天问》还说他善于食疗。据《史记·楚世家》载：“彭祖氏，殷之时尝为侯伯，殷之末世灭彭祖氏。”“氏”在上古多用作宗族的称号。

帝尧的时候，他因为进献雉羹，尧便把彭城封给他，所以后世称他为彭祖。舜的时候，他从师尹寿子，学得真道，遂隐居武夷山。

到商代末年，他已有767岁。尽管这么大年纪，可他仍不显衰老，耳不聋，眼不花，背不弯，腰腿不疼。他自幼喜好恬静，不追求名誉，不汲汲于世事，不刻意打扮自己，终日以养生修身为事。商王请他做大夫，他推托不了，只好应诺，却常常以有病为由，不上朝听政。他精通补导之术，常常服用水桂、云母粉、麋角散。彭祖平日沉默寡言，从不夸耀自己有道，也从不做一些诡惑变化鬼怪之事以博取名誉。

彭祖为啥能活八百多岁，而且能葬在彭村呢？这里还有一段有趣的神话传说。

当时，有一个叫采女的女子，也是个得道之人，懂得养生的方法，虽然有二百六七十岁，仍然像四五十岁的样子。商王把她请到宫里，特意建了一所紫阁华屋，装饰上金玉，让采女居住。商王见彭祖不肯传道，就让采女前往，希望由此得知一二。采女便来请教彭祖延年益寿的方法。

彭祖告诉她："若想登天升仙，需要吃金丹，这是太乙白日飞升所用的办法，但这个方法君王不能用。其次应该爱养精神，服用草药，可以长生，但不能役使宠神乘虚飞行。而如果不知交按二道，即使服药，也不能长生。我三岁起，就失去母亲，又遭遇犬戎之乱，流浪西域一百多年，到现在已死去四十九个妻子，五十四个儿子。数遭忧患，和气已被折伤，恐不久于人世。所闻浅薄，不足宣传。听说大宛山中有一位青精先生，已活了一千多岁，仍面如童子，日行五百里。"采女忙问："青精先生是什么仙人呢？"

彭祖说："他不是仙人，仅仅是一位得道者。所谓仙人，或能竦身入云，无翅而飞；或者驾龙乘云，上达天阶；或者化作鸟兽，游浮青云；或者潜行江海，翱翔名山。他们食元气，吃芝草，出入人间，而人却不知道，从不与俗流交接。他们虽能长生不死，但远离人情荣乐，与麻雀化成蛤蟆没什么两样，都失去了自己的本真。我倒觉着，服食甘旨，通阴阳，骨节坚硬，颜色和泽，老而不衰，延年久视，长存世间，不被寒温风湿所伤，不被鬼神众精冒犯，五岳百虫不来伤害身体，也不为喜怒所连累，这是最好不过的了。"

之后，彭祖又教给她房中之术，采女一一领受，回来又教授商王。商王一试，非常灵验，商王就想使此术为自己独家所有，便下令将传彭祖之术的人全部杀死。商王又想加害彭祖，彭祖便逃走了，不知去向。商王行彭祖之术，活到三百多岁，面相气力如五十岁的人。

关于彭祖还有一个传说：原来彭祖和陈抟老祖两人，都在天宫玉皇大帝身边主事，一个管着诸神的生死簿，一个管着功德簿。有一天，陈抟对彭祖说："我劳累过度，想好好睡一觉。如有要紧事，你把我叫醒。"彭祖答："好，你尽管放心睡觉去吧！"彭祖一见陈抟去睡觉，想乘此机会到凡间游玩一番。有一天，他代陈抟更换生死簿名单，发现他的名字也在上面。彭祖一想：不好，如果我到凡间被发现了，玉帝就会很快派人把我召回。他灵机一动，把生死簿上写有"彭祖"名字的那一页纸撕了下来，捻成纸绳订在本子上。从此，这个生死簿上，再也找不到彭祖的名字。他才放心地下凡去了。

彭祖流落人间，做了商朝士大夫。他先后娶了四十九个妻子，生了五十四个儿子，都一一衰老死亡，而彭祖依然年轻力壮，行动洒脱。当他娶了第五十个妻子后，就辞官不做，到处游山玩水，直到这第五十位妻子由当年的黄花闺女变成老太婆时，才定居到宜君县一个小山村。这时彭祖已八百岁了。有天晚上，夫妻俩睡在床上拉话，妻子问他："我是快死的人了，我死后你再娶妻不娶？"彭祖毫不介意地说："当然还要娶，不然谁陪伴我！"妻子又问："你为什么一直不会衰老呢？难道生死簿上没有你的名字吗？"彭祖哈哈大笑："我永远不会死的！生死簿上有我的名字，他们就是找不着。"妻子接着问："那你的名字在什么地方？"彭祖一时得意，说出了实情，妻子这才明白彭祖一直不死的秘密。

这位妻子死后，脱下凡胎肉体回到天宫，向玉皇大帝诉说了此事。玉帝听后恍然大悟，命差神赶快去叫陈抟老祖。谁知陈抟这时还没有睡醒，玉帝只好另派二位差神下凡去找彭祖。

由于年代久远，派下来的差神根本不认得彭祖，找寻许久毫无音讯。这两位差神不敢轻易地回到天宫交差，只好跑遍人间，四处打听。一天，二位差神来到宜君县彭村，乘木匠吃饭之机，偷走解板大锯，到打麦场上使劲地锯一个碌碡，一下招来很多乡亲围着看稀奇。这时，彭祖也前来观看。人们七嘴八舌，议论纷纷，彭祖也因自己年事高，经历广，趁机讥笑说："我彭祖活了八百岁，没见过有人锯碌碡。"话音刚落，二位差使把锯一扔，当场就锁住了彭祖。这天夜里，彭祖就去世了，享年八百余岁。

沈拱山

沈拱山(1790—1855)，沈家墩(今盐都区郭猛镇下戴村)人，是沈家从苏州迁居盐城的第七代后裔。他虽无功名无官职，但为人聪明，有卓识，抱打不平，每遇有以官压民、以富欺贫之事，经常挺身而出。一生先后与七任知县、三任知府进行过说理斗争，并因此七次坐牢，在民间留下大量传奇故事。

沈拱山出身于农民家庭，幼年丧父，和母亲相依为命。幼年时代的沈拱山，天资聪明，才智过人。他在母亲的严厉管教下，学业日渐长进，不久便考取秀才。时值嘉庆初年，国势开始衰弱，当时政治腐败，清政府靠的是加税卖官来增加收入，官吏奉行的做官诀窍是“多磕头，少说话”。官吏大多在政治上无所作为，贪污受贿成风，而搜刮民财颇有一手。此时的沈拱山，看到官场黑暗，政府昏庸无能，遂弃考不愿为官，甘过农耕生活，长期与农为友，扶弱惩强，胸怀正义，疾恶如仇，仗义为民，被百姓称为“布衣青天”。

道光年间，官僚、地主兼并土地严重，且愈演愈烈。失去土地的农民越来越多，沈拱山对这些官僚地主恨之入骨。地处“里下河”地区的“八家圩”，差不多三四年就要发生一次大水，农民饱受痛苦，遇上这样的年景，生活就更加艰难。农民很想造圩挡水，但“八家圩”当时由八家地主分段占有，当洪水来时，首先经过“八家圩”中的“七里塘港”段。占有“七里塘港”段的这家地主既不肯出钱，又不肯出力，还不允许农民来这里挖土造圩。沈拱山很是气愤，于秋后的某一天发动了群众，上至八十三的老者，下到手里搀的小孩，大家一齐上阵，就一晚上的时间，把个“七里塘港”圩做得又高又大。地主见“生米煮成熟饭”，也没办法，农民们个个拍手称快。这里已初步显示了沈拱山的领导才能和敢于同贵族、地主进行斗争的大无畏精神。

随着年龄的增长，沈拱山的点子也越来越多，胆子越来越大，对那些以富欺贫、压榨老百姓的地主劣绅们进行了有力的还击。晚年的沈拱山扶困济

贫，伸张正义，义举颇多。“赔船拆楼”“摔官斛”“算命案”等故事讲他热爱家乡、热爱人民、仗义救人于危难，既是一个善良的侠义之士，又是一个强硬的铁嘴讼师，是人们心中理想的救星；“水中捞月”“捣官船”“拔护堤桩”“专砍枯朽木”“清水明镜”等故事反映他敢于斗争、善于斗争、爱憎分明、弘扬正气，仇者痛、亲者快，他是深受人民爱戴的智囊；“巧治淫棍”“三治马屁精”“倒树清根”“卖房契”“审羊皮”等故事写他不信鬼神，不怕邪恶，为弱者出谋划策，对恶棍作弄挖苦，具有强烈的人民性；“斗富济贫”“宝鸭”“看风水”“改字翻供”“万岁牌”等故事表现了沈拱山大智若愚，诙谐风趣，戏弄打击为富不仁作威作福、专门欺压穷苦人民的贪财鬼、霸道贼，是百姓民间的靠山；“诫子篇”“聚宝盆”“和睦庄邻”“沈拱山之死”等故事展现了沈拱山家庭生活中浓厚人情味和对社会的洞察及对子女们的教导，体现出他伟丈夫的另一面。在这些故事中我们清楚地看到沈拱山料事如神、机敏过人的才智，仗义执言、为民请命的品质。

沈拱山一生经常为穷人打抱不平，确实得罪了不少当官的，以至于最后，有一个县官竟用“莫须有”的罪名硬把沈拱山逮捕了。沈拱山仍然是据理力争，辩得县官无法定他的罪，但又不敢放他，只好将他关押起来，最后在狱中遇害而死。沈拱山清咸丰五年(1855)谢世，享年65岁，葬于沈家墩。他的故事绝大部分与农民生活息息相关，有强烈的乡土气息，流传面很广，久传不衰。当地县淮剧团曾编演过大型淮剧《沈拱山》，通过艺术形象，再现了这位机智、传奇的人物。中国百花文艺出版社出版了《沈拱山的故事》,《中国民间文学集成》也收入了沈拱山的传说若干篇。沈拱山作为民间机智人物在民间广为传颂，有关他的故事的社会价值、文学价值也越来越引起民众及专家的重视。

沈拱山之墓，位于盐城市盐都区郭猛镇下戴村。

水漫泗州城传说

水漫泗州城的传说在洪泽湖地区流传，版本多样，该传说流布在淮安市洪泽区蒋坝镇、老子山镇。

《重修泗州志》和《泗虹合志》载:“禹分天下为九州，虹属徐州，周时春申君淮北十二县，泗在焉。秦属泗水郡，楚汉之际属西楚。三国时为临淮郡。”《隋书》志:泗州徐城县，梁置高平郡，后周又并朱沛入高平，开皇初郡废，十八年更名徐城。泗旧志:隶下邳郡后复改为泗州。天宝至德仍为泗州，隶河南道，自后隶不常，领县四:临淮、涟水、盱眙、徐城。宋建隆二年废徐城县，乾德元年以楚州之盱眙、濠州之招信来属。二十七年废临淮府，以盱眙、天长二县隶焉，领五县:临淮、虹县、五河、盱眙、天长。明仍为泗州，属凤阳府。清康熙年间仍属凤阳府，领县如故。乾隆四十二年，州治迁于虹，士民乐之，称新州，辖县如故。另据《泗虹合志》载:“按泗自康熙十九年旧治沉没，无城池者数十年，乾隆二十四年建署于盱山之，乾隆四十二年用安抚闵(闵鹗元)议，裁虹归泗，今泗城即虹城云。”

自泗州城淹没后，水漫泗州城的传说故事一直在洪泽湖地区广为流传。据《洪泽湖志》记载，清康熙初年，与盱眙城隔河对望的一座古城就是泗州城。因泗州城地势低洼，常遭洪水之灾，康熙十九年(1680)，洪泽湖因黄淮并涨水势汹涌，顷刻将一座泗州城沉没水底，后来泗州的州治西迁二百里，即现在的安徽泗县。

相传明朝初年，淮河水妖——水母娘娘变化人形，与洪泽湖边一青年结为夫妇，过着男耕女织的日子。不料明成祖朱棣大抓民夫，在他们的家园上修建祖陵，他们的家园被毁，丈夫又被抓差修陵，活活累死在工地上。水母恼恨朱皇帝修陵，但迫于朱家当旺，自料邪不敌正，只得隐忍在心。

到了清康熙年，湖边有一个叫李守志的读书人被水母看中，几番勾引，守志不理，并用张果老赐给的神砚打伤水母。水母恼羞成怒，想要害李守志。一日，水母化装成一个卖水婆，到李守志卖字摊前叫卖，李守志口渴欲买水饮用，不料被张果老阻拦。于是水母迁怒于张果老，二人赌法，张果老的小黑驴差点喝光水桶里的水，水母抢水担子，小黑驴碰翻水桶，剩下的那点水便汇成汪洋，淹掉了泗州城，淹没了明祖陵，李守志也被淹死。水母很高兴，因为她报了前仇，泄了后恨。

张果老见李守志尸体漂在水面，觉得可怜，用手一指，李守志变成一只鸥鸟。洪泽湖地方叫这鸟为苦娃鸟，每逢夜深人静“苦哇、苦哇”叫个不停。这鸟后来受张果老指点，飞到东海海岛修炼多年，又召集成千上万鸟类每日衔石填淮河水宫，使水母无存身之地。水母出水后，观音老母用铁链变面条引诱水母吞下，锁住其肚肠。观音降服水母后把她锁在龟山琉璃井中。

关于这个传说，民间还有另一个版本。

泗州城外有个城隍庙，庙的第一进院是学馆，有一王先生在此任教，他独自吃住在庙中，对城隍庙十分熟悉。一天，王先生夜过大殿，猛见大殿内灯火通明，他忙步入大殿，睁目细看，原来城隍在坐堂，判官在核对铁索锁住的人姓名。王先生见所锁之人皆是城内城外的，识得十之七八，王先生恍如梦中，咬指疼痛，分明非梦。至月西沉，大殿中方无人影。王先生刚欲回房，忽听有人唤他，回头看，却是城隍。王先生住庙中多年，故无惧怕之心，起身施礼道：“在下有一事不明，望赐教。”城隍道：“请讲。”王先生问：“刚才所见之人，皆为同城邻里，不知身犯何罪？”城隍叹口气：“此天意也！”王先生不解：“您是本城主，黎民遭此厄运，应设法相救才是。”城隍摇头：“念先生多年相候之谊，以一言相告，泗州不日将沉于水下，除先生一人外，众生皆在劫难之数，若见门前石狮眼红即行离去。”说罢，音形全无。此后，王先生每日察看几次，石狮子却无变化。久了，王先生开始懈怠下来。

庙里有个和尚常和王先生对弈，外出一月未回，王先生甚是挂念。

这天眼看似要下雨，王先生步出庙门，却见几个学童爬到石狮上，用红水涂红石狮眼来吓唬对方。王先生一看这情况，吓得魂飞魄散，直奔淮河大桥而去。到桥中央，正遇见和尚，和尚不知就里，问何事如此匆忙，王先生已魂不守舍，狂奔过桥。此时，听身后轰天巨响。回头看时，只见泗州城已沉入水中。后人对此，有“多一生不死，少一僧不生”之说。盱眙对面的“旗杆滩”上有半截旗杆露在水面，有丈余，旗杆上的方形斗拱，红漆如新。至20世纪60年代，仍然树立于水面，“旗杆滩”因而得名。

铁山寺宝藏的传说

在历史悠久、风光独特的江苏省盱眙县铁山寺国家森林公园周围，长期以来一直流传着这样一个古刹宝藏的故事。铁山寺宝藏的传说源于东汉末年，禅寺中埋藏有黄巾军起义的大量财宝，价值连城，可唯一的寻宝图不慎被毁，铁山寺宝藏遂成千古不解之谜。

东汉末年，汉族出家的第一位僧侣严佛调到盱眙西南崇山峻岭间兴建铁山禅寺。严佛调乃汉桓帝、灵帝时在洛阳译经的安息僧安世高弟子，道行极高，因此慕名而来的信徒络绎不绝，铁山禅寺也随之成为闻名遐迩的禅寺。

在众多来访者中，有一个人名叫张直。此人乃太平道的首领，自称“大贤良师”。太平道为道教一支，奉黄帝、老子为教祖。虽然张直的道教与严佛调的佛教并非同宗，但是他非常钦佩严佛调的才学与人品，故而不顾旅途劳顿，从遥远的冀州来到江苏盱眙铁山禅寺拜访严大师。二人一见如故，品茶对弈，谈古论今，颇为投缘。

后来，张直以传道和治病为名，在农民中宣扬教义，进行秘密活动，并且鼓动农民起来推翻东汉王朝的统治。中平元年(184年，甲子年)初，张直成为黄巾起义的领袖，率领数十万起义军攻城夺邑，焚烧官府，取得了很大胜利。在这期间，张直在官方仓库里收罗了大量金银珠宝、古玩玉器，张直决定先将这笔巨额宝藏妥善收藏，为日后登基坐拥天下做准备。他吩咐手下一位姓张的副将，带领骑兵、工匠等人，日夜兼程押送数十马车珠宝来到铁山寺，并在一处密林里修建藏宝暗道，把那些价值连城的宝藏悉数埋入地下。因为铁山寺所处位置山高林密，很容易迷失方向，负责建造藏宝密道的工匠还特意绘制了一张藏宝图，并按张直的吩咐把此图交给了寺院住持严佛调保管。

张直的黄巾军由于各自为战，缺乏战斗经验，以致被东汉王朝集中兵力各个击破，最终导致失败。起义失败了，张直病故了，他埋藏于铁山寺的宝藏也并未被起用。话说那位长着三角眼蛤蟆嘴的矮矬子副将，得知张直已死，黄巾军大势已去，遂将那些当年与他一起进山埋宝的工匠、骑兵等人一一杀害，而后悄悄跑进铁山寺找到寺院住持严佛调，谎称是张直叫他来拿藏宝图的。由于当时信息闭塞，严佛调并不知道张直已死，故而对张矬子的话深信不疑。于是他从佛像后面的暗道里取出藏宝图交给了张矬子。

把藏宝图骗到手之后，张矬子便按图寻找当年的埋宝之地。就在他走进那片神秘的埋宝密林之际，晴朗的天空突然乌云密布，天昏地暗，狂风大作，紧跟着就是电闪雷鸣，暴雨倾盆。张矬子被这突如其来的天气变化吓得面如土色，他赶紧跑到一棵大银杏树下，期望可以暂时躲避一下狂风暴雨。可是他做梦也没想到，他刚到树下，就被一个惊天炸雷击中了。随着那一声巨响，那棵百年银杏被一劈两半，躲在树下的张矬子也随之一命呜呼。这场暴雨还引发了一场罕见的森林火灾，大火烧了七七四十九天才慢慢地熄灭了。大火烧毁大片森林，也把张矬子及他手中的藏宝图化为了灰烬。后来有许多人来此寻宝，而这些人中不乏当年参与埋宝的工匠、士兵的后裔，但是均无功而返，无果而终，因为铁山寺的面积太大，他们根本无法找到当初藏宝的具体位置，铁山寺宝藏遂成千古不解之谜。

月塔传说

月塔，又名石橛塔、法济塔，位于江苏省淮安市涟水县唐集，是全国重点文物保护单位之一。

1982 年 3 月 25 日，月塔被授予江苏省文物保护单位，2013 年 5 月被授予全国重点文物保护单位，是一座古建筑及历史纪念建筑物。

据雍正《安东县志》记载，“法济寺去治七十五里”，“法济塔在法济寺山门外，塔有三：左藏佛牙，右藏佛骨，西南大者藏舍利。高七级，有门可登。万历三十四年重修。寺东有通济桥，石刻‘神智大师’四字”。

据当地人称，法济寺确实宽宏，前在丁梁，后在后营，中在中营，分别建有前大殿、后大殿、中大殿。据此说法，则法济寺南北长有 15 公里左右，难怪当地有“跑马关庵门”之说。当然，口传未必真实。当地人还称，中大殿三间，有长廊，柱子粗至一人抱不过来。而前、后大殿的损毁时间，已无人说得清楚。月塔建于何时无确言，甚至连哪个朝代也不得而知。当地传说：“唐初李世民八叔东征时，曾率部驻屯法济寺。后来在战斗中负伤，又死于法济寺中。李世民命尉迟敬德在寺中建塔，表示纪念。”据此，则先有寺而后有塔，且寺在唐朝初年已存在，塔也建于唐朝初年。考唐太宗李世民诸叔父(包括支出)中，唯长平王李叔良是在作战时负伤后死去，且又是在唐武德四年(621)与突厥人交战中，中流矢后死于道途中的，故此传说殊未可信。

月塔为宋代建筑，在 1988 年出版的《中国古塔精萃》一书中，就有《江苏涟水月塔》专篇记录。塔平面八角形，当年可能七层，今残存六层，通高 24 米，亦是一座楼阁式的塔。这座塔没有基座，只有塔的简单台基。第一层塔身特别高，东西南北四面各开折角式门洞(圭形)，塔身光平，无装饰，至檐部做单抄斗拱，除转角外，每面各出两朵，这是宋塔上一般常见的。檐子很短，转角用石条作角梁，塔檐破落，亦无平座。根据门窗洞口以及斗拱式样做得非常标准来判断，是一座宋代的塔。1982 年，江苏省人民政府批准将月塔列为省级保护文物。关于月塔的建造在涟水地区还有一个美丽的传说，即姑嫂建塔镇压水龙王的传说。

相传八百年前，有一条身长八十里的水龙王横卧安东(今涟水)。水龙王头在西南，尾在东北。这是一条懒龙，每年都要伸一次腰，翻一次身。每伸一次腰，翻一次身，就会吐上七七四十九天恶水，使得方圆百里变成一片汪洋。安东百姓深受其苦，却又无可奈何。

一天夜里，人们正在睡梦中，忽然听到有人在喊："造塔压龙镇水啊!"起初，人们并未在意，以为是哪个随便喊喊的，哪知道接连三个晚上，都听到这样的喊声。有些人特地藏起来观察，想看看是什么人在喊，却只听到喊声，没看到人影。

天亮后，大家纷纷聚拢起来，谈起夜里有人叫喊"造塔压龙镇水"的事。大家虽然都觉得蹊跷，但也觉得此计可行，认为是天意，有神仙在指点迷津，因自古以来就有造塔镇妖的习俗。看来要除水患，必须先造塔镇住水龙王，让它无法伸腰、翻身、吐恶水才行。就这样，造塔一事就定下来了。

消息传开后，城里的、乡下的石匠、木匠、泥瓦匠都来了，有几百号人。这塔怎么造法呢？经过商量，大家统一了意见：要除水患，须造两座塔，压住这条妖龙的头和尾，让它无法翻身。有一家姑嫂二人听了后，说道："好，就这么办，你们回去准备材料，造塔的事我们二人包了，明天早上鸡叫前就把塔造好。"话音刚落，姑嫂二人就不见了。

第二天早晨，大家朝西南一望，一座非常漂亮的宝塔造好了。大伙儿登上塔顶，向东北一望，东北的塔也造好了，远远望去，上面还放着一把瓦刀和一只桶呢。

原来，这姑嫂二人是神仙，之前夜里“造塔压龙镇水”的声音就是她们喊的。答应造塔之后，姑嫂二人就分了工：姑娘负责造安东城西的妙通塔，压住龙尾，嫂子负责造城东的月塔，压住龙头。二人约定星齐动工，鸡鸣收工。之后，两人就分头造塔，谁知刚过半夜子时不久，姑娘的妙通塔就造好了，而嫂子的月塔因为给孩子喂奶耽误了时辰，还剩塔顶一角没建好。姑娘看了看自己造的塔，感到十分满意，却一时高兴忘记了约定，于是自己捏着鼻子，学了声鸡叫。这一叫不要紧，嫂子慌了神，赶忙就收了工。结果，一直到今天，嫂子造的月塔还缺了一角未砌好，上面放着几块乱砖头，远远望去，很像一只桶和一把瓦刀。

张邋遢借牛拉宝塔传说

张邋遢借牛拉宝塔传说，主要流传于江苏省涟水县。在涟水县民间，传说涟城过去曾出过一个名叫张邋遢的神仙。据考证，张邋遢借牛拉宝塔传说最早产生于明朝时期，经涟水百姓口耳相传，久传不衰，直至今日。

有一年夏天，闷热难当，张邋遢头顶席子，到涟城西门外的妙通塔上去乘凉。宝塔上挤满了人，且大多是地主老财。张邋遢好不容易找了个地方，刚想放下席子，地主老财们都捂着鼻子赶他：“邋遢鬼，滚下去！”张邋遢人穷气不短，顶起席子就回家了，并发誓要把宝塔拉到城内去，让穷人也能纳凉。到家后，他走东家借西家，借了大麦秸来搓绳子，又借了很多的牛来拉宝塔。一天深夜，张邋遢用绳子拴牢塔身后，自己就爬上塔顶，口中不停地念叨着咒语，只见他借的牛从四面八方跑来，拉起绳索，把宝塔缓缓地拉到了涟水县城的西门内。自此，妙通塔就挪了窝，搬到城内了。

长期以来，张邋遢借牛拉宝塔传说因其历史悠久，世代传承，富有浓厚的地方特色和民间特色，是涟水县民间口头文学的代表作品。

董永传说

董永传说是中国古代第五大爱情传奇，第五大民间传说。董永的故事最早载于西汉刘向的《孝子传》。此后三国曹植的《灵芝篇》和东晋干宝的《搜神记》也都有相关记载。干宝的记载因主题突出行孝、情节完整(包括“鹿车载父”“卖身葬父”“天女适嫁”与“助君偿债”)而在我国农村地区广泛流传，成为两千多年来故事嬗变和文学移植的母本，对后世影响深远。

由于董永与七仙女的故事是一则既有教化作用又有爱情色彩的民间传说，其教化内容同中国民众长治久安的大众心理需求相适应；爱情故事又契合了民众追求婚姻幸福的内在感情，所以它的神奇幻想同人间现实巧妙融合的艺术特色深受民众喜爱。

该传说在长期口耳相传的过程中，因地、因时、因人而异，不断演变，在发展流变过程中具有了向爱情故事演变的趋势，但主题和“母体”并没有大的变化。

董永传说在两千多年的漫长流传过程中，不断与各地的民众生活相结合。由于民众情感的渗透和附会，产生了富有地方特色的传说，留下相沿而成的风俗及与董永身世有关的文物、碑碣、村落、地名等遗迹。

二十四孝图中也有董永卖身葬父的故事。一个小伙子，父亲死后没有钱给父亲治办丧事，自己把自己卖了，这是绝大多数人难以做到的。董永做到了，成了古今人们称道的大孝子。

那一年，董永的父亲死了，当时董永家里很穷，没有钱给父亲办丧事。可他又不忍心把父亲这样埋了，父亲活着时受尽了人间的苦，死后没有寿衣，没有棺材，让父亲这样到阴间，有辱祖宗脸面，自己也对不起父母的养育之恩。董永为难了，他甚至想到了死。可是他想到自己死后，谁给父母的坟头填土呢？谁给父母守孝呢？就是不管这些，自己死后，父母在九泉之下也是合不上眼的。没有办法了，董永擦干了泪，出门去求亲友，想借钱给父亲办丧事。可是他跑了一天，两条腿几乎跑直了，还是没借到一点钱。有钱的人家怕借给他钱还不了，不借给他，穷人家没有钱，自顾自还顾不了，没有钱借给他。

董永一连在外跑了好几天，每天都是很晚才回家，左右还是没借到钱。晚上，他直直地跪在父亲身旁，一动也不动，他眼里没有泪，泪早流干了，不知道该怎么办才好。

这时，只要有人能出钱帮他埋葬父亲，了却他的心愿，叫他怎么报答都行。可是谁能帮他呢？俗话说人急了也能想出急法子。

就在他走投无路的时候，他想到有些人为了活命，卖了老婆和孩子，自己没有老婆孩子卖，自卖自身不是一样吗？自己的骨肉是父母给的，自己不能给父母尽孝了，把身体卖了孝顺父母也是一样的。要是有人买，他愿自卖自身，这样有卖身的钱埋葬父亲，以此来报答父母的恩情。

主意想好了，董永躺在父亲的身旁稳稳地睡了一宿。天明了，董永找了几根茅草，绑了小把儿，插在后衣领里。他从这个集市来到那个集市，从这个村来到那个村，一连几天没有一个人问价钱。

这天董永又转到了马踏湖边的李家庄。他从一家高门楼前走的时候，被一个人拦住了。那人站在他前边，阴声阳气地问："你这人是做啥的？"董永抬头看看面前这个人，从穿戴和架势看，像是一个有钱的人。

他以为自己遇到买主儿了，赶忙低下头，深深地施了一个礼，说："请问大叔你买人吗？"那个人愣了一下，问道："买人，你卖老婆还是卖孩子？"

董永摇了摇头，说："我没有老婆孩子可卖，是自己卖自己。""啥？你自己卖自己呀?”那个人听了,仰头大笑起来,等他笑够了,才说道,“我家老爷只买外表漂亮的女人,从来不买男人。”董永气得狠狠地瞪了那个人一眼,转回身就走。这时,从高门楼里又出来一个肥头大耳的人。他朝董永招了招手,说道:“慢走,我有话要问你。”董永站下了,心里抱着一点希望。这个人嘿嘿地笑了几声,说:“我一辈子娶了好些媳妇,可都是一些没有用的东西,只有一个给我生了一个儿子。一个儿子很孤单,你如果愿意,不妨给我当个儿子,我就把你买下,你看怎么样?”

董永的脸一下子红了,一时间心里说不出是啥滋味儿:答应吧,明摆着是侮辱他,不答应吧,又怕万一真是一个买主儿。想了想,他把心一横,反正是卖给人家,只要他出了钱真买,他咋说我咋做。

董永正要开口,只听那个人又说话了:“哎,你到底是愿意还是不愿意?我李虎长了这么一大把年纪,还没听到过别人叫我一声爹呢。你如果愿意当我的儿子,就先叫我三声爹,我听听亲不亲,你叫得亲,我听着顺耳,钱多钱少不碍事,我就买下你。”不听则已,一听他说的话,董永心里呼地燃起了一把火,只烧得他两眼都发红了。

说了半天,站在眼前的人原来是仇人李虎呀!就是这个黑心肝的家伙,打死了生身母亲,逼死了未婚妻子张月莲,又买通了官府,让他家吃了冤枉官司,官府还打断了父亲的双腿,赔上了全部家产,让自己落了个家破人亡。要不是他,自己怎么能落到这步田地呢?真是冤家路窄,眼下又碰到他了,他还在取笑自己,这口气能咽下去吗?董永越想越气,两眼都气得发红了。

他浑身气得哆嗦,牙咬得咯吱咯吱地响,回过身子,朝站在台阶上的李虎一步一步地走了过去。李虎看看走近了的董永,发现他瞪圆了的两眼里好像要喷出火苗子,吓得他向后倒退了一步,有几分心虚地说:“你要做啥?有话站在下边儿说!”李虎的话音刚落,大门里又出来了两个膀大腰圆的汉子,走过来挡住了董永。董永忽然像疯了一样,从两个人中间闯了过去,一头把李虎撞了个四脚朝天。董永正想扑过去狠狠地咬他几口解恨,被那两个汉子抓住了。两个人这个打一拳,那个踢一脚,不一会儿就把董永打得不省人事了。

李虎看了看躺在地上的董永，朝那两个人摆了摆手，说：“把他拖到庄外，扔到路旁的水沟里。有人问，就说他是贼，进来偷东西，叫你俩抓住了。”那两个人答应着，赶忙过来，把董永架起来走了。到了庄外，两个一使劲儿，把董永扔到路旁的水沟里了。

天很冷，沟里的雪很厚。不一会儿，董永又醒过来了。他不知道自己是怎样到了这里的，就像做梦一样。过了一阵，他才想起在李虎的大门外发生的事。

他咬着牙撑起身子，一下一下地从下边往沟崖上爬。费了很大劲，他到底爬上了沟崖。他坐在雪地上喘了一阵，忍着浑身的疼，要再去找李虎拼命，刚走了几步，他又站下了。就这样去找李虎拼命吗？他家里那么多人，去了不是白白地送死吗？再说，自己死了算不了啥，可是父亲怎么办？谁去替自己尽孝呢？想到这些，董永咽下了一口怨气，慢慢地回头往家走去。直到天很黑了，他才趔趔趄趄地回到家。

进屋后，他点上火暖和暖和身子，又上炕跪在父亲的尸体旁，说道：“爹，不孝儿对不起你。我自卖自身几天没卖得了，还受了仇人李虎的欺负。你老人家躺在家里已经好几天了，让您受委屈了。”董永说完，扑到父亲身上哭了起来，苦命人什么时候也是命苦。

董永自卖自身没人买，碰到仇人李虎还差一点搭上命。直到后来，他让傅家庄的傅员外买去了，成全了他的孝心。从那时起，董永卖身葬父的故事就一代一代地传下来了。

民间还流传着一个关于董永和仙女的故事，这个传说最早见于三国时曹植写的《灵芝篇》：“董永遭家贫，父老财无遗。举假以供养，佣作致甘肥。责家填门户，不知何用归。天灵感至德，神女为秉机。”

董永从小失去母亲，和父亲相依为命。父亲去世后，他没钱办丧事，便向人借了一万钱。董永对债主说：“日后无钱还债，甘做您的奴仆！”董永在家守丧三年后，就去债主那里做奴仆。路上董永遇到一位女子，女子对他说：“我愿意做你的妻子，不嫌弃你贫贱。”

于是董永带她到债主家，债主对董永说：“那一万钱就送给你吧！”董永回答说：“蒙您的恩德，先父得以安葬。我虽是贫贱之人，但一定要尽心尽力来予以报答。”债主问：“与你一起来的女子是谁？”

董永答：“是我妻子。”债主又问：“你妻子能干什么？”董永答：“她会织布。”债主说：“你一定要报答我的话，就让你妻子为我织一百匹缣(一种优质丝织品)。”董永的妻子只用了短短十天，一百匹缣就织完了，债主非常吃惊。

夫妻二人回家路上，走到第一次相见的地方，那位女子向董永辞别说：“我是天上的织女，看到你如此孝敬父母，天帝命我下凡来帮你偿还债务。你已还了债，我便不适宜久住人间。”说完便凌空飞走了。董永泪流满面，感激不已。

天女助人这个优美的民间传说，对后来的中国戏曲影响很大，南戏《董永遇仙记》、黄梅戏以及电影《天仙配》等都是在此基础上经艺术加工创作出来的。

董永传说是脍炙人口的民间故事，传承久远，是珍贵的民族文化遗产。

20世纪50年代以来，由于电影《天仙配》的放映，这则优美动人的传说得到了广泛的传播。电影中一句“家住丹阳姓董名永”的唱词，更使丹阳、丹徒一带成为民间文学爱好者和旅游爱好者关注的地方。

韩湘子传说

韩湘子的传说是焦作市的民间传说故事。韩湘子是道教八仙中比较年轻的一位神仙，他手中的宝物名为紫金箫，据说是用南海紫竹林里的一株神竹做的。韩湘子也是历史上确实存在的人物。

根据历史记载，他本来名叫韩湘，是唐朝著名的大文学家韩愈的侄孙，曾经考取了进士并担任过唐朝时期中央政府的官职。在官方的历史著作中，并没有说他修道成仙。而在另一些著作中有记载说，韩愈有一位修行道术的侄子，他不听从叔叔的劝告，不喜欢读书，使得韩愈非常气愤。但是，经过修炼后，他能施展一些神奇的法术。后来，人们就把这两个人的事迹糅合在一起，逐渐形成了韩湘子成仙的传说故事。据说他成了神仙后，还曾经试图说服叔叔韩愈进行修炼，但遭到叔叔的拒绝。在民间的形象中，韩湘子是一位擅长吹箫的年轻人。

传说韩湘子生有仙骨，率性而行，对繁华艳丽之事感到厌恶，喜好恬淡清幽。佳人美女，不能让其心动，美酒佳肴，不能让其丧志。他专心致志地勤于修炼，潜心钻研道学。韩愈屡屡劝他要好好作学问，韩湘子却答道："我所学与您所学是不同的。"韩愈因此发怒而斥责他。

一天，韩湘子出外访道寻师，恰遇吕洞宾和汉钟离，于是韩湘子离开家乡，跟随二人学道，并得其真传。后来，韩湘子游历到一地方，见一片桃林，仙桃红熟，他攀树摘桃，不想树枝突然折断，韩湘子坠地而死，尸解成仙。

韩湘子想度化韩愈，但韩愈不信道学之事，于是他就想用法术来打动他。正好那年天大旱，皇帝命韩愈去南坛祈祷上天降雨雪。韩愈祈求多次，亦不见雨雪从天而降，因此面临着被罢官的危险。韩湘子装扮成一道士，在街头立了一招牌，上面写着："出卖雨雪。"有人见此，马上通报韩愈，韩愈即派人请他一起祈祷。只见道士登台作法，顷刻间，天降鹅毛大雪。韩愈不信这是道术使然，于是对道士说："这雪是我求来的，还是你求来的？"道士说："是我求来的。"韩愈说："有何凭据？"道士说："这雪三尺三寸厚。"韩愈派人一度量，果然如其所说，韩愈这才相信其道术不同凡响。

这是韩愈的生日，亲朋好友登门致贺，韩愈设大宴招待他们。韩湘子不期而至，向韩愈祝寿。韩愈见到他是又喜又怒，韩湘子坐在席间，韩愈问他："你长久游历在外，不知你的学问是否有长进，请作一首诗，来表达你的志向。"韩湘子开口便吟："青山云水隔，此地是吾家。手扳云霞液，宾晨唱落霞。琴弹碧玉洞，炉炼白朱砂。宝鼎存金虎，芝田养白鸦。一瓢藏造化，三尺新妖邪。解造逡巡酒，能开顷刻花。有人能学我，同共看仙葩。"

韩愈听完他所吟之诗，问他："你难道有造化自然的本事吗？"于是韩愈命他造酒开花。韩湘子即搬了一酒樽到大厅，并以金盆将其盖住。过了一会儿，开樽一看，美酒已成。韩湘子又聚土成堆，很快，只见盛开鲜花一朵，花与牡丹一般大小，但颜色比牡丹更华丽。花上有金字二行：“云横秦岭家何在？雪拥蓝关马不前。”韩愈不明白这是何意。韩湘子说：“天机不可泄漏，日后自会应验。”在座的宾客无不称异。酒席散时，韩湘子又向韩愈告辞。

唐宪宗时，韩愈因谏迎佛骨，惹得宪宗大怒，韩愈被贬为潮州刺史，限日动身。韩愈别离妻儿，往潮州而去，走了不到几天，寒风急起，大雪纷纷。韩愈走到一处，雪有数尺之深，马难以前行，附近不见一户人家，不知路在何方。韩愈想循路而退，也无归路。风刮得紧，雪飘得急，韩愈是全身湿透，难挨冻饿，万般愁苦无处诉说。就在韩愈绝望之时，只见一人冒着严寒，扫雪而来，一看竟然是韩湘子。韩湘子问韩愈：“您还记得那花上所写之联吗？”韩愈问：“这是什么地方？”韩湘子答道：“这里是蓝关。”韩愈嗟叹良久，才说：“事物既然有此定数，我为你补齐那花上之联。”补后，整首诗如下：

在迁至蓝关示侄孙湘

一封朝奏九重天，夕贬潮州路八千。

欲为圣明除弊事，肯将衰朽惜残年？

云横秦岭家何在？雪拥蓝关马不前。

知汝远来应有意，好收吾骨瘴江边。

于是韩愈与韩湘子到蓝关传舍中借宿，韩愈这才相信韩湘子所说皆是真实的。这一夜，韩愈与韩湘子谈论着往来之事，修真大道，韩愈是心悦诚服。第二天，辞行之前，韩湘子取出一瓢仙药，对韩愈说：“服一粒，可以御寒暑。”韩愈恍然大悟。韩湘子说：“你不久就会回来，不只是没病，还将再被朝廷重用。”韩愈问道：“我们后会有期吗？”韩湘子答道：“不知道。”于是飘然而逝。后来韩湘子再度度化韩愈，韩愈终于也得道成仙。

灵宝黄帝传说

相传轩辕黄帝的母亲叫附宝。传说有一天晚上，附宝见一道电光环绕着北斗枢星，随即那颗枢星就掉落了下来，附宝由此感应而孕。附宝怀胎24个月后，生下一个小儿，这小儿就是后来的黄帝。黄帝一生下来，就显得异常的神灵，生下没多久，便能说话，到了15岁，已经无所不通了。后来他继承了有熊国君的王位。因他发明了轩冕，故被称为轩辕。又因他以土德称王，土色为黄，故又被称作黄帝。

相传黄帝即位的时候，有蚩尤兄弟18人，号称神农氏的后裔。这18人全都是兽身人面，铜头铁额，不食五谷，只吃沙石。他们不服从黄帝的命令，残害黎庶，诛杀无辜，又制造兵杖、刀戟、大弩，与黄帝为敌。黄帝遂顺民意，征召各路诸侯兵马讨伐蚩尤。黄帝经过15年的时间，也未能打败蚩尤，只好退兵。为此，黄帝忧心忡忡，日夜盼望能有贤哲辅佐他，讨灭蚩尤。有一天晚上，他梦见大风吹走了天下的尘垢，接着又梦见一个人手执千钧之弩驱羊数万群。黄帝醒来后，心觉奇怪，暗想：风，号令而为主；垢，是土解化清，天下难道有姓风名后的人吗？千钧之弩，是希望为能致远；驱羊数万群，是牧人为善，难道有姓力名牧的人不成？于是他便派部下在天下到处访寻这两个人，结果在海隅找到了风后，在泽边找到了力牧。黄帝以风后为相，力牧为将，开始大举进攻蚩尤。在涿鹿郊野，两军摆开阵势大战。蚩尤布下百里大雾，三日三夜不散，致使兵士辨不清方向，黄帝便令风后造指南车。与此同时，西王母也派玄女前来，教他三宫秘略、五音权谋之本。风后据之又演化出遁甲之法。双方在冀州又重新开战。蚩尤率领魑魅魍魉，请风伯、雨师纵风下雨，命应龙蓄水以攻黄帝。黄帝请来天下女魃于东荒止雨，而北隅诸山黎士羌兵驱应龙至南极。最后，黄帝杀死了蚩尤，分尸葬于四处，使之不得完尸。

后来，又有神农之后榆罔与黄帝争天下。黄帝用雕鹗、鹰鹯为旗帜，以熊罴虎豹为前驱，与榆罔战于坂泉之野，历经三战，打败了榆罔。后来，黄帝又亲率兵马征伐各方不肯屈服的诸侯，前后共经52战，天下始归一统。

于是黄帝划分州野，制礼兴乐，教化百姓，同时还发明各种器具用物，方便日用。其中，大臣曹胡发明了上衣，伯余造了下衣，於则做了鞋子，百姓们从此不再穿兽皮树皮。黄帝还依浮叶飘于水上的道理做了舟船，共鼓又配上舟楫行于水上。黄帝又根据转蓬的道理发明了车辆，便利了交通。黄雍父发明了舂，黄帝接着又令人制作了釜甑，使得百姓可以蒸饭煮粥。以后又造屋室，筑城邑，使百姓不再巢居穴处。黄帝又与岐伯作《内外经》，使百姓疾患得以治愈。他还确定了天下万物的名称，划分星象为二十八宿。以甲乙十天干纪日，以子丑十二地支来纪月，而六旬为一甲子，如此又有时空观念。史称当时的百姓“甘其食，美其服，乐其俗，安其居”，一派太平景象。

有一天，黄帝正在洛水上与大臣们观赏风景，忽然见到一只大鸟衔着玄图，放到他面前，黄帝连忙拜受下来。再看那鸟，形状似鹤，鸡头，燕嘴，龟颈，龙形，骈翼，鱼尾，五色俱备。图中之字是“慎德、仁义、仁智”六个字。黄帝从来不曾见过这鸟，便去问天老。天老告诉他说，这种鸟雄的叫凤，雌的叫凰。早晨鸣叫是登晨，白天鸣叫是上祥，傍晚鸣叫是归昌，夜里鸣叫是保长。凤凰一出，表明天下安宁，是大祥的征兆。后来，黄帝又梦见有两条龙持一幅白图从黄河中出来，献给他。黄帝不解，又来询问天老。天老回答说，这是河图洛书要出的前兆。于是黄帝便与天老等游于河洛之间，沉璧于河中，斋戒，杀三牲祭祀。最初是一连三日大雾，之后，又是七日七夜大雨，接着就有黄龙捧图自河而出，黄帝跪接过来。只见图上五色毕具，白图蓝叶朱文，正是河图洛书。于是黄帝开始巡游天下，封禅泰山。他听说有个叫广成子的仙人在崆峒山，就前去向他请教。广成子说："自你治理天下后，云气不聚而雨，草木不枯则凋。日月光辉，越发的缺荒了。而佞人之心得以成道，你哪里值得我和你谈论至道呢？"黄帝回来后，就不再理问政事。他自建了一个小屋，里边只放置一张席子，一个人在那里反省了三个月，而后又到广成子那里去问道。当时广成子头朝南躺着，黄帝跪着膝行到他跟前，问他如何才得长生。广成子矍然而起说："此问甚好！"接着就告诉他至道之精要："至道之精，窈窈冥冥。至道之极，昏昏默默。无视无听，抱神以静。形将自正，必静必清。无劳汝形，无摇汝精，方可长生。目无所见，耳无所闻，心无所知。如此，神形合一，方可长生。"说完，广成子给了他一卷《自然经》。

黄帝向广成子问道后，又登过王屋山，得取丹经，并向玄女、素女询问修道养生之法。而后，他回到缙云堂修炼。他采来首山铜，在荆山下铸九鼎，鼎刚刚铸成，就有一条龙，长须飘垂来迎黄帝进入仙境。黄帝当即骑上龙身，飞升而去。有几个小臣，也想随他升仙，便匆忙间抓住了龙须，结果龙须断了，这些小臣又坠落到地上。据说龙须草便是那些龙须变的。

黄帝之死

我国陕西省中部，有个黄陵县，黄陵县城北有座桥山，桥山顶上有一座高大的陵墓。这就是传说中的中华民族祖先黄帝的墓。人们称它为黄陵，因此把这个原称为"中部"的县，改名为黄陵县。

黄帝陵壮丽威武，古书记载说，它坐山环水，"其山势如桥，沮水环绕之"。黄陵的周围是峰峦起伏的陕北高原，山上古柏成林，郁郁葱葱，参天耸立，象征着中华民族的古老、挺拔、苍劲。

传说这座黄帝陵汉朝时就已存在了。司马迁的《史记》记载说："黄帝葬于桥山。”西汉著名的皇帝汉武帝曾经来到这里祭祀。关于这事还有一段小小的插曲：汉武帝北巡朔方（今内蒙古河套一带）南归，带着十余万大军，路过桥山。当他看到黄帝陵时，突然想起一个问题，对臣下说：“我听说黄帝并没有死，现在又出现了他的坟，这是什么缘故呢？”臣下回答说：“黄帝成仙上天去了。这个陵墓是黄帝的臣下为纪念他，葬了他的衣冠。”后来，明朝的开国皇帝朱元璋、清朝的康熙皇帝，也都亲自写过祭文，祭祀黄陵。这都说明我国历朝历代，祭祀祖先黄帝，由来已久。

抗日战争时期，1937年清明节，陕甘宁边区政府也有一次盛大的祭黄陵活动。这年4月6日，当时陕北发行的《新中华报》对这次活动有一段十分醒目的报道：中华苏维埃共和国中央政府，特派林伯渠为代表，参加了这次民族扫墓盛典，以表示愿做抗日救亡前驱的决心。毛主席和朱总司令还共同写了《祭黄帝文》，文中盛赞黄帝的功劳：“赫赫始祖，吾华肇（开始的意思）造；胄衍（后代延续）祀绵（国家长存），岳峨（山高）河浩。聪明睿智，光被遐荒（远近）；建此伟业，雄立东方。”祭文把黄帝作为中华民族抵御外侮、振兴祖国的精神象征。鲁迅也把黄帝作为伟大的民族象征，他在一首诗中说“我以我血荐轩辕”，就是说要用自己的鲜血来保卫中华民族。近几年来，每逢清明节，我国人民纷纷来到黄帝陵，以崇敬的心情，拜谒这位民族之祖。台湾同胞来到大陆，海外侨胞来到祖国差不多也要到这里来寻根，表示后代对祖先的敬意。

悠悠五千年过去了，黄帝的形象一直激励着中华民族奋发图强，为人类作出更多的贡献。

黄帝究竟是个什么样的人呢？他对我们民族有过什么功绩呢？可惜，黄帝离我们太遥远了，关于他的事迹，很难征之信史，只有借助于古代的神话传说来勾画他伟大的形象。

在传说中，黄帝是个非常聪明能干的人物。他既会推算天文，制定出中国最早的历法，又会制造车、船和指南车。他还精通医术，和神医岐伯一起研究出一套诊治方法。他和岐伯关于医学的对话，被后人编成我国最早的一部医书——《黄帝内经》。黄帝的妻子嫘祖也很能干，她教人们养蚕，总结出一套喂蚕、缫丝、织帛的经验。从此人们既会制衣，又会做冕，还能制

鞋，从上到下都装束起来，彻底改变了上古时代穿树叶兽皮的原始习惯。古代的人受水源的限制，居者靠河流，牧者逐水草，很不方便。黄帝发明了井，人们才有可能到远离河流的地方去开发。当时的人还不会盖房子，穴居野处，构木为巢，又是黄帝教给人们“伐木构材，筑作宫室，上栋下宇，以避风雨”。黄帝手下集中了一大批有才能的人，他们都能发挥自己的特长。比如，文字学家仓颉，造出了象形文字；音乐家伶伦分出十二音阶，配成乐曲；精通数学的隶首，制定了各种度量衡，等等。当然，这些发明，掺杂着许多神话传说的成分，实际上任何一项发明，都绝不会是一两个人的功劳。历史上的这些记载，只不过反映了黄帝那个时代我们祖先的聪明才智。黄帝，因为是古代学者一致承认的华夏始祖，所以人们就把一切文明发展都推源于他。

黄帝还是古代主持正义力量的代表。古书上说，他办事公道，受到了周围许多邻近部落的拥戴。当时有一个南方部落的首领蚩尤，勇猛善战，常常凭借自己的强大力量，进攻别的部落，烧杀抢掠，使得人们不能安定生活。蚩尤把矛头指向了曾与黄帝结成联盟的炎帝部落，把炎帝部落赶到了黄帝控制的河北省涿鹿地区。蚩尤乘胜追击，又跟踪到了涿鹿。在这里，蚩尤终于和黄帝部落展开了一场恶战。涿鹿之战是我国古代传说中一次相当激烈的战争。传说蚩尤请来了风伯、雨师施展法术，突然间风雨大作，使黄帝部众迷失了方向。黄帝布下出奇制胜的阵势，又利用了风后所制造的指南车，辨别了方向，才把蚩尤打败。黄帝乘胜追到山东，捉住蚩尤杀掉，把蚩尤的头带回涿鹿，埋在那里。所以至今在河北省张家口市东南的涿鹿县，还有一座蚩尤坟。

黄帝战胜蚩尤后，威信更高了，被中原各部落尊为共同的领袖。后来黄帝部落和炎帝部落合并，统称为华夏族。华夏族就是中华民族的前身，中华民族世世代代把自己叫作“炎黄子孙”。古书记载说，黄帝以后，我国历史上出现的尧、舜、禹，和后来的夏、商、周三代的君王，都是炎帝和黄帝的后代。不仅中原的汉民族这样说，北方的匈奴、西边的羌族(羌族，我国西北地区的少数民族，居住青海一带)、南方的一些少数民族，也都自称是炎黄的子孙。

神农播五谷

中华大地经过三皇的辛勤努力，有了很大的进步，但人们的生活依然艰难。这时，各种伟大的神祇人物，应运而生。就在三皇之后，又经过漫长的若干年代，出现了下列五氏：有巢氏、燧人氏、伏羲氏、女娲氏、神农氏。五氏的“氏”的原意也是神祇，但神性比“皇”更少些，可列入神祇的第三个级别。

神农氏是五氏中最后一位神祇，中国古代神话人物。传说神农氏的肚皮是透明的，可以看见各种植物在肚子里的反应。因此他亲尝百草，以辨别药物作用，并以此撰写了著作《神农本草经》，教人种植五谷，豢养家畜，使中国农业社会结构完成。神农氏的出现结束了一个时代。因以农业为主，他的部落被称为神农部落。

神农氏生于姜水(今宝鸡境内)，葬于湖南茶陵。神农氏本为姜水流域姜姓部落首领，后发明农具，以木制耒，教民稼穑饲养、制陶纺织及使用火，功绩显赫，以火德称氏，故为炎帝，尊号神农，并被后世尊为中国农业之神。

炎帝在药柜山采药时，发现了许多能吃的东西，就叫人们采野果充饥。野果越采越少，人们还是忍饥挨饿，饥寒交迫，炎帝心里更是着急。一天，炎帝采集食物时累得筋疲力尽，就靠着一棵很高的大树睡着了。梦中，他轻飘飘地来到天上的粟官，这粟宫是专管种植五谷的地方，到处是无边无际的庄稼。这可喜坏了炎帝，他赶紧采了很多种子，可怎么也拿不动，急得出了一身汗，心一激灵，睁开了眼睛，原来是一场梦。炎帝心想，难道天上真的有五谷？于是神农氏就变成了一条苍龙，飞到了天庭粟官，果然找到了谷种。可是那里当官的特别小气，只给炎帝一小匣子谷种。但炎帝很高兴，十分珍惜地带着谷种回到了他居住的地方待落岭。神农氏就在待落岭上挑选双合寨北面肥沃的洼地，精耕细作，又在铡刀缝开凿天井“一碗水”，取水浇地，然后小心翼翼地播种下从天上取来的谷种。谁知道这匣子虽小，里面的谷物却多得很，一直往外倒一直有。更惊奇的是，他从一头下种，达到另一头后，庄稼就熟了。这就是人们一直传说的神奇的回耧地。他急忙找来许多子孙帮忙，并把收获的种子分发给他们，教他们如何开垦土地，凿井引泉，灌溉田地。从此，人们寒来暑往，春种夏播，秋收冬藏，炎帝的子民生活温饱有了保障。据传，他种的庄稼，就是后世所说的五谷：麦、稻、黍、稷、菽。从此，神农氏在双合寨上播百谷一直被传为佳话。人们一直说，回耧地就是民间百谷之源，待落岭双合寨也就是神农氏居住和生活的地方。

颛顼与共工

传说中的颛顼，是统治宇宙的黄帝后裔；传说中的共工，是统治地上十分之七水域的水神。共工是炎帝后裔火神祝融的儿子，生着人面蛇身赤发，性情暴烈，身乘二龙“振滔（掀动）洪水”，去攻颛顼一方。共工手下两员大将，一个叫浮游，一个叫相柳。那相柳也是人面蛇身，浑身青黑，长着九个脑袋，十分勇猛好战。颛顼对共工来犯早有准备，即刻带兵相迎。这场争斗十分残酷，双方都把自己所有的兵力智谋全使了出来。他们从邵原直战到昆仑山脚下。共工掀起狂波恶浪，用水去攻颛顼；颛顼则放出熊熊的烈焰去烧共工。终于共工敌不过颛顼，九头相柳当场被烧死，浮游被烧得焦头烂额，拼死冲出火围，终因伤势过重而死。心高气傲的共工见状大怒，猛地一头撞向昆仑山，只听得轰隆隆一声巨响，昆仑山顶峰天柱峰被撞倒。天柱峰倒地，昆仑山变得不周正了，即更名为“不周山”，那被共工用头顶倒的峰顶更名为“头顶”。天柱峰乃“西边天”撑天的柱子，天柱一倒，大地倾斜，天空的日月星辰站不住脚，不由自主地向西移动，银河水泄漏下来，大雨倾盆。大地的东南部下沉，大川小河日夜不停地向东南方奔流。

王莽撵刘秀传说

王莽撵刘秀是南阳市的地方民间传说故事，在河南南阳，特别是淅川县广泛流传。王莽撵刘秀的传说由来已久，大部分是东汉建立之前刘秀在南阳伏牛山一带的传说故事。

伏牛山传说

王莽追杀刘秀，刘秀逃出京城长安，直奔南阳。王莽派兵围追堵截，刘秀无处躲藏，眼看要被追上，急得他仰天大叫：“天亡我也！”他刚说完，一头大青牛从天而降，张口把他吞下，刘秀就晕晕乎乎什么也不知道了。随后，扑通一下，大青牛把刘秀从屁股里屙了出来。待他清醒时一看，自己已经到了河南内乡灵山头了，这里离南阳郡不远了。刘秀大喜，谢天谢地，对大青牛说：“大青牛哇，既然你救了我的命，就好事做到底吧，快变个大山把莽贼隔到老北山吧！”

大青牛一听，心里说：坏啦，俺是奉太上老君的命令来救你的呀，你叫我变山，君子口里没戏言，我可咋上天呀！这时大青牛不得已，卧在地上变成八百里伏牛山了。

所以，内乡的顺口溜就有了“吃陕西，屙河南，青牛化作伏牛山”的说法。

柳树藏身

刘秀被追得人困马乏，实在走不动了，就在一棵柳树下滚鞍下马，乘凉歇脚。

刚刚坐下，又见远处烟尘滚滚，刘秀叫苦不迭："老天好不睁眼，如今我四肢麻木，腹中空空，哪里能走得动，岂不坐等一死吗？"他望望冠大如云、枝叶繁茂的柳树，心想：树心内能让我躲一会儿该多好哇！ 刚想到这儿，只听"喀嘶"一声响，树身裂开一道大口子。 刘秀大喜，吩咐马儿到荒野去，自己侧身钻进树肚里，大口子又"嘎嘶"一声合住了。

王莽率兵追到大柳树下，不见人影，一腔恶气没处发泄，抽出宝剑对柳树发起狠来，骂道："刘秀乃是寡人心腹大患，再往前撵，如有不卖力者，以此为例！"说罢，只见他手臂一挥，大柳树被拦腰斩断。 刘秀吓坏了，幸好王莽是骑在马上挥剑斩树，否则他早已头跟屁股分家了。 刘秀感慨万千："柳树为朕而亡，朕却无以报偿，倘若苍天有眼，扶刘灭莽，让柳树再生三头六臂，逢春发芽，供人欣赏。"

柳树自刘秀登基受封后，果然长出"三头六臂"，身披千条绿发，春意盎然，蔚然一景，至今留下"忠心老柳万年春，无心插柳柳成荫"之美言。

冬日石蛤蟆

刘秀率兵往伏牛山纵深处逃亡，一天来到一座山洞，时值隆冬天气，白雪皑皑，寒风刺骨。 将士们单衣铁甲，冻得直打战。 为了度过寒冬，与王莽周旋，刘秀决定在这里酿米酒，用来御寒。 米下锅后，为了防止王莽的突然袭击，刘秀让将士们雕琢了一个石蛤蟆放在河口水中，并对石蛤蟆说："石蛤蟆呀，我在里边酿米酒，如果有我刘氏天下，王莽来时你可大叫三声，以示告诫。"酒酿出来了，将士们喝着醇香可口的米酒，犹如怀抱火炉，爽心快活。 突然河口传来三声蛙叫，刘秀大惊，忙令将士把酒灌好，上马起程。

王莽到来，看到那些酿造工具，满地酒糟，气得须发戟张，忽然想到刚进河口时传出的三声蛙叫，想道："怪呀！ 隆冬天寒，万物蛰眠，哪来的蛤蟆叫啊？想必定是蹲在水中那只石蛤蟆泄露天机。”于是王莽拨转马头，来到石蛤蟆身边，气不打一处来，抽出宝剑，狠命向石蛤蟆屁股切去。事后，由于刘秀在这里酿酒，当地人就称这条河为酿河。

扳倒井传说

刘秀逃出长安，王莽紧追不舍。一天，刘秀人马来到距内乡城三里处，时值正午，烈日炎炎，人马干渴，实在跑不动了，刘秀吩咐人马停下来找水喝。当将士们找到了一口水井后，由于没有汲水工具，只能望井兴叹。刘秀焦灼万分，恨不能倾井中之水，解燃眉之急。他手把井沿，用力一扳，说也奇了，井竟“豁啦”一声被扳倒，只见清清的井水汩汩外流。将士们见了，齐呼：“我王洪福！”人马一齐伏了下去喝个痛快。少时，快马来报，王莽人马将近。刘秀大惊，忙令将士上马逃奔。匆忙间，他竟忘记了将井扶正。后来，人们就把这个地方叫作“扳倒井”。

王莽撵刘秀的传说在内乡不胜枚举，还有“三狼冢”“挂剑垛”“老鹰老鸹马齿菜”“橡子树上结柏枝”“寺坪的麦子为什么熟得早”等。而刘秀身边的将领们(二十八宿)也有在内乡广为流传的故事，如“马武转世”“马武求师”“马武收冯衍”“收岑朋”“黄霸出世”“马王合兵”“付俊与山萸肉”“刘隆与接官亭”“邓禹施法治秃龙”“陈俊与印石潭”“跑马岭贾复训马”，等等。还有吴汉、杜茂、盖延、岑朋、万修、李忠、任光、冯异等奇妙的传说故事。整个传说故事，内容都反映了“正义者昌、逆反者亡”这个道理。刘秀虽然被王莽追杀不止，性命难保，但仍有壮士、绿林好汉相投，终保刘秀兴汉室灭莽贼。在刘秀走投无路之时，天帮忙，石援助，树献身，老鸹送信，草蔽阴，向人们揭示一个真理：正义者必胜。2007 年 4 月，“王莽撵刘秀的传说”被河南省政府公布为河南省首批非物质文化遗产。

第二章
传统技艺

临涣酱培包瓜制作工艺

临涣素有“包瓜城”的美誉。 清末有诗人题诗赞曰：“瓜风送香气，蜂蝶乱飞云。 食之包瓜后，忘却故乡人。”

久负盛名的临涣酱培包瓜，系传统名菜，有百余年历史。 其传统技艺入选安徽省第二批省级非物质文化遗产名录。 临涣包瓜是在清光绪初年，由南京人潘孝武父子来临涣集开设“园昌斋”酱园店制成的一种酱菜。 它以香、脆、嫩以及酱味浓郁等特点而闻名。

临涣酱培包瓜，又称菜中菜，外壳是圆、嫩、鲜、脆的酱培包瓜，内瓤为“倾馅十样绵，颜色有五六”的香味浓郁的酱菜。

临涣酱培包瓜是选用优良的包瓜(原名女儿瓜)精制而成。 包瓜春季播种，6 月底 7 月初采收，筛选 1—1.5 市斤丰满滑润、老嫩适中的鲜瓜，随采摘随加工，不过夜，以保持瓜的鲜度和脆嫩。 制作时将鲜瓜切盖去瓤，入缸初腌，日晒夜露 30 余天后覆酱(一层瓜一层甜酱)，培 40 天后制作成琥珀色的瓜壳待用。 然后将加工好的酱黄瓜、酱杏仁、酱花生仁、酱品兰、酱薹、酱生姜、酱培瓜、咸豆角、石花菜、陈皮等 10 余种优质酱菜配料切碎调配，装入酱培成熟的瓜壳内，盖上瓜盖，做成成品。

临涣酱培包瓜色泽光亮，脆嫩清香，入口清爽，咸甜适度，酱味浓郁，南北皆宜。 1981 年在杭州举行的华东地区调味品协作会上，铚城牌酱培包瓜当选最佳产品；1985 年被国家评为最佳调味食品，包瓜产品远销海内外。

口子窖酒酿造技艺

口子窖诞生在安徽濉溪县，距今已有2700多年的历史了。远在春秋战国时期，濉水与溪河在濉溪交汇，古人称此地为“濉溪口”，也叫口子镇。由于河流长期冲积，将上游的营养物质和微生物源源不断地送到濉溪，形成了肥沃的冲积平原。濉溪依山傍水，雨量充沛，五谷丰盛，地处北温带，属于湿润的季风气候。优越的地理环境，温湿的自然气候和适中的降水量，加之交通便利，濉溪酿酒业逐渐兴起。因地得名，人们习惯地将口子镇出产的酒称为“口子酒”。

宋侯血盟会诸侯，所饮之酒就是当时的口子酒。《诗经·商颂·烈祖》就描述了濉溪人以酒祭祖祈福的习俗。战国时，韩非子周游列国来到濉溪县，见“酒旗高悬，迎风招展，酒香四溢”。明朝相山隐士任柔节题写的“隔壁千家醉，开坛十里香”广为流传。

乾隆下江南途经此地，品尝口子酒之后，亲题“惠我南黎”，交予两江巡抚立碑刻于相山显通寺，后转交宿州牧张开士办理。石碑现存于相山庙，成为口子酒辉煌历史的见证。

宿州乐石砚制作技艺

对于喜爱文房四宝的朋友们，大都知道乐(lè)石砚。

2005年市政府作为宿州文化名片，在中国国际徽商大会上隆重展出了李英制作的40余件乐石砚、乐石壶等乐石精品，备受海内外客商的关注。

乐石砚产于宿州市，历来受帝王将相、文人墨客所青睐。以乐石制砚始于南唐，兴盛于宋代。宋徽宗曾在一乐石砚上御题“山高月小，水落石出”。宋代大书法家苏轼对曾珍藏的两方瓦形玉蓉乐石砚铭刻“金声玉振，世垂

于珍”。宋代米芾《砚史》、高似孙《砚笺》、《四库全书》等对乐石砚均有记载。由于诸多原因，乐石砚雕刻技艺失传数百年之久，20世纪80年代初得以再现。

乐石砚石质稍硬，刚柔并济，疏密相承，发墨良好，涩而不费笔，滑而不拒墨，“二德兼备”；它的声音圆润清脆，叩之铮铮，声清如玉；它的雕刻精湛，因形构图，因色取艺，因纹施技，因质状物，构思奇巧。乐石砚的刀法挺秀刚健，线条流畅，转折浑圆，古朴凝重，拙中见秀。对于制作技法，灵活多变，其制作技艺既承传统工艺精华，又博采众家之长，具有很高的实用价值、艺术价值、观赏价值和收藏价值。自宿州乐石砚重新问世以来，先后被中央电视台、安徽电视台，《人民日报》(海外版)、《书法报》、《香港大公报》、《中国文房四宝》、《收藏》、中国台北《砚台天地》等数十家报纸杂志专题报道。“砚林瑰宝”是中国佛教协会主席、著名书法家赵朴初先生对乐石砚的高度赞扬。当代书坛巨匠及学界名流李可染、刘开渠、刘炳森、唐云、谢稚柳、冯其庸、沈鹏、谢冰岩、王成喜等人对乐石砚欣然题词，予以赞誉。

泗县药物布鞋制作技艺

泗县药物布鞋的前身是泗县布鞋。在泗县乃至整个淮北平原，民间都有穿布鞋的传统，同时也有着广大农民自己做布鞋的文化积淀。泗县鞋厂在20世纪80年代以前主要生产当地的布鞋，因为轻便、结实、舒适，也深受本地城镇居民和大城市居民的喜爱。2010年7月，泗县药物布鞋制作技艺被批准为安徽省第三批省级非物质文化遗产。

由于泗县药物布鞋穿着舒适，对治疗脚气、脚癣效果显著，且药效持久，不怕洗刷，无任何副作用，被消费者誉为“脚气患者的福音”。泗县药物布鞋一推向市场就受到了消费者的青睐。经过努力，泗县药物布鞋不仅在省内迅速站稳了脚跟，还远销全国二十多个省、市、自治区，并出口法国、俄罗斯、比利时等国家。

砀山毛笔制作技艺

砀山县碧云轩毛笔制作工艺始于清朝道光年间(至今已有近 200 年历史)。碧云轩是国内著名的高档羊毫笔手工制作作坊，碧云轩制笔工艺被列为省级非物质文化遗产。

2002 年，碧云轩第五代传人邵家干帮助故宫博物院修复了珍藏的 251 枝明清御笔，使碧云轩的名号响遍海内外。清朝道光年间，邵家干母亲的祖上就已经在河南杞县靠做毛笔为生。20 世纪 40 年代初，邵家干外公张居贤将制作工艺传于母亲张氏。张氏从小勤劳聪慧，虚心好学，一直跟随父亲制作毛笔，并悉心钻研，使得制笔技术大大提高，但受到条件的限制，制笔技术仅仅停留在普通的字画和习字用笔上。邵家干从母亲那里学习了系统的工艺流程，并钻研出制作高档毛笔的秘诀。至 20 世纪七八十年代，邵家干制作的毛笔供不应求，并于 1980 年创办了国内独一无二的制作高档羊毫的“碧云轩”。“尖圆齐键论古今，千载难为笔圣人？当今若还羲之在，抛弃鼠须换碧云！”目前，碧云轩出品的毛笔不仅受到国内书法家的追捧，更是远销日本、韩国等深受汉文化影响的国家。

埇桥唢呐制作技艺

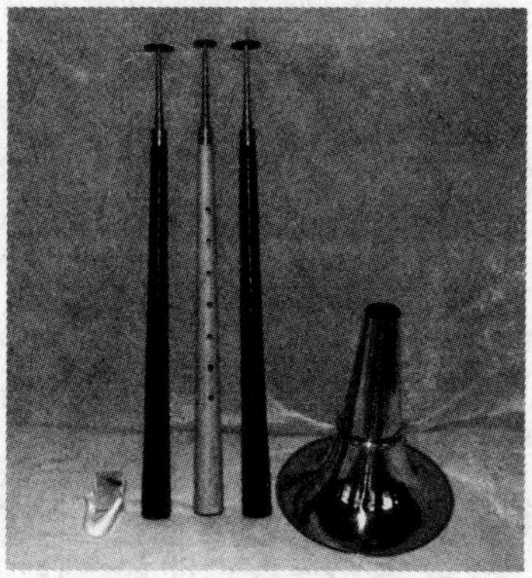

民间有句俗语：“瘪了的唢呐——看你怎么吹。”大家都知道，唢呐是一种吹奏乐器。它发音开朗豪放，高亢嘹亮，刚柔并济，情深意切，加之携带方便，因此很快流行开来，成为民间最受欢迎的乐器之一。

据埇桥区文化馆相关负责人介绍，埇桥唢呐制作技艺蕴藏着深厚的历史文化积淀，在苏鲁豫皖接壤区域享誉民间 270 余年。唢呐自公元3世纪从波斯传入我国以来，一直深受民众喜爱。

动听的唢呐曲，除了要求艺术家有较高的演奏水平，唢呐良好的制作工艺也是必不可少的。宿州市埇桥唢呐制作技艺就可达到非常高的水平。明清以来，受黄河礼乐文化和楚汉文化的共同影响，埇桥地区已逐步发展成为黄淮平原门类众多的民间文化艺术之乡。埇桥东北乡间，蒿沟、桃沟和柳沟三乡的马戏、杂技和花鼓戏，支河、夏桥、时村的民间社火和唢呐武场，宿城东关的十番锣鼓，与张派唢呐吹打相互辉映蓬勃发展。民间艺术的繁荣，为宿州唢呐笙笛的制作，提供了得天独厚的发展机遇。

清乾隆六年，唢呐制作艺人张效凡投亲定居宿州东北乡间夏桥，他研创出第一代七孔短钦子大唢呐和花鼓戏、拉魂腔专用14桶木斗方笙，震惊了苏鲁豫皖民间众多唢呐艺人。

从此，宿州埇桥张派唢呐笛杆子吹奏功夫和唢呐笙笛制作技艺，确立了借孔发音和长杆短钦子独特的艺术风格。第三代传承人张礼仪，公元1836年(清代道光十六年)出生，他潜心钻研明代乐圣朱载堉《十二平均律》等音乐专著，将家传七孔唢呐制作技艺改为八孔，一直沿用至今。第五代传承人张学礼出生于宿城东关，是姬新民的师傅。第七代传人有胡纪红、田树芳、姬芳等。这项技艺于2014年被列入安徽省第四批省级非物质文化遗产名录。

在皖北地区的民间，婚丧嫁娶等重大活动都要吹奏唢呐，有“无响不成事”的说法，这个“响”就是指唢呐。特别是这些民间乐手所使用的唢呐，大多出自埇桥唢呐第六代传人姬新民之手。

唢呐的制作非常严格，有十几道工序。每一道制作工序都是环环相扣的，要做到精致入微，如果一处产生误差，就要重新来做。因此，制作过程中容不得丝毫大意。

埇桥唢呐制作用料多为红木和紫檀木，选料时要看树木年轮、存放时间、质地属性、声色状况，等等，然后就是材料的切割、外形设计加工、圆木腹心镂空、音眼把位定位、音眼大小确定、整形前后配置，甚至是眼感、手感、声感的提炼，都要求制作者必须一丝不苟，每个环节都力求完美，才能做成一把精品唢呐。

现在很多音乐院校都设有唢呐吹奏的专业课，而且多选择使用和收藏埇桥唢呐。埇桥唢呐选料考究，造型美观、音色精准、做工精良，其制作技艺在我国民管乐器制作领域，都处于领先地位。

豆腐传统制作技艺

豆腐不仅是我们日常生活中常见的豆制品，而且是我国历史悠久的传统手工技艺。2014年11月11日，豆腐传统制作技艺经国务院批准列入第四批国家级非物质文化遗产代表性项目名录。常常吃的豆腐，是怎么做出来的呢？想必大家都十分好奇，下面就让我们一起来了解一下吧！

首先将大豆用水浸泡后粉碎成为生豆浆，然后将生豆浆过滤，过滤的时候将豆渣取出再倒入锅中煮，要将其煮沸。在煮沸过程中最难也最重要的是掌握好火候，在掌握火候的同时并不断搅动以免糊锅。待成为熟豆浆，在熟豆浆里点上浆水，让豆浆逐渐凝固变成豆腐，然后将熟豆腐放在铺好的麻布上，多次用木框挤压，滤出浆水，豆腐就成形了。

豆腐能随意煎炒炖煮，经久不化，反而越来越香，越来越劲道。在水里清煮，随时捞出切成长条，用麻油、芝麻酱、辣椒油、蒜汁等佐料热蘸着吃，风味独特，是有名的小吃“热白豆腐”，名扬四方。

豆腐作为传统美食，做法多样，营养丰富，是中华民族祖先留下的宝贵遗产。它是中华民族文化的一个组成部分，为人类文明进步和世界饮食文化作出了不可磨灭的贡献。由于过去宣传得不够，西方一些国家以为豆腐是日本发明的。为了弘扬民族文化，光大华夏美食，促进人类健康，推动中外豆腐文化交流和经济技术合作，由商业部和台湾地区豆腐商业同业公会联合会于1990年9月15日至17日分别在北京、台北举办了首届中国豆腐文化节，同时将9月15日淮南王刘安诞辰日定为中国豆腐文化节。

中国豆腐文化节的举办，不仅促进了经济的发展，而且弘扬了传统文化，英语中的toufu一词就是由豆腐音译而来，可见豆腐文化的影响力。中国豆腐文化节的举办，对于弘扬民族文化，光大华夏美食，扩大对外开放，提高淮南知名度，让淮南走向世界，让世界了解淮南，促进淮南与海内外经济文化交流与合作，起到了积极的推动作用。中国豆腐文化节正在向国际性商旅文化节庆的水准迈进。

中国文化博大精深，豆腐文化源远流长。豆腐文化的丰厚积淀有待我们去开发、去光大。淮南持续举办的中国豆腐文化节，为弘扬国粹豆腐、光大华夏美食、促进人类健康作出重大的贡献。

高炉家传统酿造技艺

说起高炉家酒的起源，最早可以上溯2000多年。据传，早在春秋时期，道教鼻祖老子曾沿涡河顺流而下，行至高炉，见此处土肥水美，民风淳朴，于是欣然驻足，开坊烧酒，诚招天下文人墨客，创作出博大精深的《道德经》，留有“畅饮高炉老君酒，神仙相陪天上游”之美好传说。安徽高炉酒厂独有的传统酿造技艺，先后完成了县、市、省三级非物质文化遗产名录申报工作，入选安徽省第四批省级非物质文化遗产名录。

“双轮发酵”是高炉家独有的核心工艺，是高炉酒厂传承千年的酿造传统，也是被公认的中国白酒五大传统技艺之一。双轮发酵还有一个传说呢。传说古时候有一名酒坊伙计，由于疏忽大意，酒醅尚未充分发酵便出了窖。后因害怕受到师傅的责备，只得再次回窖补救。不料，二次发酵后的酒质醇厚丰满，回味悠长。从此，双轮发酵便作为酿酒古法，流传下来。根据这个传说，我们大概可以知道，所谓“双轮发酵”，即将第一轮发酵成熟的酒醅出窖，采用回酒翻拌方法，将高炉独有的优质高温曲和微生物菌种续渣配料混蒸后，再放入百年老窖进行第二次发酵。高炉家酒有140天左右的总发酵期，是其他浓香型白酒酿造企业发酵期的两倍，造就了高炉家酒醇厚丰满、回味悠长的独特风味。

高炉家酒在皖北腹地——高炉镇，温度、湿度适中，空气新鲜，微生物含量丰富，特别适合梭状芽孢杆菌、霉菌类等酿造微生物的生长需求，自古就以“酒乡”著称。这里土质肥沃，富含多种矿物质和微量元素，盛产高粱、玉米、大麦、小麦、豌豆等酿酒原料，加上雨量充足，日照均匀，为高炉美酒的出品提供了天然的地理环境，可谓“美酒自然天成”。

在汉朝时期，此地酿酒作坊林立，留下“汉三杰闻香下马，高炉酒十里飘香”的美誉。三国时期，曹操曾在高炉设营练兵，为犒劳三军，广征各地酿酒名师来此酿酒，从此高炉的酒业及酒文化兴旺发达，高炉酒的美誉广为流传。高炉酒曾在清乾隆年间南洋评酒会上获奖，并远销日本及东南亚各国。

界首彩陶烧制技艺

安徽界首，民风朴实，文化底蕴深厚。这里的剪纸、年画、陶器等民间艺术渊远流长，散发着浓烈的泥土气息，界首彩陶更是别具一格。界首彩陶反映了中国民间艺术敬仰自然、追求和谐的美，是我国民间艺术中的一朵瑰丽的奇葩。界首彩陶烧制技艺源于唐代，已经被列入国家级非物质文化遗产名录。

界首彩陶烧制技艺，是指一种汉族民间传统制陶技艺。经过大概千年的演变，界首三彩刻花陶已逐渐发展为今天的三彩刻画陶。尽管这样，其独特的造型艺术和装饰艺术依然保持了古老的风韵。在历史上，在安徽省界首市颍河南岸的13个村，因每个村的村民都以业陶为生，并且村名都以“陶窑”为名，有“十三窑”之说。这些村还都属安徽省界首市田营镇管辖，故名界首彩陶。

界首彩陶烧制技艺源于唐代，是淮北手工艺的精华。1999年，淮北柳孜运河发掘出土了大量的界首三彩陶片，成为当时全国十大考古发现之一。

界首彩陶秉承唐三彩遗风，又吸收了剪纸、木版年画的艺术风格，在制陶技艺中自成流派。追溯界首彩陶的装饰手法演变的历史，大概可以分为三个时期。第一时期即界首彩陶的初始时期，严格地说，这时的陶器不能称为彩陶，而只能叫作素烧陶。由于缺乏生产工具，先民们只能用聪慧的大脑和勤劳的双手揉泥作料，盘泥造型，用柴草低温烧制出没有釉彩的素烧陶。用泥条盘筑而成的陶器，自然而成的条纹便成为独具美感的装饰纹样。第二时期，即界首彩陶的刻花期。此时，先民们已经开始使用陶轮，借用双脚的外力使陶轮匀速转动，置泥于轮上，双手巧妙用力，拉出造型千变万化的陶胎；晾干后，施白土于胎面，再晾至半干，以铁签或竹签刻画花鸟鱼虫于胎面，再施铅土诸釉，晾干并置于窑内，柴火烧至三四天，即得到晶莹三彩彩陶。其刻画内容，多为自然界之花鸟，又因其坛罐颈部或底部均刻有以花为主题的二方连续图案，故称为刻花陶。陶胎窑烧后呈赭红色，配饰翠绿和土黄釉色，自然形成三彩釉，二者合一即为三彩刻花陶。第三时期，界首彩陶刻画期，从第二时期始经过数百年的实践，陶器艺人们逐渐丰富了彩陶的刻画题材。除花鸟鱼虫外，诸如《破洪州》《战秦琼》《铡美案》等传统戏剧场景也“搬”上了陶坛。在表现技法上，运用了剔、刻、刮等手法，使画面色彩更加丰富，刻画主题更加鲜明。这一时期的彩陶装饰技法，一直沿续至今。

界首彩陶的装饰技法主要有两个特点，一是刻画工具的特殊性。以刀、针代笔，剔、刻、刮并举，使画面产生黑、白、灰艺术效果。这一传统技艺目前在国内制陶界尚无他例。二是区域民间艺术的兼容性。界首彩陶的装饰艺术特色既有当地木版年画的线刻表现形式，又吸收了界首剪纸线面结合的特点，艺人们信手刻画，毫无雕琢之匠气。

界首彩陶烧制技艺除了上述三个时期的不同特征外，总体特征还表现为：界首彩陶的造型多以圆形为主，大量而又科学地运用 S 线，使造型的外廓线富有变化；其正立面双侧的 S 弧度的大小、宽度、高低的变化，对陶器的容量和整体美感起着极其重要的作用。从实例中可以看出，界首彩陶的形体十分符合黄金分割法。众多界首彩陶中的圆形陶坛、陶罐，其高与直径之比，大多在 6∶4 左右；三彩陶挂盘的底部与盘底之比也多在 6∶4 之间，因此，在自然干燥和烧制过程中其变形率最低。

界首彩陶鲜艳夺目，色彩丰富，深受国内外市场的欢迎，英国维多利亚与艾尔伯特博物馆就珍藏有界首三彩刻画陶。

临泉毛笔制造技艺

中国是诗书画之国，毛笔是其重要工具，为“文房四宝”之一。原国家主席李先念同志为临泉提名“笔乡”。临泉毛笔是安徽省阜阳市著名的汉族传统手工艺品，始于明代，名闻遐迩，深受广大书画家喜爱，大概有五百多年历史了。著名书法家、全国书法协会原副主席肖劳先生为临泉毛笔写了“梦笔生花”四个大字；著名书法家、105岁高龄的孙墨佛，为该厂提了“神工鬼斧”四个字；著名书法家范曾，也夸耀其笔为“文房瑰宝”。临泉毛笔享誉大江南北，声名远扬海外。赵朴初、吴作人、韩美林、范曾、启功、刘子善、张健忠、穆孝天、顾美琴、吴天月等多位当代书画家对临泉毛笔均给予高度评价，分别题字、赋诗、作画盛赞临泉毛笔。临泉毛笔在十四大期间，被安徽省代表团作为安徽省珍贵礼品敬献给邓小平同志，现存在北京历史博物馆。香港回归时，中央政府又以文德堂特制的龙笔为礼物赠送给香港特首，受到香港特别行政区政府的特别赞誉，还特地写信表示了感谢。

说到临泉毛笔，那么一定绕不过的就是李万钟。明代后期，临泉县谭棚镇李庄李万钟外出学艺，满师后回乡经营毛笔制作，选料考究，工艺精益求精。他根据书画家不同需求，生产了软硬不同、大小各异多个品种的毛笔，具有尖、圆、齐、健四大优点。临笔深受广大书画名家的喜爱，纷纷来人来函求购，在北京、上海、深圳等大中城市均有出售。临笔多次参加商品交易会，或作为礼品赠送国际友人。到2019年，毛笔生产工艺已传承几代人，生产厂家有明道堂(李家毛笔生产创作者)、文德堂、临谭笔庄、杨桥毛笔生产合作社四家，各有特色。其中最为驰名的有“临谭笔庄”和“文德堂”两家。临谭笔庄生产的谭笔，以工艺先进、毛纯耐用、刚柔并济等特点誉驰书画界，先后多次被评为国家级优秀产品。临泉素称“毛笔圣地”“北国笔乡”。临谭毛笔因产于临泉谭棚镇而得名，古称蒙笔，相传为秦朝将军蒙恬所制，昔日有蒙恬将军祠堂为供奉笔祖之所，今祭祀之俗尚不衰。临谭毛笔，起于明永乐年间，迄今五百余年。清光绪年间，临笔以其制作技艺之精湛，独步京师，被奉为御用，光绪帝曾为之立碑表彰。

李万钟在毛笔制造的研究上功不可没，但是另一个人也推动了毛笔制造技艺的进一步发展，这个人就是制笔大师曹如章。曹如章 14 岁时家里当了二亩地，作“压跪礼”（学费），拜李万钟为师，学艺五年，得其真传后出师，在家制笔卖笔。曹如章大师在继承传统的基础上，又博采众长，改进创新，使文德堂毛笔选料更加广泛，工艺更加考究。由文德堂首创的“八柱擎天”毛笔，可以一分为八，一笔多用。其他以黄尾、山羊毫、山兔毫、石獾毫、鸡距毫等为材料的毛笔有百余种。其成品毛笔独具特色，被称为“书坛一宝”。

临泉毛笔技艺是不可复制的非物质文化遗产，是得天独厚的文化资源。临泉“谭笔”系安徽省“文房四宝”之一，深受文人墨客喜爱而扬名中原大地，具有尖、圆、齐、健等特点。

临泉毛笔博物馆由临泉县谭棚镇农民赵斌创办的，总投资 200 多万元，建筑面积约 2000 平方米，馆内共收藏历代毛笔文物、古今名人字画及制笔工具等藏品约 600 件。此举既展现了临泉毛笔文化的厚重历史，也昭示了临泉县加快文化资源强县建设的丰硕成果。

卢家笙制作技艺

大家知道吗，笙，是源自中国的簧管乐器，是世界上最早使用自由簧的乐器。由笙苗中簧片发声，能奏和声，吹气及吸气皆能发声，其音色清晰透亮。

在安徽蒙城县乐土镇，有一个靠吹奏笙和唢呐为主的村子，当地人称为“响庄”。“响庄”卢家的手工制笙技艺自清代开始便远近闻名，从 20 世纪 60 年代起，中央歌舞团、中国杂技团，中国煤矿文工团，江苏、上海、河南、山东以及安徽等地的专业、业余吹笙者就慕名前来卢家定做笙。卢家笙在选材和制作上均与众不同：14 簧，选用紫竹杆，上锅蒸煮后用火烤，晾干取直后做笙管，檀木做笙斗，用响铜分割做簧片。在制作过程中，要求笙管对缝，管管节对节。在卢家笙的制作上，要求制笙的人要会吹笙，从选取原料到加工完成一般要经过笙管选料、打磨、取直、打孔、簧片处理、校音、笙管安装等100多道工序。由于全部为手工作业，制作完成一把笙需要3天至4天的时间。2014年5月，卢家笙制作技艺入选安徽省第四批省级非物质文化遗产名录。

卢家笙制作技艺第四代传人、安徽省第五批非物质文化遗产项目代表性传承人卢俊军介绍，卢家笙的手工制作技艺自其曾祖父开始，代代相传，他自幼跟随父亲学习笙制作技艺。如今，卢家有14人从事笙的吹奏和制作。

千年古井贡酒酿造技艺

说起酒，就不得不提起中国老八大名酒之一——古井贡酒。据考证，公元196年，曹操将家乡亳州特产“九酝春酒”及酿造方法晋献给汉献帝。自此，该酒便成为历代皇室贡品，古井贡酒由此得名。现在“古井贡酒传统酿制技艺”为国家级非物质文化遗产。

古井贡酒在传承“九酝酒法”的基础上，结合现代科技成果，在长期摸索的基础之上，研究创新出年份原浆酒独特酿造工艺。这一技艺主要有以下特点：

第一，九酝酒法。“九酝酒法”是古井贡酒酿酒秘籍，传承至今已有1800多年，是国内有文字记载的最早酿酒法。古井人遵循“九酝酒法”，将曹操尊为古井贡酒酒神，并建立了九酝酒法酿酒工艺传承人制度，使古井贡酒酿酒技艺口传心授，薪火不断。

第二，无极之水。“无极水，取自井中三尺以下，性温，质清。”位于古井集团厂区的千年古井，据历史考证始建于公元532年，水质清冽甘爽。

第三，桃花春曲。“桃花开时制曲，花凋曲成。制酒，味幽香。”桃花春曲，只在桃花盛开时制作，此时空气温湿，微生物活动旺盛，可制作出最好的酒曲。

第四，明代窖池。“千年老窖万年糟”，古井贡酒年份原浆是在有500年历史的明代窖池“功勋池”中发酵而成。

第五，双择标准。古井集团严格按照两大工艺标准，通过富有经验的酿酒技师，以手工方式对优质原酒进行斟选：其一是择层取醅。只取池子中下层距池底10—20厘米处，且不接触池底的那一小部分酒醅。其二是择时摘酒。蒸馏出酒时，只摘取这一锅之中靠近中前段的一小部分酒。这个时段的酒微量成分比例协调，尤其是酸酯的协调度好，是酿造原浆级年份酒的上好选择。

第六，原生态酿造环境。亳州属于暖温带半湿润气候，季风明显，气候温和，阳光充足，雨量适中，相比其他区域，这里的气候和产出的粮食作物更适合酿酒。从古至今，以传统农业为主的产业格局，使得古井集团周边始终保持原生态、无污染的天然环境。

第七，高科技与传统工艺完美结合。现代高科技检测控制技术与传统工艺完美结合，通过技术创新酿造的古井贡酒，在保证浓香纯正的基础上，避免了酒体的兼香混杂。

秉承着古法与现代相结合，古井贡酒取得了骄人的成绩。早在1963年古井贡酒便以“色清如水晶，香纯如幽兰，入口甘美醇和，回味经久不息”的独特风格夺得第二届全国白酒评比会金奖，于1979年、1984年和1989年连续三届蝉联金奖，并于1988年荣获第十三届巴黎国际食品博览会金奖，被誉为“酒中牡丹”，畅销海内外。

寿州窑陶瓷制作技艺

中国是瓷器之国，寿州窑陶瓷又是中国瓷器的典型代表。寿州窑地处现在的安徽省淮南市上窑镇，隋唐时这里属寿州府辖制，故名。它是我国古代南北朝至唐朝时期著名瓷窑之一，也是目前安徽省境内发现的古代瓷窑遗址中时代最早的窑口。隋唐时期，是我国封建文化的高峰期，经济全面繁荣发达昌盛。而寿州窑则创烧于南北朝后期，隋唐进入繁荣时期，至唐末逐渐衰落，历时300余年。窑址主要分布在上窑镇的东小湾、马家港、外窑、余家沟和泉山、徐圩、三座窑等地。上窑镇附近丘陵地带蕴藏着丰富的瓷土矿，周围山上、河中出产釉料。寿州窑瓷器的工艺是以中原地区制造技术，结合地方制瓷方法和原料的特点而设计制造的，其工艺水平在南北朝、隋、初唐时期均属中等水平。而成品可经由窑河、高塘湖转运淮河，畅销整个淮河流域，是唐代著名的黄釉瓷产地。值得一提的是，2010 年，寿州窑陶瓷制作技艺被列入省级非物质文化遗产名录。

寿州窑窑炉为馒头窑，烧制瓷器的工艺比较原始，至唐代改烧黄釉瓷器后，工匠们将许多精致的品种装在匣钵内烧造，有效地避免了窑中火焰气氛对胎釉的直接熏烧，并在胚体上施加一层胎衣(化妆土)后再上釉，这也是我国古代最早使用“化妆土”的窑口。寿州窑器物制作工艺比较原始，有轮制、模制、手制等技法，工匠以轮制法制成器物毛坯，借用陶钧旋转动力拉坯，干到七八成后，再以木制提削器慢轮修坯加工，较为复杂的器形则需用模型分别制胎，然后用瓷泥浆水粘在主胎上，半干时上釉，然后再入窑烧制。主要代表器型有：黄釉龙柄鸡首壶、四系瓶、罐，绿釉八系罐，以及各种型号的黄、黑釉的碗盘、杯、盏、钵、枕、注子、玩具等。制作者以化妆土施于毛坯表面，再于其上施釉料，来增加器物的光洁度和美感。此化妆土为附近山区的黏土，极富可塑性。釉水则采用高温石灰釉，以河床沙中的铁粒粉碎为着色剂，其釉色呈蜡黄、鳝黄、黄绿等色，纯净光亮，更增添了黄釉瓷的艺术美感，其他釉色也取孔雀石等釉色矿石为着色剂。施釉方法主要有蘸釉、荡釉、浇釉、刷釉、洒釉、轮釉等方法，按坯体的不同形状、厚薄，采用相应的施釉方法。

寿州窑器物装饰方法有刻花、印花、贴花等。刻花有单弦纹、复弦纹、弧纹、波浪纹、莲花纹等。唐朝时期又增加了几何纹、叶纹、云龙纹、鸟兽纹、云气纹、凸凹弦纹和漏花印纹等装饰。唐代陆羽在《茶经》一书中评价说“寿州瓷黄，茶色紫”，他从增茶益色的角度把寿州窑列为唐代六大青瓷窑的第五位。寿州窑与越州窑、鼎州窑、婺州窑、岳州窑、洪州窑并称为“唐代六大名窑”。

在晚唐时，由于早期能源无节制的滥采滥伐，导致好的原料与大量的树

木林产消耗殆尽，寿州窑在原料选择与加工上也放宽了要求，胎土粗糙、施釉厚薄不均等缺陷愈显突出，晚唐时期社会环境的变迁也加速了寿州窑的衰落。大量技艺好的窑工也因种种原因而南迁，使得当地制造工艺逐渐落后，仅生产一些百姓日常使用的碗、盏、缸、注子、筒瓦、瓷枕之类的生活用品。同时，战争也让这一技艺逐渐走向没落。现在所倡导的文化传承，不单单把寿州窑陶瓷作为唐文化一部分来发掘、发展和传承，而应该把寿州窑陶瓷看成根植于淮南地区的一个历史文化概念，要结合20世纪几十年淮南陶瓷发展过程中运行轨迹的总结，进行深入挖掘、剖析整理，从而找出新时期、新形势下寿州窑陶瓷发展所必需的基本理念和方式方法。这就需要通过不断研究和实践，在此基础上进行深入的创新、提高和发展！

文王贡酒酿造技艺

文王贡酒传统酿酒技艺传承千余载，蕴涵着丰富的历史、人文、经济、科学和社会价值。其生产工艺主要是在传承五谷酿酒古法的基础上，以传统曲酒老五甑生产工艺为核心，以“传统老五甑，独家分蒸法；沉香活性古窖，孕育醇厚美酒；古法黄金曲，造就琼浆骨”为主要工艺特色，历久弥新，弘扬光大。文王贡酒的产地——安徽省临泉县，古称沈子国，是西周文王第十子聃季载的封地，当地草茂粮丰，盛产五谷，酒作坊遍布乡间，后形成五谷酒酿制之法，世代传承。在新中国成立后，国家通过建立国营酒厂将老作坊组建成地方国营临泉县酒厂，五谷酒酿制古法得以继承。

文王贡酒传统酿造技艺，有着严格的要求。文王贡酒窖池中的黄泥，取自流鞍河畔，色泽金黄，绵软细腻，不含沙石杂土，黏性好，防渗漏，特别适合微生物的生长。临泉得天独厚的天气、土壤等自然条件特别适合于小麦、高粱等原料的种植，它们成为酿制高档白酒的绝佳材料。而酿造用的井水，清澈透明，口尝微甜，呈弱酸性，十分利于糖化和发酵。用本地软质小麦、大麦、豌豆制成的中、高温曲块，曲香浓郁，菌丝健壮，支链淀粉含量高，被业界称为中原第一曲。

关于文王贡酒，还有一个传说：传周文王四处征战，铲平黎、邗、崇等国，拔除了商朝的羽翼，为建立西周王朝打下基础，他的十个儿子也各有分封。聃季载，文王的第十个儿子，最得文王的宠爱。可他生来文静质弱，喜欢耕读，不是将相的材料。把他分封到啥地方，为此事文王绞尽脑汁，多少个夜晚睡不着觉。忽然想到沈子国坐落在泉河畔偏僻的古城，这一带土地肥沃，民风敦厚，地杰人灵，于是决定封爱子聃季载于沈子国，让他在这里安居乐业。十子聃季载准备行李即日赴沈子国上任，可文王还是放心不下，亲自护送儿子一家赴沈。到了沈子国，周文王带儿子一家在宅院旁泉河畔选址，与儿子一起动手挖了一口水井，只见那井水清澈透明，回味甘甜。儿子聃季载明白了父王的良苦用心，从此落地生根，与百姓一起，从事农桑，怡然自乐。

转眼，文王六十寿辰就要到了，这可让聃季载发愁：为父王送什么样的寿礼呢？这儿没有什么名贵物产，又连年遭受洪水，百姓困苦，他不愿意因为给父王祝寿而加重百姓的赋税。日子一天天临近，他一天天发愁更甚。一天吃饭时，他又望着桌上饭菜，锁紧眉头。妻子为解其愁苦，起身回到灶屋，打开了她用麦仁、秫秫、谷子、黍子、豌豆酿的一罐五谷酒。沈子国里的百姓有酿黄酒、麦仁酒、五谷酒的习惯，逢年过节，家家必备，姑嫂老妪人人会做，酿酒的手艺，一年比一年娴熟精湛。聃季载的媳妇也就用父王掘出的井水学着做了一坛，随手舀了一碗捧给夫君。聃季载正闷闷不乐，闻到一股扑鼻酒香，就说："我都愁死了，你还有心思喝酒。"妻子说："这是我用父王掘井之水跟邻居学着做的五谷酒，舀一碗为你解忧。"聃季载听到是自己妻子做的酒，又受到酒香诱惑，接了碗就喝了下去。不喝则已，一喝才尝到此酒的妙处，酒香浓郁而不烈，喝到口里甘甜生津，顿觉满口细腻滋润，精神抖擞，一扫数日困苦，连夸："好酒！"夸过之后，他忽然茅塞顿开：何不将这酒送给父王祝寿！主意一定，立即喊役人备了车，装上酒坛，与夫人即刻起程，为文王进酒祝寿，日夜兼程。

文王的几双儿女早已带了厚礼赶到京城，有送金银长寿锁的，有送口外虎子皮袄的，有送人参的，还有送山珍海味、熊掌、鹿鞭、猴头燕窝的，也有送玉器古玩的……那真是穷尽人间奇珍，遍寻了玉宇佳肴。

众兄嫂见十弟夫妇到来，叙过别后亲情，争看小弟为父王进的寿礼。聃季载面露愧色，从车上捧下一坛酒，众兄嫂一个个愣住了。聃季载夫妇二人扑通一下跪到文王面前，愧疚地说："沈子国无甚名贵，无厚礼为父王祝寿，只带来儿媳用父王掘出的井水，用我们种出的五谷，学百姓酿酒的技艺，酿制的一坛五谷酒为父王祝寿，恳请父王接纳。"众人都猜文王一定会怪罪十子。谁知父王见状大喜，连连夸道："十子最懂父意，不负我厚望，种得五谷，酿出美酒，好，今天就用此酒宴请百客。"说着，文王竟没让下人动手，自己捋了捋衣袖，打开坛口，顿时宴席间一缕醉人的醇香弥漫开来。文王急不可耐，取来酒舀，为自己满满斟了一杯，只见酒面高出杯口而不溢，清澈透亮，真乃琼浆玉液！他举杯一饮而尽，夸不绝口："好酒、好酒，人间仅有，天上绝无。"随之邀众客人连饮数杯。文王红光满面，精神百倍，胃口大开，自然多吃了一些饭菜，并说从未喝得这样开心、吃得这样香甜。在宴席间，文王兴致不减，说笑谈吐，妙语连珠，一再对十子聃季载说："幸得你带来沈子国五谷酒为寿宴添色，明年此时，再送一坛来，不过坛要大一些哟。"一句话说得众人哈哈大笑。

从此，聃季载每年都用文王所掘井之水酿一坛五谷酒贡献文王。邻居也纷纷效仿，取文王井水酿制黄酒、麦仁酒、五谷酒。沈子国酿酒工艺流传至今，所以到后来沈子国的百姓就把给文王的贡酒叫作"文王贡酒"。

紫金砚制作技艺

文房四宝笔墨纸砚，其中每一样都扮演了不可或缺的角色。紫金砚是中国历史上名砚之一，它的制作技艺是安徽寿县的汉族传统手工技艺。

紫金砚发端于东晋时期，兴盛于唐宋。长期以来，紫金砚传统技艺一直薪火不断，延续至今。紫金砚是传统手工艺品的典型代表，整个生产过程有20余道工序，主要包括：采石、制砚、打磨、封蜡、砚铭、配盒等。制砚的

传统工艺有浮雕、透雕和线刻三种；其具体操作刀法有单刀、双刀、切刀等十几种；图案主要有传统的变形纹样和写实与写意相结合的两大类；主要生产器具和设施有50余种；成品样式一般按制式分规格砚和就形砚两大类。紫金砚虽有千年历史，但长期以来其制作技艺全靠师徒传承，是要凭个人悟性和长期实践的体会感受才能够掌握。

为什么紫金砚产于寿县呢？好砚离不开好山，经安徽省地矿局三一三地质实验室取样分析，紫金石含钙量很高，而且含有锶、钼、钾、碘等多种矿物元素。此石“质坚、润泽、发墨”，三美丰韵天成。该石有红、黄、紫、绿、青、赭、黑等色，可分为紫金、鱼子红、月白、黄金带、紫金带、花斑、蟹壳青、金黄、碧玉、墨玉、黑子等十一种之多。而产紫金石的山正是寿县八公山。寿县古称寿春、寿阳、寿州，楚文化在此积淀深厚。这里曾是淝水之战古战场，鸡犬升天、投鞭断流、风声鹤唳、草木皆兵等历史典故，脍炙人口，流传至今。寿县境内的八公山，古称紫金山。悠悠八公山，蜿蜒起伏于淮水之滨，松影葱茏，泉水清泠。此山蕴藏着大量独特的天然石种——紫金石，其纹理细腻华美，颜色丰富多彩，石色赤紫而质润泽。用紫金石做成的砚台为砚之上品。开掘紫金石制砚，始于汉，盛于唐。

北宋宰相杜衍之孙杜绾所著《云林石谱》是我国现存较早的一部记述珍石的专著，其中记载：“寿春府寿春县，紫金山石出土中，色紫，琢为砚，甚发墨，叩之有声，余家旧有风字样砚，特轻薄，皆远古物也。”

中国众多书家文豪偏爱紫金。著名书法家王羲之的父亲王旷曾任淮南太守，坐镇寿春，曾得到一方紫金砚，之后，此砚传给王羲之所用，王羲之成为大名鼎鼎的书法家后，与其朝夕相处的紫金砚也随之身价倍增，被后人视为拱璧，封为“右军砚”。北宋大书画家米芾称赞紫金石砚为“人间第一名，端、歙皆其下”。在他的书法作品《紫金研帖》中，还记述了一段关于紫金砚的故事。1101年，北宋大文学家、书法家苏东坡路过真州拜访米芾，得赠一方紫金砚。两个月后，苏东坡病逝于常州，逝前嘱咐儿子将紫金砚装棺入殓陪葬。米芾得到消息后，从真州星夜赶到常州，索回了紫金砚，并愤愤地说，传世之物岂可作陪葬品。由此可见，紫金砚在古代十分珍贵。

紫金砚的出名离不开对传统技艺的继承和创新。为了继承、弘扬紫金石制砚这一传统工艺，寿县紫金石艺研究所戚良伯、柏玉麟积极开发研究紫金石砚产品，大胆进行创新。他们开发出紫金砚精品，受到书画家、专家、学者和收藏家的好评和青睐，并于2004年4月23日参加了安徽省首届民间工艺品博览暨展销会，荣获金奖。

兰陵美酒

说到兰陵美酒，可能大家会想到兰陵王。兰陵美酒是山东省地方历史传统名酒之一，因产于兰陵县兰陵镇而得名。

兰陵美酒以黍米为原料，以纯净甘洌的深井水制糊，放麦曲糖化，然后添优质大曲酒，最后入瓷缸密封，重酿半年启缸。

兰陵美酒呈琥珀光泽，晶莹明澈；保有原料的天然混合香气，浓郁袭人；酒质纯正甘洌，口味醇厚绵软。含酒一般在25度左右，糖14%—15%，以及天冬氨酸、谷氨酸、丙氨酸等17种氨基酸。

唐代著名诗人李白《客中作》一诗称赞道：

兰陵美酒郁金香，玉碗盛来琥珀光。
但使主人能醉客，不知何处是他乡。

兰陵美酒的酿造工艺精细，独树一帜，至今未曾改变几分，需经整米、淘洗、煮米、凉饭糖化、下缸加酒、封缸贮存、起酒等步骤。

除酿造技术外，水土便是决定因素。传说兰陵的地下水，很久以前会定期变成酒，只要把水从地下汲出，不需任何加工便是上等的好酒。现代科学证明，兰陵的地下水分碱、甜两种。碱水含有多种矿物质，人不能直接饮用，专供造酒。当地俗称“围里”的地方，水都是碱水，而一墙之隔的圈子外，就是甜水，甚为奇特。为了探索其奥秘，造酒工人曾在兰陵及离兰陵4公里的横山做对比试验。两地酒工对换蒸酒，结果两地酒味区别明显，足以证明兰陵酒得天独厚是水源优势。

1995 年徐州狮子山汉代楚王墓中出土的 2100 多年前的贡酒兰陵美酒，彰显出兰陵美酒悠久的历史渊源；贾思勰、李白、李时珍等历史名人对兰陵美酒的赞誉及记录体现了兰陵美酒丰厚的文化底蕴；周恩来总理、朱德委员长等对兰陵美酒的关爱则说明了它的现实影响。 1915 年，在美国旧金山“巴拿马万国博览会”上，兰陵美酒一举荣获金奖，更使兰陵美酒名播海内外，跨入世界名酒之林。

兰陵美酒以其深厚的历史和文化渊源，独特的酿造技术，甜美甘醇的酒品风格，在中华民族悠远的酒文化历史中占有极其重要的位置。 它体现了中华民族的智慧和创造力，是中国酿酒业的一朵奇葩。

曲阜尼山砚

山东曲阜尼山砚是汉族传统手工艺品，属于中国名砚之一。 为什么称其为尼山砚？ 原因就在于其石料取材于孔子诞生地尼山。 尼山砚石，颜色呈橘黄色，有疏密不匀的黑色松花纹，石面细腻，抚之生润。 用尼山砚石制作的砚台，下墨利，发墨好，久用不乏。 尼山砚古朴大方，一方砚石，巧用自然，只需略加点缀，便情趣盎然，深受国内外用者的喜爱。

因为尼山砚石产自石灰岩夹层之中，所以原石数量稀少，不易开采，并且又作为贡品被官府控制，实为“罕见之物”。

尼山砚的设计制作一直以简朴大方闻名。 清代制砚家徐坚曾在尼山砚上题铭曰：“不方不圆，因其自然，固差胜于雕镌。”尼山砚在设计制作上依据鲁砚“巧夺天工，简朴大方”的手法，形成了“粗中有细，细中含粗，运用自

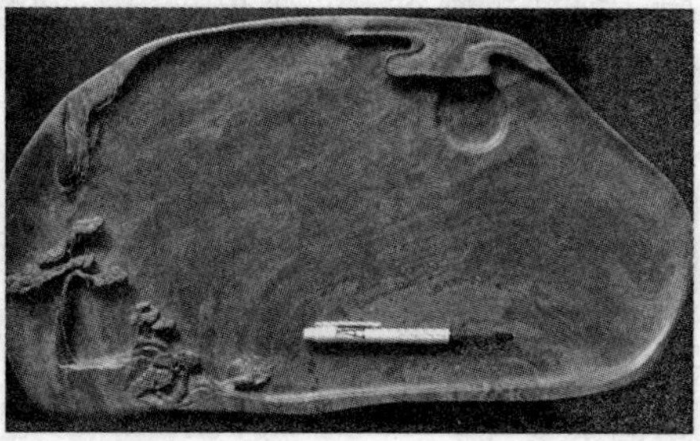

然，加以点缀，以求意境”的独特艺术风格，在实际生产中因材施艺，依形开墨堂、墨池，少有雕琢点缀，加上铭文多选自《论语》，互相辉映，颇为典雅。

尼山砚上面多附有铭文，铭文多出自儒家经典，利用天然石纹雕刻装饰，造型古朴大方，砚台色泽鲜明，极具实用价值和收藏价值。

枣庄民间缝绣

枣庄市薛城区民间布艺缝绣有着悠久的历史，它的制作渊源现已无法考证，经过每代劳动妇女的不断传承和创造，才发展成今天这种具有观赏价值和实用价值的民间手工技艺。做工精美、色彩艳丽的缝绣作品不仅展示了枣庄女性的聪明和智慧，更体现了枣庄地区淳朴的民俗民风。可以说枣庄民间布艺缝绣是中国民间手工艺中的一朵奇葩。

枣庄民间布艺缝绣是以布、绸、缎等为主要原料，以民间百姓对美好生活的向往内容为题材，用变形、夸张的手法，同时融合民间美术中多种制作技艺，通过剪、缝、绣、贴、扎等技法来制作民间布艺缝绣的手工艺作品。

枣庄民间缝绣作品造型多样，风格多变，精巧飘逸，呈现出清新朴拙的民俗风情。“喜香鱼系列”（双鱼、五子登科、三口之家）用夸张的手法着力表现人们对美好生活的向往，利用双鱼形象和“鱼”的谐音，来祈求生活美满，希望好事成双，富贵有余。火红的颜色，渲染了浓烈的喜庆氛围，给人带来视觉上的享受。“五子登科”：一条大鱼周围偎依着五条小鱼，寓意深远，寄托了制作者对莘莘学子的祝愿，希望他们金榜题名。“三口之家”：彰显出三口之家的温馨和幸福。十二生肖：在我国民间的传说、剪纸、缝绣等都对十二生肖有过不同形式的表现。民间缝绣“十二生肖”是作者在传统基础上进行的大胆创新，吸收民间美术的多种手法，融入许多现代元素，制作成了具有审美价值和观赏价值的手工制品。香荷包：又称“香囊”。佩戴香包的习俗在我国由来已久。香包制作工艺独特，尤其以做工精美见长。香包中加入十几种散发自然芳香的艾草、辛夷、朱砂等中草药，经过特殊加工制作成具有浓郁特色的香荷包。民间有端午节佩戴荷包的习俗，香包中的香料有驱虫、避邪、安神的功效。如今的香荷包不仅具有药用功能，而且还具有观赏价值。布老虎系列(包括虎头鞋、虎头帽、虎头枕等)在汉民族几千年的繁衍生息中，龙和虎构成了我们民族的图腾。在历史的发展中，龙成为天子的象征，虎则深入民间，成为百姓的精神寄托。枣庄民间缝绣——布老虎具有典型的地域色彩，每件作品都能反映出当地人的风俗信仰、审美标准。由于它起源于民间、根植于民间，与百姓的理想和生活息息相关，因此它是百姓精神的体现，也是百姓理想的载体，充分表达了百姓对美好生活的渴望。枣庄布老虎取材广泛，文化内涵深远，是中华文化中的一朵奇葩。

麦秸编织

麦秸手编已经有近四百年的历史了，是祖先留下的传统手编技艺。麦秸编织的品种有30余种。从家庭生活用品、馍馍囤子、锅盖、煎饼框，到企业用的大缸盖等等，品种多样。由于加工麦秸手编的原材料都是废弃的麦秸秆、高粱秆皮，因此麦秸手编是绿色环保的手工制品。

庞庄麦秸手编在材料的选择上非常讲究，要求在种植冬小麦时就要选择优良品种、优良地块，精心浇灌，以确保小麦秸秆直、壮、亮；收割时必须用镰刀割，捆成小把(直径约10厘米)，取出麦粒，通风透光；编制前将麦秸浸泡清水中，取出小晒，保证麦秸有一定的湿度。

首先，工作前先用刮刀刮去麦秆上的枝蔓，只剩下一根干净的麦秆，然后浸入水中泡一会，取出后备用。高粱秆同收拾麦秸秆的做法相同，只是从水中捞出后，高粱秆要一劈为二，晾干后备用。用时再把高粱秆浸入水中，大约泡1个小时后捞出，然后用辘轳轧几遍，再泡上3—4小时后取出，最后用刮刀刮去高粱秆中的肉，只剩下高粱秆皮。

把麦秸扎成手指粗细的长条，盘成一个圆形，大约盘3圈，用之前准备好的高粱秆皮(也称篾子)把圆底从上到下、从左到右呈十字形固定住。接着逐一向四周扩散，每隔3厘米左右就用撬刀把高粱皮扎到麦秸上，边扎边往里面加入麦秸，依此类推，直到编成需要的圆底为止。然后采取同样的方法

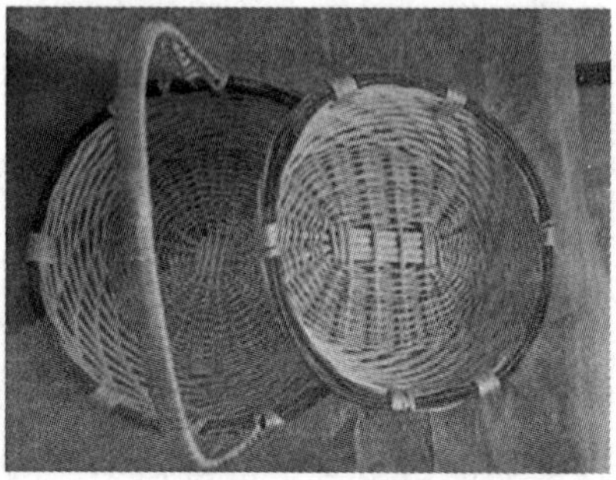

竖着编帮，草编的粗细可以利用撬刀来调节，直到编成符合自己的要求为止。

麦秸手编是采用纯天然的环保材料，透气性和保湿性都很好，用它储藏的食物，不易变质且储存时间长。再加上麦秸草编精美的造型，所以庞庄麦秸手编非常受欢迎。周边地区如徐州、济宁、微山等地市场均有麦秸手编制品的销售。

近几年来，山东枣庄薛城区委、区政府正加大对庞庄麦秸手编的扶持和保护，先后出台了一系列优惠政策，鼓励年轻人学习麦秸手编手艺，对在麦秸编织上有独特技术的老人，适当地给予生活上的关心和经济上的帮助，鼓励他们广收徒弟，使麦秸手编这一传统手工技艺能够更好地传承下去。

高港宫灯:百年宫灯技艺

江苏泰州高港宫灯的制作工艺已有近200年的历史，历经五代传承、创新。如今的高港宫灯，已形成独特的工艺流程，并成功入选高港区第三批非物质文化遗产名录。

高港宫灯制作技艺是清代嘉庆年间从扬州传入，选用进口菠萝格木、红花梨木或优质杂木，用于制作框架；选用优质磨砂玻璃，用于绘图、镶嵌；选用优质红、黄丝线，用于制作流苏。高港宫灯制作讲究的是慢工出细活。

雕工车间是华艺宫灯厂最安静的车间，寂静的环境里只听见凿刀雕琢的呲呲声。雕工环节非常关键，灯架制作、打磨上漆、绘画环节也都特别重要。为了保证成品宫灯的古色古香，工人们在制作的十大环节中都最大限度采用传统工艺，保证每个宫灯的品质。为传承创新，高港宫灯第五代传人芮春生还借鉴各地宫灯技艺，设计出新的吸顶灯、壁灯、台灯、组合灯等，将传统技法和现代建筑风格融为一体。

高港宫灯集雕、镂、画等工艺为一体，古色古香、典雅华贵，将古典与生活完美地融合起来。

2004 年，高港宫灯在江苏省第二届艺术节评比和省社区艺术节综合展演中均获优秀作品奖。2009 年，在江苏省旅游商品博览会上，高港宫灯获优秀作品奖。

盐城合成昌醉螺制作技艺

喜欢吃田螺的朋友们，肯定知道合成昌醉螺吧。1886 年，合成昌在江苏省盐城市伍佑古镇成立，后来潘姓几代人在合成昌做掌作师傅，生产的醉螺、酱菜、时鲜美食名扬大江南北，是百年老字号。

1956 年合成昌的人员入股公私合营后的伍佑酱园，成为伍佑食品厂的一部分，为弘扬盐城特产伍佑粮麻花、伍佑醉螺作出了重大贡献。伍佑醉螺明清时期就有制作，距今已有三百年以上历史。《续修盐城县志》第四卷《产殖志》就有记载："而本城之秋，伍佑之醉螺、醉蟹、虾油……尤远近所称焉。"说明伍佑醉螺久已闻名。新中国成立前，伍佑有多家老字号生产醉螺，其中"合成昌"最有名气，其独特的生产工艺一直秘不示人，沿用至今。

合成昌醉螺制作方法独特考究，在秉承传统制作精髓的基础上，又融入了现代新工艺，在脱沙、保鲜、食用、储藏、包装等方面，进行了较大的改进。

经江苏省非物质文化遗产保护工作专家委员会初评，第三批省级非物质文化遗产名录评审委员会审议，盐城市亭湖区伍佑供销合作社的合成昌醉螺制作技艺入选省文化和旅游厅公示的第三批省级非物质文化遗产名录推荐项目名单。

“鹾邑之甲伍佑场，伍佑醉螺合成昌”，希望合成昌醉螺能够更好地传承下去。

黑陶制作技艺

黑陶制作技艺是我国陶器制作中一种特殊的传统技艺，它流传于连云港市赣榆区、海州区等地域，有着悠久的历史。1959 年在海州区锦屏镇二涧村遗址出土的“黄褐式夹砂陶器”，专家考证为该市发现最早的黑陶制品，距今约有七千年的历史。黑陶制作技艺于2011 年9 月入选第三批省级非物质文化遗产名录。

黑陶是怎么制造的呢?

黑陶制作有严密的技艺流程，首先它选用土质非常严格，是海水把大海中的黏土席卷到岸边，被山涧中的巨石拦截下来，年深月久而形成在地层中的一种特殊黏土层。它的制坯、成胎、平雕、浮雕、压光、磨光等项工艺流程全凭手工操作，而且都有严格的技术要求。它的烧窑工艺，不但要有“识火候”的熟练技术控制温度和熏闷，连烧窑的木材，也一定选用山南向阳的含盐性较高的松木，燃烧后经烟熏起到某种化学反应，才能使黑陶制品达到黑如墨、亮如漆、硬如瓷、薄如翼的品质。

黑陶造型规整，形态别致，许多陶瓶、陶盆、器皿、笔筒等不仅具有观赏性，还具有实用性，受到群众广泛的喜爱。2008 年北京奥运会期间，连云港市的“中国风”“奥运吉祥娃”等五件黑陶作品经选拔走进奥林匹克公园“中国故事”“祥云”小屋参展，展出后有两件作品被国家奥组委永久收藏。

黑陶制作技艺在我国陶瓷制品工艺中占有重要的位置，它既有历史的厚重感，也有现代的明快感，具有很高的审美价值。

洪泽湖地区水车制作与使用技艺

水车是我国最古老的农业灌溉工具之一，我国有历史记载的水车，大约是东汉时期出现的。东汉末年，灵帝(156—189)命毕岚造的“翻车”，是一种刮板式连续提水机械，又名龙骨水车，已有轮轴、槽板等基本装置。《三国志·魏书》中记载魏人马均在前人制造翻车的基础上加以改进完善，制造了既轻巧又便于操作的翻车。这种翻车，连小孩都能转动，并且能连续提水，所以很快流传于民间，促进了农业生产的发展。这一阶段，可以视为中国水车出现的第一阶段，至今已有 1700 余年历史。

到了唐宋时期，水车在轮轴应用方面有很大的进步，人们利用流水作为动力，做出了“筒车”，配合水池和连筒可以使低水高送。筒车不仅功效更大，而且节约了宝贵的人力资源。

元明时期，轮轴的发展更加进步。一架水车不仅有一组齿轮，有的多达三组，除了人力水车外，还出现了水力水车、畜力水车，它们与人力水车并称“三车”。宋应星(1587—约 1666，字长庚，江西奉新北乡雅溪牌坊村人，明朝著名科学家)的《天工开物》中有关于“三车”的记载，此时，已经使用水力和畜力为驱动，终于把人力从翻车脚踏板上解放出来。同时，也因转轴、竖轮等的发展，使原先只用水力驱动的筒车，即使在水量不丰沛的地方，也能利用新型水车提水灌溉。元明之后，中国古代传统水车的发展便再没有多少突破了。

在洪泽湖周边地区，水车更是主要的排灌农具。至 20 世纪 60 年代中期，洪泽湖地区的农业生产中仍在使用传统水车，可见其在农业生产中的特殊地位。

洪泽湖地区水车按使用动力可分为人力水车、畜力水车、风力水车。它们一般由两大部件构成，下部为敞口长方体木制槽桶，槽桶下端有可旋转的带木制页板的木轮或石轮(又称石拨)一只。木制链头，又称龙骨，将槽内刮板连成链状套环，上端套在踩踏架上的木轮或石轮上，拨上装有九片拨齿，以拨动在槽内的龙骨提水。另一端套在槽桶下端的驱动轴上，驱动轴上装拨齿六片，以托拨龙骨。使用时将槽桶的下端木轮沉入水中为进水口，上端为出水口，水车转动，通过龙骨上安装的刮水板在槽内不断地将水送至上端的出水口。上部因使用的动力不同而有异。人力水车分双人、三人、四人等，是通过一较长的横轴，轴上装有踏步搭子，踩水车人手扶架子，双脚不停地踩踏搭子，使水车转动以达到排灌效果。也有单人用手臂摇动的手摇水车，本地又称拐车。畜力水车置有车盘和车轴，车盘上有木齿轮带动车轴，一般由牛、马、驴等驱动。风力水车置有上下2根横轴和1根纵轴，上轴装有6支风杆，扯上布制帆篷，借风力驱动。其中人力车槽桶较小，出水量小，但具有灵活方便的特点，使用范围较广。

洪泽湖地区水车制作与使用技艺是一项传统的民间手工技艺，将物理学原理应用到生产过程，水车的使用推动了传统农业社会的发展进步，承载着一定的历史、文化、科学及经济价值。

淮扬菜烹煮技艺

淮扬菜系是以淮安、扬州为代表的风味菜的总称。淮扬菜系形成于明清，主要流行于南至镇江，北至洪泽湖、淮河一带，东至沿海地区。淮扬菜传统上被认为是中国四大菜系之一，现在通常被认为是四大菜系之一苏菜的代表派系。

扬州菜是淮扬菜系的鼻祖。早在西汉时期，淮安汉赋大家枚乘的《七发》中有这样子的一段：“雏牛之腴，菜以笋蒲。肥狗之和，冒以山肤。楚苗之食，安胡之饭。抟之不解，一啜而散。于是使伊尹煎熬，易牙调和。熊蹯之臑，勺药之酱。薄耆之炙，鲜鲤之脍。秋黄之苏，白露之茹。兰英之酒，酌以涤口。山梁之餐，豢豹之胎。小饭大啜，如汤沃雪。此亦天下之至美也……”

淮扬菜系形成于明清，而尤以清时为盛。自古至清中期，扬州都是全国及世界有名的大都市，饮食文化自成体系，并影响了周边的镇江、盐城、南京等地方菜系。淮扬菜也是中国各大菜系中唯一以城市命名的菜系。

据清宫档案记载，乾隆南巡时驻跸平桥，多次品尝平桥豆腐等淮扬菜，“堪称人间至味”。

从枚乘，到唐代的李白、刘禹锡、高骈，宋代的黄庭坚、秦观、陆游、司马光、王禹偁、梅尧臣、晁补之，元代的乔吉、吴师道等，都有大量吟咏淮扬美食的佳作。

淮扬菜选料严谨，原料多以水产为主，注重鲜活，制作精细、风格雅丽，在烹饪上则善用火候，讲究火功，擅长炖、焖、煨、焐、蒸、烧、炒，菜品形态精致，追求本味，清鲜平和。

淮扬菜系著名菜肴有软兜长鱼、平桥豆腐、清炖蟹粉狮子头、大煮干丝、文楼汤包、开洋蒲菜、钦工肉圆、高沟捆蹄、水晶肴肉等。

淮安“长鱼席”久负盛名。《淮安府志》记载：“淮安长鱼，肉嫩性纯。俗名‘策杆青’。”经过淮安历代厨师的精心研制，形成了传统名菜“长鱼宴”。高明的厨师能用长鱼作主菜摆宴席，每天一席，连续三天，做出一百零八样，形式各异，味道不同，鲜而可口。

传统长鱼菜谱每席八大碗、八小碗、十六碟子、四个点心。其中以软兜长鱼、银丝长鱼、煨脐门、炝虎尾、生炒蝴蝶片、大烧马鞍桥最为突出。

淮扬菜的口味特点：清鲜平和，辣而不烈，酸而不酷，咸甜适中，南北皆宜。淮扬菜中的点心也很丰富。淮安文史专家高岱明女士在她的《淮安饮食文化》中有这样的描述：

山阳城里响铺街上黄氏震丰园，馄饨首屈一指。皮薄如纸，点火即燃，放在书上，字迹清晰可辨。做馅心，是用刀背将精猪肉剁成泥，加葱蒜姜笋及各种作料,这样才“香鲜嫩”俱足,食时细滑爽口。因其风格独特,又称“淮饺”。慕名而来的客人都说:“过淮不吃淮饺,一趟等于白跑。”且有数种食法:“汤饺”,煮熟后用爪篱捞起,放入加好佐料的猪皮骨汤里,肉红尾白,似金鱼游戏碗中。“炝饺”,煮熟后用麻油佐料调拌,不放汤汁,远望油光光,近闻喷喷香,细加咀嚼,饶有余味。还有一种“火饺”,下热油锅快速炸成嫩黄,吃起来既脆又香。

连云港绿茶制作技术

连云港绿茶制作技术于 2009 年 6 月入选第二批省级非物质文化遗产名录。

云雾茶的发源地在江苏省连云港市北云台山的宿城乡大竹园村，后为宿城乡各村及南云台山和中云台山等地引进栽培，现全市种植面积近万亩。

连云港市云雾茶的历史最早可追溯到唐代。《宋史·食货》中有多处提及海州的茶叶，记述海州之茶“善而易售”，“入钱之数厚于他州”，南宋咸淳年间列为贡品。现龙洞庵内仍有一株健壮的老茶树，树龄已愈 800 年。《云台山新志》记载:“天下之茶分六榷，海州居其一。”“海州之茶山，度无过云台者。今惟宿城悟正庵尚有茶树，岁得茶一二斤。山僧珍之如龙团凤饼，秘不示人。”每年春天，悟正庵的山僧都要在谷雨前采摘老茶树上的茶，精心制作二三斤上贡帝王。

“高山出好茶”，自古就这样说。大竹园村正是处在海拔 400 多米的山腰上，十几棵幸存的百年老茶树就分布在山上悟正庵、雪道庵、罗奶庵和大竹园奇峰异石、错落重叠的山崖石缝中。

云雾茶的手工制作极其讲究，技艺精湛，家传秘方全凭感悟，深藏着许多奥妙和难解之谜，现代工艺无法替代。其工艺制品独特的品质风格是：条索紧圆，形似眉状，峰苗挺秀，润绿多毫，香高持久，滋味鲜浓，汤色清明，叶底匀整。

汪恕有滴醋酿制技艺

汪恕有滴醋酿制技艺于2009年6月入选江苏省第一批省级非物质文化遗产扩展项目。

汪恕有滴醋是江苏连云港市古镇板浦汪氏以手工技艺酿制的烹饪佐料。其创始人汪一愉于清康熙十四年(1675)开始以制醋为业，取宋朝苏轼为汪氏宗谱所题“恕心能及物，有道自生财”一联的首字，挂牌“汪恕有醋坊”。汪氏酿醋时，采用大缸发酵，醋从缸壁的底部孔中滴出，且该醋味浓，酸度亦高。烹饪时，特别是拌凉菜时，只需数滴，便使菜肴酸中透出绵甜香郁，被称为“滴醋”，在醋品中独树一帜。清代学者袁枚在《随园食单》中盛赞“板浦醋为第一”。

汪恕有滴醋以优质高粱为主料，以麸皮、小麦、豌豆等为辅料，采用固态发酵方法，人工翻醅、淋醋。成醋装入陶罐露天存放半年以上方才出厂，醇香绵甜，酸中有香，愈陈愈香。每道工序的火候，存放时间都凭手试、眼观、鼻闻，其技艺全凭口传心授。

因为汪恕有滴醋是纯手工操作，所以产量不高。不过，优质滴醋仍保留传统工艺。

蔡记蒸饺

听说过蔡记蒸饺吗？蔡记蒸饺是河南省传统的特色小吃，属于豫菜。蔡记蒸饺的创始人是河南长垣县蔡士俊先生。

让我们一起来了解一下蔡记蒸饺的历史吧。蔡老先生早年在北京皇宫里帮厨，辛亥革命之后，蔡士俊携家眷辗转来到郑州。1919年在西二街开店重操旧业，定名为“京都老蔡记馄饨馆”。蔡士俊去世后，其子蔡永泉继承父业，并于1949年迁德化街继续经营。他不但完全掌握祖传技艺，而且坚持质量第一，薄利多销，不久之后，蔡记蒸饺、馄饨都成为郑州有名的风味品种之一。这也是蔡记蒸饺近八十年来久卖不衰的原因。

接下来让我们了解一下这个有名风味的制作过程。蔡记蒸饺制作是颇为讲究的。肉馅剁好之后，要边打边加水，使肉馅打上劲，各种调料也要按一定比例调和，缺一不可。蒸饺皮用半死半烫面粉，经反复揉搓使面团筋韧，再擀成薄皮，装馅提成柳叶褶，使蒸饺形似弯月，所以蔡记蒸饺具有皮薄微黄、色泽光亮、馅饱透明、造型美观、灌汤流油的特点。由于几十年如一日，坚持传统操作规程，群众对其质量有“出门百步外，余香留口中”之赞誉。

1989年，该店选派张玉枝等同志参加商业部馅食大赛时，摘取“金鼎奖”桂冠。1997年，蔡记蒸饺被中国烹饪协会认定为“中华名小吃”。

档发传统手工制作技艺

素有“假发之都”之称的许昌，因时尚生意而闻名全球。假发行业已成为许昌市的特色产业，为地方经济发展作出了巨大贡献。

从20世纪初起，档发加工业在许昌市逐渐兴起。德国商人亨特来中国收购原料，而许昌灵井泉店商人白锡和也看准了头发生意，于是二人一拍即合，在泉店开设了一家发庄——德兴义，坐地收购头发。

刚开始，他们的生意比较清淡，于是亨特购买了大量“飞马牌”钢针赊给货郎，让货郎走街串巷，用钢针换取头发。“找头发换针”这一行当迅速兴起。从此，德兴义门庭若市。后来，亨特把头发加工技术引入泉店，还无偿赠送了梳子等加工工具。没过几年，泉店附近的小宫、张桥、尊庄、唐庄等村的村民也纷纷干起头发行业。白锡和之后，小宫村民郑硕贤、郑旭云、张国荣等的头发生意做得较大。

从档发加工到发制品研制，郑有全带动了成千上万的农民从事人发收购、加工和销售业务。现在，许昌的档发遍布全球各地，许昌光从事档发加工及相关行业的村庄就有100多个。

我们来看一下它的制作工序吧。

档发传统制作技艺有蒸、洗、撕、挂、拉等工序。在蒸锅里加足量的水，放上笼篦，将头发一层层均匀地铺在笼篦上，盖上盖子蒸60—90分钟。

洗的时候，要用40℃—50℃的水。每50公斤水里加500克苏打粉、少许烧酒。把蒸过的头发散开放入温水中，不停地翻动，30分钟后捞出，用清水冲洗后拧挤控水，摊开晾晒至九成干收起。将蒸洗后晾干的头发撕乱，使其不成批儿、不成绺，否则拉出的头发含档不均。同时，把白发挑出来。把撕乱的头发挂到单篦上，两端抽齐。

把头发从单篦上取下，一层层铺到拉床的底篦上压实，然后将上篦对准下篦压紧，把头发牢牢卡在双篦之间。用镊子先将一端拉齐，铺到篦子上，再拉另一端。按照拉床上的档距，从长到短依次往下拉。拉下的头发够一把时，随即扎把，分档放置。拉档时，使用镊子要稳、准、狠，双手要紧密配合，一手拉一手接，接过头发要握紧。否则，随手拉出、随手脱落，前功尽弃。头发经两档拉出后分档归类，将同档的头发合成标准把，用梳子理顺，再用布包起来。包时露出一寸发头，用小拍板均匀有力地拍打把头，将把头的头发拍齐。把头发扎起成束，即可上吊钩。将发把挂在吊钩上，自上而下捋紧，按照扎把规格扎完线道，用钳子将扎线收紧，打成死结，以防止发丝上下移动。扎过线道的发把，要粗细适中。扎线道要均匀一致，各个档次的标志要扎全，让人一看就明白是多长的档发。

发束分档后，用铡刀铡切。铡切时，一定要按照铡床上的刻度和发束上下的长度，按紧猛力铡切，不齐者用剪子修整。档发质检合格后即可装箱。

档发有特殊的价值。档发色泽光亮、富有弹性、没有异味儿、耐蚀耐磨且重染着色性能好，制成发制品后不易变形，被赞誉为“许泉发”。

档发传统制作技艺具有很大的经济价值。发制品产业作为许昌的特色产业，为地方经济的发展作出了巨大贡献。发制品远销海外，赚取大量外汇。档发生产需要大量劳动力，发制品企业在一定程度上解决了当地居民的就业问题。同时，发制品行业的兴旺发达，为当地的戏曲艺术事业带来了得天独厚的优势。各类戏具产品的出现，为舞台演出提供了丰富多彩的道具。众多影视制作公司也纷纷订购戏具产品。

更重要的是，许昌经营档发，并不具备原材料、技术等优势，但发制品行业发展成颇有影响的特色产业，为本地经济发展探索出了一种极具借鉴性的创业模式。

腐竹制作技艺

腐竹，四时皆可食用，可煎炒、凉拌、做汤，也可与荤素食材搭配制作各种美味佳肴，可谓“素中之荤”。

传说河南许昌河街腐竹生产始于三国时期，史载当地“村村磨豆腐，家家做腐竹”。

当地流传曹丕的一名厨师因烹制御膳出了差错获罪，从洛阳逃至今许昌市建安区河街乡一带。当地居民将其安置于一破庙内，并送去豆腐皮供其充饥。豆腐皮不易存储，这名厨师便将其卷起晒干，这便是腐竹的雏形。后来，制作腐竹的方法广为流传。

唐代的《中岳颍川志》载“郡治所西乡产戎菽(豆腐类产品)”，清道光年间的《许昌县志》载“植菽(豆)者众，作腐造酱有名”。

新中国成立后，当地党委和政府对腐竹生产十分重视，在河街公社成立了许昌腐竹厂，结束了近2000年来散落民间的个体腐竹生产，开始了有组织、有计划的专业生产。改革开放后，许昌腐竹产业发展进入黄金时期，产量一度占到全国的三分之二，成为著名的“腐竹之乡”。

它要通过精选、浸泡、磨浆、过滤、煮浆、提皮、干燥、包装等复杂工艺流程，才能成为真正的腐竹。

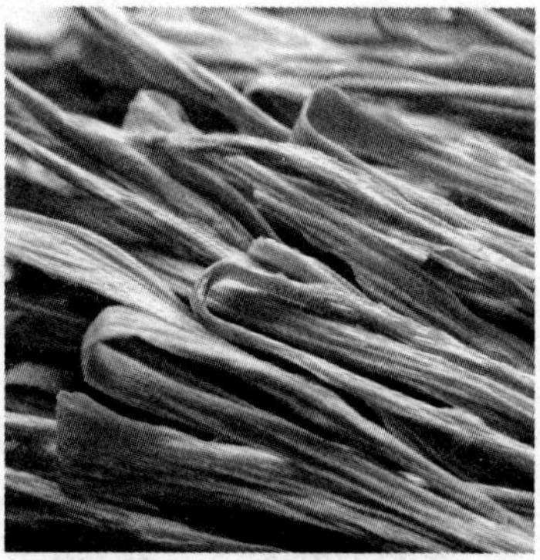

首先要通过簸、筛、淘、拣等方法选取颗粒饱满、色泽黄亮的许昌大豆，倒入水中浸泡。泡料时间要注意，春秋季浸泡 3 至 4 小时，夏季浸泡 2 至 3 小时，冬天浸泡 5 至 6 小时。水温保持在 20℃左右，待豆胚细胞内的蛋白质膨胀后，进行磨浆。磨浆前，待大豆上的水基本被吸干，加少量水翻一遍，叫“醒料”。豆要充分浸泡，直至各破碎面均呈乳白色，用手一捏脆嫩欲碎。接下来是磨浆、过滤、煮浆。

最关键的是提皮。将煮好的浆液倒入成形锅加热至结皮，将皮揭起叫提皮。成形锅一般深 4 厘米以上，浆液加入一半即可。浆液在锅内的时间一般不超过 5 小时。浆液在锅内的时间短，腐竹色泽好，反之，腐竹失去光泽。豆浆在加热过程中表面水分蒸发，表层蛋白质逐渐凝结成一层薄膜，把薄膜揭起来卷好，挂在杆上，即为成形腐竹。

提皮时，需要特别注意温度、时间和通风。温度要适宜，控制在 80℃—90℃。温度过高，如处于微沸状态，腐竹易起“鱼眼”，颜色深，易起锅巴，成品率低，质量差；温度低，结皮速度慢，甚至不能形成完整的薄膜。因此，要保持恒温，不能忽高忽低，否则会严重影响腐竹质量和成品率。要将腐竹的成膜时间控制在 15 分钟左右。时间太短，薄膜过薄，缺乏韧性，揭起时易破断；时间长，薄膜过厚，质量不好。良好的通风也是提高腐竹质量和生产效率的必要因素。如果通风不好，成形锅上的水蒸气浓度过大，豆浆表面的水分不易蒸发，薄膜形成慢，生产效率就低。

最后是干燥和包装。在 65℃左右的环境中干燥 1 小时，推出炕房进行沾杆（沾杆浆液浓度保持在 8%—10%），再推入室温为 75℃左右的炕房烘 2 至 3 小时即可。腐竹进行包装时，含水量宜保持在 8%—12%，过干易碎，过湿易发霉。

腐竹不仅为研究许昌本土历史提供依据，也为人体提供多种所需营养物质。

现在，许昌市非遗保护部门已在腐竹产量高的河街乡建立了传统手工制作加工展示点，对河街腐竹传统手工制作技艺进行了普查。有关部门已颁布腐竹及相关制品的统一质量标准。

高浮雕传拓技艺

中国的碑刻传拓技术，已有一千多年的历史了。

传拓作品都是平面的碑文和墓志。每当遇到石窟或造像碑中的高浮雕造像，多是空缺留白，或者仅拓出佛像后面的背光图案，造像仍是空缺不拓。人们将能够对高大的陵墓石刻及石窟中巨龛佛像雕刻进行传拓的技术称为"高浮雕传拓"。

西汉末年佛教从印度传入中国时，已经进入像法时期。天竺国的竺法兰和迦叶摩腾二位高僧当时用白马驮至洛阳的不仅仅是佛教经籍，还携带了几尊西域的佛祖圣像。

此后，佛教在中原逐步兴盛，石刻造像等艺术形式随之不断发展。在其流经的华夏地域，又形成了各具地方特色和时代特征的造像式样，令中国多民族佛教艺术的内涵和风格更为多姿多彩。

在今天保存下来的古代碑刻中，最多者还是有关佛寺碑志和造像题记。

它从对石刻对象、时代风格的观察确认并决定拓印手法，到现场用正投影方式剪裁，再从墨色调剂、变化，直到拓印之后破碎拓片的揭取与室内拼图组合，每一步骤烦琐而细腻，工作起来既需要高超的技艺，又需要平静的心态，任何一点浮躁心急都会功亏一篑。

因为拓印者面对的是凹凸不平的石雕面，纸张随需而剪，拓成揭取下来的是无数张碎片，后期的拼合作业是一项在细心中求真实、在碎片中求完美的工作。 所以人们在事后看到的每一张美丽动人的画卷，都要传拓者在高架上、在石窟中弓背屈身地拓印，细心分块地揭取和耐心细微地拼合才能完成。

高浮雕传拓技法别具一格，是介于平面拓和立体拓之间的一种传拓技法。 它的作用和意义非凡：一是能够弥补造像拓制中只对雕像做蜻蜓点水似的拓制的不足。 在很多造像拓片中，绝大多数只是拓制造像的题记部分，绝少拓制雕像部分，偶有拓制雕像也仅仅是做点状拓制。 二是这种技法不但能如实的反映雕像的全貌，具有较高的艺术欣赏性，而且能够依据该拓本对雕像进行复制。

葛记焖饼制作技艺

说起小吃里的焖饼，就不得不说河南郑州葛记焖饼，其肉香味醇厚，肥而不腻，其饼柔软适口，老少皆宜。 那么，这样的焖饼，有什么样的历史渊源和制作技艺呢?

葛记焖饼的第三代传承人是葛永志老先生。 他的祖父，葛记焖饼馆的创始人，葛明惠，生于1882年，是清朝满族镶黄旗人。 葛明惠10岁进北京珂王府做事，曾给王爷赶车，颇得王爷欣赏。他勤快好学，闲时常到王府膳食房帮厨，熟谙烹调技艺。 当时，王府中有一种主食千层饼，还有一种菜肴名叫坛子肉。 有一天，王爷回到府中，感到腹中饥饿，葛明惠便越俎代庖，用坛子肉为王爷焖了一盘饼，又用榨菜、芫荽沏了一碗汤。 饼软肉香，清汤爽口，王爷大加赞赏。 民国初年，战乱不断，葛明惠带着两个儿子来到河南谋生。危难中想起被王爷赞赏的坛子肉焖饼，于是，经朋友帮忙在郑州火车站附近开了“坛子肉焖饼馆”。 新中国成立后，几经变故，葛明惠和二儿子先后去世，由葛永志的父亲葛云祥继续经营。 葛云祥继承发扬父亲的烹调技术，经其多年苦心经营，使烹制的坛子肉一开坛便香气四溢。于是，慢慢地，葛记焖饼成为闻名遐迩的风味小吃。

葛记坛子肉焖饼是用饼和特制的坛子肉加青菜焖制而成的。其饼是用软面烙成千层饼，放凉后切成帘子棍形备用。坛子肉选用带皮五花猪肉，切成两厘米见方的方块，先放入锅内添水煮开，撇去浮沫杂质，捞出肉装入坛内，下足八大料，外加香腐乳，倒入肉汤封口，大火烧开后，改用文火慢炖，炖到烂熟。开坛时浓香四溢，过往行人闻香止步，素有“开坛香”之美誉。焖饼时，锅内用青菜铺底，放上饼条和坛子肉，加高汤稍焖即成。

焖饼时配菜除用绿豆芽外，更多是用四季鲜菜，如蒜薹、小白菜、四季梅、茭白等。焖饼用的汤，除猪肉汤外，还用鸡汤、鸭骨汤，因此焖出的饼软香不腻，鲜美可口。

钧瓷烧制技艺

2008年6月7日，河南省禹州市钧瓷烧制技艺经国务院批准列入第二批国家级非物质文化遗产名录。讲到钧瓷烧制技艺，我们先来简单了解一下钧瓷和钧窑。

钧瓷，作为中国宋代五大名瓷之一，始于唐，盛于宋，与汝、官、哥、定瓷并驾齐驱。钧窑，又以钧瓷“入窑一色，出窑万彩”的窑变艺术魅力成为诸窑之冠。

钧瓷出现之初，主要生产盘、碗、盆、罐、瓶、炉等，满足人们的日常生活需要。古钧窑开始以神垕镇为中心，后自南向北发展。

唐代以前，中国陶瓷制品的釉色是比较单调的，基本以南方青、北方白为主。而到了唐代，陶瓷艺术得到了较快的发展，制瓷工匠也不再满足于单一的青色，开始在原有制瓷工艺的基础上不断创新。工匠们通过在黑釉、褐釉、茶叶末釉上施以呈色不同的釉料，经过高温烧制，终于出现了灰蓝、乳白色的大块彩斑和流纹，这就是花瓷，专业术语叫唐钧。

到了北宋时期，在青釉中加入微量铜，通过还原气氛创烧成功了高温窑变铜红釉。这时的钧瓷，逐渐把釉在高温下的流动痕迹惟妙惟肖地表现出来，展示出了意想不到的艺术美感和情趣。

提起窑变，还有一个美丽的传说。相传一位老妇人与几个儿子以烧窑为生，一次，他们发现自己家的窑口烧出了几件以前从未出现过的带红紫色斑的瓷品，非常好看。兴奋之余，老妇人领着儿子们连烧数窑，但这样颜色的瓷品再没烧成。正当人们百思不得其解时，老妇人忽然发现作坊的地上有一些铜屑，就问儿子是哪里来的。儿子说，此前，一位过路的铜匠曾在此借宿，可能是他留下的。老妇人猜想：可能是这些铜屑混入釉中，才烧出了带红紫色斑的瓷品。于是，她把铜屑配入釉中，结果真的又烧出了如玫瑰紫、海棠红那样颜色的彩釉瓷品。此后，她家烧出彩釉瓷品的消息迅速传开，远近窑场争相效仿。有些能工巧匠又尝试着把铜矿石配在釉里，烧出了色彩更加丰富的瓷器。

虽说是传说，但把微量元素加入釉内，通过高温产生窑变的技术确实是神垕钧瓷艺人的一项成就。《中国陶瓷史》上说："宋代的钧窑首先创造性地烧造成功铜红釉，这是一个很了不起的成就。"也正是如此，中国陶瓷史结束了"南青北白"一统天下的局面。

北宋末期，钧瓷烧制技艺已经十分精湛，备受官廷赏识。宋徽宗年间，他选派官员，集中钧瓷民窑的优秀工匠，在阳翟（现今的禹州市）钧台附近设立"官窑"，专为宫廷烧造贡瓷。他还规定，官窑每年要精选 36 件上品送入宫廷，其余的全部打碎，并且要将碎片深埋于地下，不允许流入民间。因此，钧窑制品传世极少且身价极高，有"黄金有价钧无价"之盛誉，人称"家有万贯，不如钧瓷一件"，以至于在后世连古官钧的残瓷碎片都成为收藏家追逐之珍品。

钧瓷的奇特，关键在于它的"入窑一色，出窑万彩"。在素胎表面或浇或浸或涮上一层以天然矿石及化学元素为原料的釉浆后，就是入窑烧制这道工序了。高温条件下，钧釉以铜、铁为着色剂，釉色与纹路相交叠置，出窑后就能出现色彩斑斓、变化万千的窑变效果了。

北宋末期的钧瓷，已经不再局限于花盆、盘、碗等简单造型了，更多的是为皇宫摆放盆景所用的各类花盆等陈设品，同时也出现了一些祭祀用的樽、炉、鼎等器物。此时的钧瓷釉色，出现了玫瑰紫、海棠红、玛瑙红等多变的窑变釉色。这些瑰丽多彩的釉色，更使得钧瓷“似玉非玉胜于玉”的天然韵味大放异彩。

靖康之变后，随着宋室的南迁，官钧窑停烧，钧瓷生产也开始萎缩。到了金元时期，神垕民间仍然坚持烧制钧瓷，但是，质量已经严重下降，无论是造型还是釉色都无法与宋代钧瓷媲美。元末明初，因战乱、灾荒和制瓷中心的南移，钧窑生产日渐衰退，钧瓷艺人或逃或亡，烧制技艺也渐渐失传。明朝万历三年(1574)，因钧瓷忌神宗皇帝朱翊钧“圣讳”，被勒令停产。此后300年间，钧瓷生产销声匿迹，直到清朝末年。

18世纪末19世纪初，随着帝国主义国家的入侵，我国的不少民族工业遭受了严重的打击。为了挽救陶瓷工业，清末的民族工商业者创办了一些新式瓷厂和公司。光绪年间，神垕民间艺人卢振太兄弟及其子侄辈，经过多年的反复试验，终于烧制出了孔雀绿和碧蓝相间的仿钧瓷，使得失传已久的钧瓷烧制技艺恢复了生产。不过，由于时局动荡，到20世纪三四十年代，钧瓷业还是受到了沉重的打击。

新中国成立后，在周恩来总理的亲切关怀下，各级人民政府大力支持恢复发展钧瓷生产，挖掘传统钧窑工艺，使这一古老的艺术重新焕发了青春。从此，钧瓷事业进入了新的大发展时期，改革开放的春风使钧瓷迎来了黄金时代。钧瓷以它的名贵和高雅，为世人所青睐。

宋河酒传统酿制技艺

大家听说过宋河酒吗?

宋河佳酿被古人誉为“天赐名手，地赐名泉”，历经百代而不衰。

河南省鹿邑县枣集镇，是我国著名的传统酒乡，据说是道家鼻祖老子的故里，也是道家文化的发祥地。宋河酒始于春秋，盛于隋唐，有着深厚的历史渊源。公元前518年孔子问礼于老子，曾酒醉枣集，留下“惟酒无量，不及乱”的处世箴言。743年唐玄宗来到鹿邑，拜先祖，祭祀老子李耳，即用宋河酒，宋河酒因而名扬天下。至新中国成立前，枣集一带尚有数十家酿酒作坊。

宋河酒采用清澈甘甜的古宋河地下矿泉水资源，以优质高粱、小麦为原料，传统酿制工艺与现代科技的完美结合，使宋河千古佳酿具有“窖香浓郁、绵甜爽口、回味悠长”的品质特色。融五味而成的甘醇之味，集六感而得的天然之感，可观、可嗅、可品，皆成文化。

酒是一种文化象征，也是一种酒神精神。中国酒神精神以道家哲学为源头，宋河粮液之所以在河南高端酒市场上广受追捧，一方面是因为其道家文化的传承和有口皆碑的酒质，另外则与宋河酒业酿制过程中的“秘典”息息相关。

几千年来，中国文化以“秘方”“秘籍”的形式得到传承，宋河粮液的“秘典”则是白酒中的典型。宋河酿酒有千年历史，数代能工巧匠口授手传的酿酒绝技是宋河粮液的看家法宝。

酿造中，沿用老五甑续渣混蒸工艺，成酒均以储存十年以上、口感最好、不同季节、不同发酵期、不同窖池所产的多粮和单粮型原酒为基，使不同类型、不同特征的酒进行合理搭配，既突出了多粮酒香味的幽雅丰满和协调，又保持了单粮酒的绵甜净爽。

正是这一脉相承的古法酿酒工艺，结合现代酿酒技术精华，成就了宋河粮液卓尔不凡的中国名酒品位。

唐三彩烧制技艺

有人曾这样写道：

在泥制的烟火里
闪着泪花的结局
究竟是谁不允许，我爱你

……

马蹄奔出“唐”字

雁行飞过“三”生

那“彩”绘的爱情，初更时，一行诗，浸染宣纸

这里，作者写出来对唐三彩的热爱。也只有痴迷的人才会对唐三彩有如此的感情吧。

唐三彩烧制技艺是中国唐代彩色釉陶艺术品的总称，是洛阳市的地方传统手工技艺，起源于唐朝初年。唐三彩作为中国唐代的传统艺术精华，距今已有1000多年的历史。唐三彩是就唐代俑器和陶器上的釉色而言的，唐时多以红、绿、黄为主，故称“唐三彩”。三彩是通称，并不限于三种颜色，除红、绿、黄外，还有白、黑、蓝紫等颜色。这种唐代艺术珍品大部分在洛阳被发掘出来，故有“洛阳唐三彩”之称。它以历史悠久、技术精湛、造型优美、形象逼真、色彩绚丽、古朴典雅而闻名中外，是馈赠亲友的最佳礼品和室内陈设艺术品，为洛阳传统的出口工艺品，深得中外各界人士的喜爱，被誉为“东方艺海明珠”。产品远销国内三十一个省、市、自治区和世界五十多个国家和地区。

随着唐三彩的消亡，洛阳在中国陶瓷文化和历史中的地位日渐衰落。21世纪以来，洛阳民间艺人创造的仿古唐三彩、现代洛阳三彩、洛阳牡丹瓷三项烧制技艺愈发成熟，洛阳悠久的陶瓷文化在艺人的手中再放光彩。

唐三彩的生产坚持传统技艺和现代科技相结合。其中三彩壁画就是其中最有代表性的作品。

三彩壁画是20世纪80年代发展的新产品，也称唐三彩第二代产品。这是在继承和发扬唐三彩传统艺术的基础上，用陶板经过立线、施釉、烧制等工序而成的平面造型艺术品，它形式新颖、题材广泛、色彩富丽，是室内高雅的装饰艺术品。深受各界人士欢迎。浮缕雕花瓶将唐三彩的传统工艺与壁画的立线工艺相结合，为唐三彩的第三代产品。花瓶高贵典雅，是居家插花、装饰的理想艺术品。

真不同洛阳水席制作技艺

大家知道洛阳水席吗?

洛阳水席源于唐代宫廷、扎根于民间、活跃于市井、集精华于真不同饭店,有着广泛的群众基础。

为什么真不同洛阳水席能够集大成从而荣膺国家级非物质文化遗产呢?这有诸多原因。

一是靠文化内涵。真不同饭店认真研习历史文献,挖掘并掌握了洛阳水席制作技艺的精髓,并在此基础上将洛阳水席融入了盛唐文化、官场文化、民间文化、民俗文化、戏曲文化及趣味化等元素,使真不同洛阳水席呈现在人们面前的不仅仅是一道道精美佳肴,更是丰盛的文化大餐,一种艺术享受。譬如目前真不同挖掘恢复的宫廷水席、武皇水席、盛唐国宴等,都包含着浓厚的文化底蕴。

二是靠品质。洛阳水席有着深远的文化背景,源远流长。这还得从唐朝说起。洛阳在盛唐时期政治稳定、经济繁荣,水陆畅通、商贾云集,民风淳朴、百姓安居乐业,可谓国泰民安,天下太平。大明堂、天津桥、永济塔、金鼎,一座座建筑雄伟壮观、熠熠生辉,在世界上享有盛誉。洛阳是当时名副其实的世界名城,文武百官上朝奏本,各路诸侯争先进贡,各国使者纷至沓来。在内外交流融会中洛阳水席应运而生，不过在当时仅在宫廷盛行。随着时间推移，洛阳水席逐渐演变成讲排场、讲阔气的盛唐国风中的一景。当时洛阳水席作为宫廷大宴，只有皇亲国戚、文武百官、外来使节才有资格品尝享用，后来发展到富商和名流绅士也可以享用了，而最广大的民间百姓仍然没有机会享用。古时有说法，称洛阳水席为“官场儿”，又叫“官席”。

可是宋代以后，洛阳水席风流渐失，流落民间，经千年流传至今。洛阳水席是我国从宫廷保留下来的至今最完整、最古老、最具特色、最有风味的名宴，在国内独一无二。

洛阳水席能够薪火相传1000多年而长盛不衰，离不开民间沃土的养育。

脱离浮华的宫廷，洛阳水席剥去华丽的“官场儿”外衣来到洛阳广阔的民间。河洛百姓对洛阳水席情有独钟，婴儿满月、老人做寿、儿女婚庆要吃洛阳水席，外地来个朋友、几个同事或同学小聚要吃洛阳水席，离家多年在春节或重大节日返乡时仍然忘不了弄几个水席菜吃吃，大家仍然沿用古老说法把吃洛阳水席叫作“吃官场儿”。即使是在20世纪物质极度贫乏的五六十年代，人们想法创造条件每年也要吃上几次洛阳水席。可以说，洛阳水席不仅成为人们招待朋友的招牌宴席，更成为河洛人生活的一个重要组成部分。

洛阳水席早已经成为洛阳城市的标签之一，它活跃于洛阳城乡市井，遍布于城乡交通要道、大小集市，有非常大的市场。据不完全统计，洛阳城区仅专营水席的饭店就有上千家之多，如果加上广阔的农村，洛阳水席的市场到底有多大，谁也说不清楚。

在洛阳水席千余年的发展过程中，城乡和民间的力量助推着它不断地发展完善，保障了它没有风流尽失和断档缺层。

虽然洛阳水席在本土城乡随处可见，不是什么稀罕之物，但要想品尝正宗地道的洛阳水席，那就必须到中华老字号真不同饭店。也只有真不同饭店的洛阳水席才具有不可模仿的特殊属性。

2003年改制后，真不同饭店的洛阳水席有了大的起色和质的变化。真不同饭店恪守“文化是根、菜味是魂、质量是命、诚信是金”的经营方针，挖掘恢复了宫廷水席、武皇水席、盛唐国宴，用灿烂的文化铸造洛阳水席、提升洛阳水席，打造了一个全新的真不同品牌。

传承让真不同洛阳水席生生不息。2008 年 6 月 14 日，国务院公布了第二批国家级非物质文化遗产名录，真不同洛阳水席以整套宴席入选国家级非物质文化遗产，这一殊荣弥足珍贵。

如今，真不同洛阳水席已经名闻天下，与龙门石窟、洛阳牡丹并称为“洛阳三绝”。名人政要每到洛阳，都会被推荐品尝真不同洛阳水席，这道水席已被当作河南省的骄傲和名片。

真不同洛阳水席是中国烹饪王国中的一朵瑰丽奇葩。

第三章
戏剧曲艺

淮河琴书

听说过淮河琴书吗？ 淮河琴书是一种流传于安徽省蚌埠市、阜阳市阜南县等地区的传统琴书艺术。 2008 年 12 月 4 日，淮河琴书获批安徽省第二批省级非物质文化遗产。

淮河琴书传入阜南县乡村已有 200 多年历史，它因演唱形式活泼，语言纯朴生动，曲调婉转优美，有着浓郁的乡土气息，深为广大群众所喜爱，在淮河流域众多的戏曲文化中独树一帜。

淮河琴书是怎么流入的呢？ 淮河琴书流入的地区不同，归纳起来主要有三路：一路是由河南永城市老艺人邵元振传入，代表性传承人有孟兆兴、孟

献春、孟颖等。一路是由山东瞎子（真名不详）传入，代表性传承人有杨元得、张法、苗明才、苑金榜等。一路是淮北琴书，代表性传承人有陈豁牙（真名不详）、良麻子（真名不详）、付学兰、王文艺等。这三路琴书在淮河两岸及皖西北、皖北地区广为流传，第三路则是老艺人为适应当地群众的需求，融合地方淮词、大鼓、坠子和民间小调，与当地艺人互相切磋技艺，逐步形成独具特色的、代表淮河风情的淮河琴书。

淮河琴书唱腔音乐为主曲体，代表性唱腔有"四句腔"。"四句腔"分"慢四句腔""快四句腔""垛子板"。垛板中间唱中有说，还有"凤阳歌""梅花落"等曲牌，艺人称之为"九腔十八调"。除了传统小段外，淮河琴书也有长篇的段子，如《杨家将》《杨八姐游春》《梁祝》等。琴书有点类似京韵大鼓。不仅阜南有琴书，山东、徐州、四川等地也都有琴书，甚至历史更长，各地的琴书，在唱腔、乐器上都有自己的特色。而淮河琴书，曲调婉转优美，唱腔舒缓浑厚，语言淳朴生动，演唱形式活泼。作为一种独唱的艺术，琴书对表演者的要求很高，既要指挥乐队，又要与现场的观众互动，没有十年八年的工夫，很难赢得观众的认可。左手打板，右手敲琴，看似简单，实际上并不容易。受演出时间的限制，现在很少唱传统的大书，一般是在十分钟或者二十分钟内讲述一个故事，说明一个道理，这就要求对主题进行提炼加工，并根据听众的类型确定演出的唱词。

孟颖，淮河琴书的杰出代表人物，安徽省阜南市阜南县会龙镇芦庄村人，祖籍宿州市砀山县，知名曲艺家，为安徽省非物质文化遗产淮河琴书的主要传承人。她 8 岁时开始和父亲学唱琴书，12 岁登台演出，30 多年间，她的足迹几乎踏遍了安徽、河南、山东、江苏四省的大部分集镇。2004 年，她凭借创作的琴书《一块碎玻璃》荣获中国曲艺节最高奖——"牡丹奖"。

孟颖表演的琴书继承了传统琴书的"九腔十八调"，而且注意从地区戏曲、民间小调中汲取营养，丰富淮河琴书的唱法。三十多年来，她不仅把当地的淮词、大鼓、坠子和民间小调融进琴书的创作中，还把黄梅戏、嗨子戏、京剧和豫剧等糅进了琴书的演唱中。无论吸收哪种唱腔，她最终都能回到琴书的表演形式中来，让观众明白她唱的还是最具有地方特色的淮河琴书。

正是有了她，淮河琴书有了更好的传承。为了传承好这门艺术，孟颖近年来先后带了两批学生，而且每一节课都是免费教学，其中第一批学员王璟璟在参加全省戏剧大赛的时候还拿过一等奖。在阜南县文化局创办了非遗传承班，孟颖专门从这批学员中挑选了五个有一定表演天赋的孩子，定期给他们培训，希望从这些学员中培养出下一代的传承人。

淮河琴书声悠远，会龙金凤鸣九州。不管孟颖取得多大的成就，也不管她能走多远，她始终都是会龙的艺术家，她的根在会龙，她的心在会龙。她美妙的声音将伴着悠扬的琴声，萦绕于会龙的田间地头，更萦绕于会龙百姓的心上。

扁担戏

看过木偶戏吗？扁担戏就是木偶戏的一种。界首市扁担戏俗称“小挑子”，又名猴头人子，一台戏，独腿戏。2011 年，界首扁担戏被评为省级非物质文化遗产，朱允德被评为扁担戏“代表性传承人”。让我们先来了解一下朱允德。

朱允德是扁担戏第三代传承人，他出生于安徽省界首市芦村镇小徐行政村朱庄村，在界首市城乡提起朱允德和他表演的扁担戏，几乎是家喻户晓，无人不知。

16 岁那年，他第一次离家出远门唱戏。此后几十年，他像父辈那样每天挑着几十斤重的挑子走上四五十里路四处流浪，3 个月才能回家一趟，河南、山东、江苏、河北等地几乎都留下了他的足迹和唱腔。在传承父辈演技的基础上，朱允德对扁担戏进行大胆创新，自制道具，雕刻木偶，用泥捏人。他自制的口哨，能吹出多种戏曲曲调，尤其擅长豫剧唱腔。他演唱的代表剧目有《武松打虎》《大闹天宫》《香莲告状》《猪八戒背媳妇》《捉特务》等。这些故事融入扁担戏轻便、灵活、诙谐的表演形式中，百姓们喜闻乐见，在安徽、河南、山东等地享誉一时。

随着电视的普及，扁担戏逐渐没落，朱允德的扁担也积满了厚厚的灰尘。2000年，为挖掘和挽救扁担戏艺术，界首市政府投入1万余元，用于资料整理、影像制作和艺人生活补贴，朱允德重新走上了扁担戏演出舞台。近几年来，朱允德先后在铜陵市和合肥市参加了安徽省首届和第四届民族文化艺术节。目前，整个小徐村就只剩下他一副扁担在演出。朱允德的主业是务农，扁担戏只是他的“业余爱好”。尽管当地年轻人几乎没人愿意传承扁担戏了，但是他10多岁的孙子愿意跟随他学扁担戏。朱允德说：“我不想让扁担戏在我们这辈人手里失传。”

扁担戏是一种传统民间艺术，我们不能让它失传。保护艺术，是我们当下必须做的事情。

界首渔鼓

界首渔鼓这一古老的曲种，又称道筒子或坠子嗡，行话为溜兰条儿，是一种安徽省的传统说唱艺术。界首渔鼓于2006年11月被安徽省人民政府批准为首批省级非物质文化遗产项目。

界首渔鼓有四百多年的历史。它的历史要追溯到明代，具体年份不详，兴盛于清朝道光年间，后由道士以道教为演说题材，到民间传道时流传至界首。界首渔鼓主要分布于界首、太和、颍上、临泉、阜阳、亳州、涡阳、利辛、蒙城以及河南省的沈丘、项城、周口、太康、郸城等地。1920年前后，是界首渔鼓发展的全盛时期，其影响区域东至安徽省太和县、阜阳市、蒙城县，西至河南省沈丘县、新蔡县、郸城县、太康县等。界首渔鼓源于民间，流行于民间，发展于民间。界首渔鼓基本上以演唱为主、夹白为辅。

1906年，界首渔鼓艺人以多人搭台伴奏演唱，后逐步发展为今天的界首道情戏。界首渔鼓又分为“高音渔鼓”（主要流传于界首南部）和“低音渔鼓”（主要流传于界首北部），所持乐器为打击器，即渔鼓筒子和简板，所演唱曲目多为传统书目，其唱腔高亢嘹亮，委婉动听。界首渔鼓音乐已被收录《中国曲艺音乐集成·安徽卷》中，得到了北京有关专家的认可，称赞其为“安徽曲艺一枝花”。然而，界首渔鼓分布区域在逐渐缩小，传承艺人也日渐减少。

界首渔鼓是从河南坠子起源的曲种之一，同时又是中国地方稀有剧种道情戏的鼻祖。专家亦有论证，把界首渔鼓誉为颍河流域的“活化石”，具有重要的文化艺术研究价值，是我国曲苑中又一朵芬芳郁香的奇葩。

界首渔鼓的唱腔圆润、自然、优美。界首渔鼓不仅是一种艺术，还是广大百姓对生活的憧憬和精神寄托。

太和清音

“太和清音”知多少？太和清音的历史可以追溯到元末明初。于2006年底，太和清音申报安徽省非物质文化遗产获得批准。

根据有关书籍记载，元初明末，颍州泉河南岸有一玄坛法师，学识渊博，且精通音律，他性喜弦歌，尤以琴筝为长，终日研习，寒暑不辍，吟唱出一种旋律作为曲歌，日与众徒弹唱自娱。因其曲调清雅悠扬，故名“清音”。曾被董必武称为“此曲应从天上来”的太和清音，以其幽雅、清丽、动听的唱腔和特有的旋律，在民间盛极一时，经历代文人雅士发展遂成一稀有剧种。清代中叶，清音流传到太和，民间出现了自发性组织“清音会”，平时约定十天半月一会，每逢婚寿、开业等喜事再集中演唱。演唱多在客厅或庭院中，演唱者围桌而坐，各执乐器，各任一角，边弹边唱，自娱自乐。

太和清音的表演形式是怎么发展的呢？刚开始，为4—8人坐唱，每人执一乐器，每人任一角色，围桌而唱。慢慢地，发展到有专唱的，不执乐器，但一人任多角色，到现在每人任一角色，不操乐器，专职表演，乐队同演员分离。太和清音以清音为主调，也是基本唱腔，结构比较规整，属单曲体。速度中庸，长于叙述。演唱的字句多为七字句、十字句。太和清音的特点在于表演的随意性较强。每句唱腔又有多种不同的变换唱法，如双煞、单煞、截煞、小煞板、飞板、哭板等。起腔过门为大起板、八板和花八板等几种。“大起板”是传统清音的主要起腔过门，速度很慢，故由“大起板”演化出小起板，因其共有八小节，亦称“八板”。“八板”结构简练，比“大起板”速度快，与起腔句结合时，一般比起腔句约快一倍。

为了太和清音的传承，1954 年，太和县文化馆组织清音老艺人成立了业余剧团，率先把清音弹唱改为戏曲上演。1958 年，太和清音传统曲目《追舟》参加安徽省首届曲艺会演并获奖，同年 8 月，成立了全国唯一的太和县清音戏剧团，在全省各地巡回演出，广受欢迎。太和清音曾多次参加省、市文艺会演并获奖。安徽人民广播电台也录制清音戏选场、选段播放。到 1960 年，太和清音剧团排演大小剧目 30 多个，借鉴其他剧种剧目近百个。20 世纪 60 年代初期，太和县清音戏剧团被撤销。80 年代，太和县文化馆恢复业余清音组活动。如今清音老艺人已全部去世，原清音戏剧团培养的青年演员也都年过花甲。由于没有相应的培训措施，太和清音后继无人，濒临灭绝。幸运的是，2006 年底，太和清音终于获批为安徽省非物质文化遗产。非遗的申请成功，让更多的人去关心支持清音的发展。2013 年 3 月 14 日上午，安徽省非物质文化遗产保护中心黄先有主任一行来到太和，调研省级非物质文化遗产项目“太和清音”，对太和清音给予了高度评价。2013 年 11 月 26 日，太和清音传承基地在太和县二职高建立，进一步推进了太和清音发展。太和清音作为一门艺术，正式进入课堂，更多的学生开始接触清音，学习清音，传递清音，传承清音。

太和清音的曲调优雅清丽，它的唱腔十分优美，听来清新柔和，使人心旷神怡。太和清音让人有一种美的享受，使人们的精神境界受到陶冶和升华，具有很高的审美价值和文学价值。

因此，我们要保护太和清音这种艺术，使其传承下去，发扬光大。

清音戏

“清音戏”和“太和清音”有什么样的不同呢?

清音，又名“曲子经”，有些地方也称“打扬琴”，是由传统的琴书艺术演变而来的。2008年清音戏被安徽省人民政府确认为省级非物质文化遗产。

清音主要分布在豫、皖、苏、鲁交界地区，东至苏北徐州；西至开封、郑州、洛阳；南至皖北阜阳；北至山东曲阜、枣庄皆有清音流传。利辛清音起源于1910年前后，流行于淮河两岸的利辛、阜阳、颍上、凤台、寿县、怀远等地。唱腔为“四句腔”，吸收夜落金钱、太平年等小调。乐器除一般弦乐外，尚有古筝伴奏。

清音戏是怎么发展来的呢？它起源于具有浓厚宗教色彩的曲艺“清音”，僧人出家后朝夕青灯相伴，常鼓筝弹琴，自娱自乐。因所弹之曲清雅，所吟之调柔和，遂名“清音”。后传入民间，形成戏曲。

清音的特点在于以唱为主，以说为辅，说唱结合，清雅柔和。清音的道具比较简单：为板腔体结构，板式可分为慢板、四句腔、二板、垛板、快板、散板等。尤其是二板最后深长起伏的长拖腔，婉转花俏、圆润动听，成为清音唱腔的主要特点。在乐器配备方面除了使用原来的扬琴和软弓京胡外，还逐渐增加了二胡、曲胡、坠胡、笙、笛等乐器。利辛清音的几个调式包括大非板、小非板、慢板、快板、二八板、花腔、剁子等板式，而且其伴奏器乐主弦是板胡、二胡、三弦、坠胡，还有硬场敲打器乐大小锣、鼓、板鼓、梆子、镲。

表演的服饰部是戏剧服装，和很多大剧种一样也分成老旦、花旦、青衣、小生、老生、须生、丑旦等。

清音的演唱形式，刚开始的时候是文唱，现在已经演变为武唱，有时也化妆后亮相或扎架以表现书中人物的性格。它的唱句基本上是七字句和十字句，也有特定格律唱法的三字崩、五字坎、六字紧、八字闪、垛字句、大联句、小联句、贯口句等。女腔婉转花俏、男腔豪放朴实，唱腔并没有什么固定的规律，男女同调，张口就唱，腔随心动，唱词多，道白少，内容通俗易懂，贴近生活，乡土气息浓厚。传统剧目有《陈潘词》《琵琶词》《谋馆》《赏雪》等二十多出。

清戏的传承得益于几位民间艺人。当时，山东艺名“洋红芋”的艺人讨饭来到利辛阚疃辖区遇见张学师、张学良、张学兵三兄弟，收张氏三兄弟为徒传授花鼓戏，后来与“一条线”“小白鞋”“草上飞”齐名的“万人迷”管应鹏拜张学兵为师。新中国成立后，谷保宽和师兄弟、儿女、弟子等组成了一个家庭清音剧团，成为阚疃地域一支长期活跃在农村的业余剧团。而且因阚疃地处凤台县、颍上县、阜阳县、蒙城县的交界，利辛清音在这些地方也极受欢迎。其间，他们主要演唱《三女拜寿》《李天保吊孝》《王保童私访》《大宋金鸠记》《陈三两爬堂》等由传统大曲艺书目改编的连续剧目。如今谷保宽已经去世，2004 年郭子贵组织起清音戏班底，购置设备、服装，布置小舞台，进行整理、录像、制作光盘，组织抢救利辛清音戏。

可惜的是，许多清音戏曲目已经失传了，清音的保护和传承迫在眉睫。

泗州戏

泗州戏，原名为拉魂腔，1952 年正式定名为泗州戏，流行于安徽淮河两岸，已经有大约三百年的历史了。2006 年 5 月 20 日，泗州戏经国务院批准列入第一批国家级非物质文化遗产名录。

泗州戏是与徽剧、黄梅戏、庐剧并列的安徽四大优秀剧种之一，具有深厚的群众基础和丰富的文化底蕴，以优美的唱腔、动听的旋律，唱响淮河两岸。据 1953 年统计，泗州戏的传统剧目有 300 多出。

泗州戏有强烈的地域文化特征。对于泗州戏的形成，看法都不一样。有些人认为它发源于苏北海州一带，原是当地农民以“猎户腔”和“太平歌”等民间曲调即兴演唱的小戏，后传入泗州（当时的州治今泗县县城，辖境约今安徽泗县、五河、明光、江苏泗洪、盱眙）并吸收当地民间演唱艺术，形成安徽的“拉魂腔”泗州戏。1920年前后，泗州戏才有固定的班社演出，并开始进入城市。早先，在山东邱姓、葛姓、张姓三位民间艺人，把当地许多动听的民歌、小调和民间乐曲“太平调”“猎户腔”等糅合成一种新的民间说唱，又分别传说到皖北、鲁南、苏北，后来发展成为受人喜爱的泗州戏、柳琴戏、淮海戏。

我们来说说邱门老师邱哥，一个人到安徽泗州一带表演，这里还有一段邱哥的爱情故事。

邱哥嗓音洪亮，唱腔好听，表演传神，再加上相貌英俊，待人随和，很是招人喜爱。他走村串户，上集赶会，许多男女老少跟着瞧、撵着听，直唱得人们忘了寝食。

邱哥的爱情故事开始了。有一天，周家集有个姓周的大户人家为小姐过生日，请邱哥去“唱堂会”。他在客厅唱，周家老爷起先只准小姐在绣楼上听。哪知，小姐听着听着就下了楼，来到客厅的屏风后面听。因为这位小姐平时爱好抚琴吟诗，所以她一边听、一边就能跟着邱哥唱。大概是老爷和客人们都听得入迷了，小姐来了，他们也没发现。一会儿唱完了，小姐除了重赏他外，还在银包里偷偷夹了一只玲珑剔透的“玉斑鸠”（戴在手指上的玉器）。从此，这位周家姑娘经常和丫鬟一起偷跑出去听戏，还经常把自己的“私房”资助给邱哥添“行头”，“买乐器”。这样一来二往，两个渐渐地萌生了爱慕之情。在那旧社会，这可是不得了的事啊！周老爷知道此事，狠狠地教训小姐一顿，周家人就把邱哥赶出了周家集。邱哥一走，四方谋生，去向不明。周家姑娘在绣楼上茶不思、饭不想，整天整夜地倚着楼窗哼着跟邱哥学的“拉魂腔”，呆呆地看着远方。小姐的心思瞒不过贴身丫鬟，在一个风雨交加的夜里，她买通家院，带着小姐从后门逃出。她们历尽艰辛，在泗州城附近找到了邱哥，小姐与邱哥结为百年之好。这位周姑娘聪明好学，不久就能和邱哥同台演唱小生小旦戏了。

她那婉转甜润的唱腔、窈窕秀美的身段、惟妙惟肖的表演，一下子轰动了整个泗州。那才真的把听戏的魂都拉去了呢！起先人们还叫不出这叫什么调、什么戏，就直呼演唱这个调的人名字，称为“周姑子调”，一传十、十传百，就叫开了。后来他们又就地取材，自制一个两根弦的土琵琶，就用那只“玉斑鸠”套在指头上作为弹琵琶的拨片，以后又演变用竹子、牛角料子。

泗州戏的特点也在于它的唱腔随意性较强。演员根据自身嗓音条件随意发挥，故名“怡心调”。男腔粗犷豪放，高亢嘹亮，女腔婉转悠扬，结尾处多翻高八度拉腔，明丽泼辣，动人魂魄。其伴奏乐器以土琵琶为主，辅以三弦、笙、二胡、高胡、笛子等，另有板鼓、大锣、铙钹、小锣四大件打击乐器。

泗州戏的角色主要分大生、老生、二头、小头、丑等几类，其表演在说唱基础上大量吸收民间的“压花场”“小车舞”“旱船舞”“花灯舞”“跑驴”等舞蹈表演形式。它演出时有许多独特的身段和步法，如四台角、旋风式、剪子股、仙鹤走、百马大战、抽梁换柱、燕子拨泥、怀中抱月、凤凰双展翅等，演员必须注意手、眼、腰、腿、步等各部位的协调与配合。

泗州戏的曲目有《大书观》《皮秀英四告》《樊梨花点兵》等，这些曲目长期盛演不衰。

早期的泗州戏，是一种近似说唱的简单戏剧形式。它从一人敲板演唱“小篇子”（简单的生活小故事），一人用柳叶琴伴奏的“唱门子”（沿门卖唱），逐渐发展为“七忙八不忙，九个人看戏房”的小戏班。他们以柳叶琴（亦称土琵琶）、梆子、小锣伴奏，并加人声帮腔，但仍十分简陋，只能在农村“跑坡”唱“地摊子”。后来出现女演员，在唱腔和表演上有所发展。直到1920年前后，才有固定的班社正式登台演唱。中华人民共和国

成立后，开始在城市舞台流动演出，有10个专业剧团。泗州戏具有活泼、动听、通俗和乡土气息浓郁等特点，在淮北、淮南及江苏北部一些地区极为盛行，业余剧团遍布城镇和农村。

泗州戏擅长演唱农村题材的生活小戏和现代戏，它的表演是在舞蹈“压花场”的基础上发展起来的，“压花场”有许多独特的舞蹈身段和步法。

曾经的泗州戏被当时的人们誉为“男人听了泗州戏，忘了孩子忘了爹娘；女人听了泗州戏，把面饼贴在锅盖上”的夸张评价，并且风靡一时，皖北地区几乎无人不知。今天泗州戏乐曲已运用电声乐器伴奏。尤其值得一提的是，泗州戏的主弦乐器，从只有两根丝弦的土琵琶，通过改进，多次研制，相继制成了三弦、四弦、五弦、六弦的多种高中音柳琴。除了运用于本剧种伴奏外，还被国内外中西乐队选用，影响颇大。

泗州戏的创新，就是文化的发展，社会的发展。

淮北梆子戏

淮北梆子戏原名“沙河调”，因沿用河南梆子以枣木梆击节，又称沙河梆子。2011年5月23日，安徽省宿州市、阜阳市联合申报的“淮北梆子戏”经国务院批准列入第三批国家级非物质文化遗产名录。

淮北梆子有着浓厚的地方色彩。它的唱腔激昂嘹亮、活泼婉转，不但能表达愉快舒畅的心情，而且能表达慷慨壮烈的气氛。腔内多衬“哪”“啊”“吼”“哇”“嗷”“呀”等虚字，起到装饰唱腔的作用，会产生唱词满、吐字巧及腔弯俏的效果。

那么，淮北梆子是怎么发展而来的呢？刚开始，清嘉庆年间河南商丘唱梆子戏的杨坦等数人来安徽北部地区演唱，并设科班传艺。受当地的风俗习惯和曲艺的影响，唱腔与原来河南商丘梆子有所不同，不分男角和女角，不分板式、长短句，唱时多衬“哪”“呀”“唧”“嗷”“吼”“咿”“呜”等虚字，这是艺人吸收地方小调变化而形成的，称“沙河调”。沙河调的唱腔以演唱曲调来分，主要有慢板、流水、二八、飞板、跺子等十多种。淮北梆子的特点在于随意性强。演唱的时候，演员可根据剧本规定的情景，结合思想情感，千变万化。紧接着，沙河梆子进一步发展，不仅在演唱时吐字巧，腔弯俏，亦且讲究偷字，闪板，灵活多变，演唱时，不受七字、十字唱词限制。弦乐伴奏，只用一把京胡(软弓)。

新中国成立后，沙河梆子发展很快，20 世纪 50 年代，阜阳、宿县、淮南等地相继建立专区、县、市级专业剧团 18 个，始定名淮北梆子。1960 年成立安徽省淮北梆子戏剧团，其发展进入全盛时期。凡专业剧团皆配备了编导人员。挖掘传统剧目 700 多出，经常演出的有 500 多出，如《渭水河》(又名《文王访贤》)、《火烧子都》(又名《伐子都》)、《伐苏秦》(又名《洪昌府》)等。在淮北地区，田间地头的群众，都能唱几句红脸、黑脸梆子戏。鼎盛时几乎县县都有专业剧团。成立较早而影响较大的剧团，主要有抗战时期的翻身剧团、拂晓剧团等。

关于淮北梆子，它的伴奏乐器有“九根弦一喇叭”之说。有月琴(四弦)、三弦(三弦)、狗头嗡(二弦)和一支尖子(唢呐)。锣鼓点除一般的锣鼓点之外，另有豹子催连城、三百六等特有的传统鼓点。

现在，我们来了解一下梆子的相关术语。

喷口，指念白或演唱时，在字的开头发音稍晚，造成一种力的效果，喷放而出，记谱一般采用符号表示。

颤气，是指丹田不规则的颤动，引起气息与声音的连锁反应，应用于哭唱腔。

钻底，指唱腔低于定调，或高拉低唱，不吃字，不嚼字，不裹字，不割字。字未咬清即放喉行腔，是为“吃字”；韵母不纯即声颤气抖，是谓“嚼字”；唇涩舌钝使音嗓肉阻，此乃“裹字”；丹田不畅呈半嘶半哑，是谓“割字”。以上均歌者之大忌也。

饱吹饿唱，包含有气息贮存与丹田生发的辩证关系，此一经验是老艺人们长期实践的总结。

刀不磨会锈，腿不练会皱，练功须持之以恒，间断谓之“歇功”，歇功则出现肢体关节不灵，此所谓“回功”。

吊嗓，与琴师相结合，反复练习，以提高自己的演唱能力。

掉板，通用于戏曲界。指演唱中跟不上节奏，错了节拍。

淮北梆子定名为1960年，并正式成立安徽省淮北梆子戏剧团，此前都称梆子戏。

2013年、2014年连续举办两届的宿州市戏曲大舞台中，梆子戏的演出，充分发挥了寓教于乐、高台教化的艺术功能。群众喜闻乐见，每场都有数千人过来观看。

坠子戏

坠子戏始称“化妆坠子”，起源于中国曲艺、戏曲之乡萧县。2008年6月7日，河北省深泽县、安徽省宿州市联合申报的“坠子戏”经国务院批准列入第二批国家级非物质文化遗产名录。

化妆坠子吸收京剧、豫剧的一些表演方法，以曲艺坠子的曲调为基础，有单唱、对口唱、多人分唱。它的唱腔流畅婉转，词句通俗易懂，人们很喜欢，流传很广，大江以北，长城内外，享誉一时。

化妆坠子是什么时候更名的呢？1961年春，坠子剧团进京汇报演出时，在中国剧协和中国戏曲研究院联合组织的座谈会上，田汉提议将化妆坠子改名为“坠子戏”。

坠子戏起源于20世纪初，形成于20世纪40年代。萧县在明、清时就是曲艺、戏曲之乡，渔鼓、坠子、大鼓、琴书和梆子、拉魂腔、花鼓戏等曲艺、戏曲活动频繁。1914年，山东郓城县坠子女艺人韩教香来萧县演出，深受当地欢迎。不久，韩教香与黄口镇一史姓男子结婚，从此在萧县安家落户。为了招徕更多观众，他们还曾尝试化妆穿戏服，以戏曲形式来演唱坠子。后相继又有山东菏泽坠子艺人李元灵等来萧县演唱坠子并招徒，不少渔鼓、大鼓艺人拜其为师。至20世纪30年代，“坠子热”已在萧县悄然兴起。初期的坠子戏，是以传统坠子书目为基础，略加改动，运用原有的音乐唱腔，套用京剧、河北梆子的锣鼓经，穿上戏曲服装，增设了灯光布景而成，因而称为化妆坠子。在以后的发展过程中，坠子进一步向京剧、河北梆子等剧种借鉴，设置了生、旦、净、丑行当，学了一些表演动作程式，又吸收豫剧、河南曲剧、河北梆子等剧种的唱腔和板式结构，逐渐完成了戏曲化的进程，形成了独立的北方坠子。

1940年，以琴书艺人陈兴兰（萧县丁目集人）为首发起，结合王从军、赵尧顺、邵理信等琴书艺人合伙组成一个民间演唱班社，变琴书的第三人称叙事体为第一人称的代言体，化妆穿箱，以戏曲形式正式出现在淮北大平原上，取名为“清音大扬琴”班，首演剧目为《洞宾戏牡丹》。

1942年，该班又由杜庆祥（艺名永真）参加并领班，演唱曲调以沿袭琴书的“四句腔”“垛子板”“凤阳歌”和“叠断桥”等为主，偶尔加进一点“拉魂腔”和“梆子腔”，口传工尺谱，无男女腔之分，班内无女性。生、旦均为男艺人扮演，谓之“生、旦、净、丑一篮子挎”。剧目以“三小戏”为主，如《王汉喜借年》《潘金莲拾麦》《王林休妻》《拾棉花》等。最初的活动仅限于萧县的农村，以“撂明地儿”（打地摊）演出为主；艺人们出身于农民或乡村曲艺艺人，农忙务农，农闲唱戏。

1944年，萧县著名坠子艺人李教令（绰号黑大个，肥庄人）和他的弦手王永玉及黄口镇坠子女艺人史凤侠（韩教香的第四个养女，坠子戏的第一个女艺人）先后加入“清音大扬琴”班。由于李教令艺辈最高，艺术造诣颇深，原班主杜庆祥等人均拜其为师，并推其为班主。在李教令的倡导和影响下，班内开始废其琴书曲调，改唱坠子的“平腔”和“扎板”，并将“清音大扬琴”班改名为“萧县道情班”。

1946年以前，道情班的活动仅限淮北地区的萧、砀、宿、濉一带，后逐步扩展到豫东、苏北等地。演出场所偏重于集镇的“缠会”（淮北当地的牧畜交易会）、庙会，后逐步进入县城。剧目增加了《龙青海》《审姚大》《大红袍》等公案、袍带戏，一部分花鼓戏、梆子戏艺人陆续加入道情班，改唱坠子戏。如郭占才、余华荣、吴广志、牛家太、蔡可彬、李乐善、刘德才等，就连“花鼓状元”马敬君也曾改唱过坠子戏。音乐上除了坠子本腔外，仍保留部分琴书、拉魂腔、梆子腔和后来带进的花鼓调等，剧目全为“活词”，兄弟剧种演员的加盟，不同剧、曲种的艺人云集一台，大大地丰富了坠子戏的音乐和表演。坠子戏的剧目可分为“正本戏”和“小戏”两类，分别由原单口坠子中的“蔓子活”与“段子活”改编而成。

“文化大革命”中，由于受“一花独放”的影响，剧团被砍掉，人员被遣散，资料被焚之一炬，坠子戏面临夭折。

1978年，安徽省坠子剧团恢复后，注重加强对剧目、表演、音乐、语言音韵的艺术探讨，派出音乐干部陈健(晨见)、郑忠良对坠子戏渊源进行了认真的调查，在深入挖掘、记录整理大量传统音像和文字资料的基础上，对诸类唱腔板式进行了正式规范和命名。对“净行”和小生、老旦的行当唱腔作了探索性的尝试，初步解决了转调问题，改革创新了坠子戏男女腔“慢板”“送板”和“小黑驴”以及坠子戏锣鼓与伴奏曲牌。为更好地塑造各种不同身份和性格的人物，又编创了部分综合板式的唱腔，丰富了坠子戏的表现力，改变了以前那种“一板到底”的单调格局。

与此同时，还整理创作出一大批具有坠子戏特色的优秀剧目，如《金妹和银娃》参加安徽省首届现代戏调演，《包三黑赶考》获安徽省首届儿童戏调演创作、演出一等奖，坠子戏清唱《请到淮北走一趟》和大坠胡(坠子戏主胡)独奏《闹花灯》在“江淮之秋歌舞节”上获一、二等奖。

自1986年以后，由于诸多因素，演唱活动陷入困境。老艺人相继故去，中青年演员纷纷改行，坠子戏濒临消亡之际，急于保护。

2008年，萧县坠子经安徽省文化厅审核，确定为安徽省第二批省级非物质文化遗产保护项目。2011年1月11日，经安徽省文化厅审核，确定宿州市萧县陈凤英(女)为非物质文化遗产“萧县坠子”的代表性传承人。

坠子戏在形成与发展的过程中，大量融入了北方的民俗文化，无论是在表演、语言、唱腔、伴奏等方面均已构成带有淮北本土地域文化鲜明的艺术特色。

坠子戏是一个新兴的地方剧种，在它起源与流传的百年里，由小到大、由弱到强，艺术上日臻成熟，除了把诸多曲艺中的历史故事改编成戏曲剧目加以传承之外，在新中国成立前后的各个历史时期，还创作和上演了大量与时代同步的优秀作品。在中国戏曲的发展史上，坠子戏以它表演和演唱鲜明的地方特色，反映了该剧种流行区域内的历史变迁以及人民生活。

坠子戏表演艺术的艺术特色在于它的生活化、情趣化和说唱结合，丰富和拓宽了戏曲艺术原生态的表现形式，让坠子戏的表演更加精彩。

灵璧皮影

相信大家对皮影戏都不陌生吧，皮影戏又称“影子戏”或“灯影戏”，是我国古老的戏剧艺术形式之一，是民间剪纸艺术与戏曲艺术的综合体，被誉为“影视艺术的鼻祖”。2008 年，灵璧皮影戏被列为第二批省级非物质文化遗产。

百余年来，灵璧皮影的演唱一直是人少简装，他们活跃在广大城市和偏僻山村，受到各方面群众的喜爱。灵影皮影戏渊源久远。随着中外的文化交流，中国皮影曾传播国外，得到各国人民的重视，已经成为一门国际性的研究学科，在美国、德国、法国、奥地利、土耳其等国家都建有皮影艺术博物馆，有的还成立了研究中心。

我们先来了解一下皮影戏的发展历史吧。我国皮影的发展历史，早在战国时期就已有雏形，从 1966 年湖北江陵望山一号楚墓出土的镂空刻花皮革足可证明，唐末五代时期就形成了皮影戏，至北宋已经发展完善和盛行。据宋代高承的《事物纪原》记载，北宋仁宗年间(1022—1063)已有影戏，这是现有史料中世界上最早的皮影戏记录。南宋吴自牧《梦粱录》记载：“更有弄影戏者，元汴京初以素纸雕簇，自后人巧工精，以羊皮雕形，用以彩色妆饰，不致损坏。杭城有贾四郎、王升、王闰卿等熟于摆布，立讲无差。其话本与讲史书者颇同，大抵真假相半。公忠者雕以正貌，奸邪者刻以丑形，盖亦寓褒贬于其间耳。”该文对皮影的雕簇、话本、人物造型以及当时较有名声的皮影艺人等都作了记载。当时的汴京（现开封）是北宋王朝的京都，既是全国政治中心，又是一个商业城市，经济文化繁荣，城内有各种娱乐，夜间不设宵禁，娱乐通宵达旦。皮影宜于夜间演出，故此，皮影戏在这一有利条件下兴盛起来。此外，南宋孟元老的《东京梦华录》、周密的《武林旧事》以及佚名作者的《西湖老人繁胜录》等著作中都记载了皮影戏的盛事。

在历史的长河下，我国的皮影戏不断传承创新。又由于我国幅员广大，方言各异，形成了许多流派。至今更是支系庞杂，在全国形成了更多的地方风格和不同的流派。灵璧皮影，就是我国皮影的支系之一，在影人雕簇、人物造型、操作技巧、演唱风格和传统剧目上均有自己的特点。

灵璧皮影的历史可以追溯到清道光年间（1821—1850），创始人为来兴宽。来兴宽是灵璧北乡来坝村人，少时在本村从塾师就读，由于不堪于学规约束，私自离家出走。后来到了河北，为谋生计，便在一个皮影班社拜师学艺。由于兴趣所致，无论是操纵影人或是雕琢影人，皆得心应手，受到老师的垂爱，不阅两年技艺熟练，三年学成，四年返里。回乡后，便在家乡组建皮影班社。从此，灵璧境内就新兴了这一古老的传统民间艺术，丰富了这一带的民间文化生活。来兴宽的皮影班在创建时期困难是很大的。开始只有来兴宽一人掌握皮影的操纵技术，上演时，既要操纵影人和配音伴唱，又要伴奏乐器，这不是一个人所能完成的。如果表演众多的人物和复杂的戏剧情节，那么困难就更大了。为了克服困难，便于演唱，来兴宽经过反复研究，终于创出了一条自己的路子。首先便是改编剧本，在戏剧情节和出场人物的处理上尽量适宜于一至二人操纵；在唱腔设计上只分男女唱腔，不追求行当特色；在乐器伴奏上删繁就简，只压缩到一铙一鼓一梆，这样只要二至三人即可演出。通过培养助手和实地排练，终于可以演出了。第一次演出便受得乡亲们的一致好评，纷纷予以鼓励。来兴宽的一个秀才出身的族兄，也欣然出面，主动帮助他改编和创作剧本，他以《西游记》故事为主，吸取了元曲杂剧和唐宋传奇的艺术手法，加强了剧本的艺术性和文学性。有了好的剧本，再加上精湛的雕绘艺术和纯熟的操纵手法，同时又吸收了地方戏剧、曲艺、民歌的唱腔，形成了灵璧皮影独有的唱腔风格，取得了形式和艺术的完美统一，每次演出，均赢得赞誉。这支古老的艺术之花，经过来兴宽等人的合作打造，终于在灵璧的土壤中生根开花，茁壮成长起来，形成了灵璧地域特有的“灵璧皮影”艺术。

来兴宽深知艺术的优劣应该经受社会的检验，这样才能得到提高。为此，他跋涉百余里，前往世称“五省通衢”的徐州演出。然出乎意料，在这个车水马龙的城市作首场演出以后，竟场场观众爆满，声誉大噪。这样连续上演月余，日复如此。据传，来兴宽一生曾十进徐州，艺术水平一次比一次高。后来每次在徐州演出的时间竟达数月或年余，名声大振。灵璧皮影戏影响到苏北、豫东、鲁南一带广大地区，因此来兴宽在这一地域内招收了很多门徒，扩大了“来门”皮影的覆盖面。来兴宽晚年不再外出演唱，只在故里传授门徒，并不断研究提高皮影的雕簇技巧和演出艺术。其门徒来自苏、鲁、豫和皖的淮河两岸。受业门生皆自称为“来门”皮影传人。“来门”皮影，已形成个性鲜明的地方色彩，形成了独立流派，新中国成立后被称作“灵璧皮影”。直至现在，皖豫苏鲁毗邻地区传承的都是“灵璧皮影”。

灵璧皮影在人物、道具、布景的雕簇上，长期以来积累了丰富的经验，在造型、图案、色彩等方面创造了一系列属于自己的风格，形成了一个较为完整的艺术体系。在人物设计上运用洗练的轮廓造型，采取适当夸张和图案装饰手法。在雕簇方法上则吸收民间剪纸的艺术和汉画像石中人物刻石的侧身处理方法，加上在长期的艺术实践中不断创造和改革，形成了灵璧皮影的独特风格。

灵璧皮影的人物制作分为“梢子”和“戳子”两部分。“梢子”也叫“头梢子”或“头茬子”，即皮影人物头的部分。女性的头梢子包括脸部和头面，男性的头梢子包括面部和所戴的盔、帽等。“戳子”也称“身子”，“身子”又分“男身子”“女身子”。男、女身子又分为“男文身子”“女文身子”和“男武身子”“女武身子”。“梢子”和“戳子”组合起来便成为一个完整的皮影戏人物。

灵璧皮影以多角度来表现形体特征的方式来制作人物。它正与中国的山水画使用的散点透视有异曲同工之妙，都具有中国特色的意象艺术手法。

一个半世纪以来，经过无数艺人的潜心研究，不断总结经验和不断地改革和提高，灵璧皮影形成了独自的风格和特点，在人物的雕簇上能够抓住各类人物的不同特征，运用洗练的轮廓造型，夸张的装饰纹样，使各类人物生灵活现。图案装饰纹样得宜，疏密有致，虚实得体。刀法犀利，雕簇精细，色彩明快，形质互见，形成了鲜明的灵璧地方色彩。

灵璧皮影的传统剧目多为神话剧，如《东游记》《西游记》《封神榜》和一些折子戏及童话剧，在农村演出多为连台本。这样的表演能抓住观众，令人百听不厌。

1963 年，灵璧县文化馆组织一批优秀皮影戏艺人，成立了“灵璧县皮影实验剧团”，并培养一批女声伴唱演员，组成 12 人演出团体，选派文化干部随团领导。

“三尺白布作戏台，两人敲打唱起来”，“一口道尽千古事，两手对舞百万兵”，这是前辈们对皮影戏的总结。

四平调

众所周知，砀山有砀山梨，却鲜有人知道砀山四平调。四平调是一种稀有的剧种，2014 年 12 月 3 日，砀山四平调经国务院批准列入第四批国家级非物质文化遗产名录。

四平调的演变发展过程脉络清晰，有证有据，被业内专家称为“中国戏曲发展的缩影”。它和黄梅戏、豫剧、曲剧、山东大鼓等戏曲是当地比较受欢迎的戏曲。一百多年来，四平调饱含了民间艺人的心血与智慧，在中国戏曲艺术的发展演变过程中有着特殊的地位，是深受古黄河两岸方圆数百公里的人民群众喜爱的优秀地方戏曲。

关于四平调的名字来源，人们看法不一。有人认为它以花鼓为主，吸收评剧、京剧、梆子等剧种的曲调而形成，有人也称它为“四拼调”，后改称“四平调”；也有人认为，是根据其曲调四平八稳、四句一平而得名。四平调在中国的传统戏曲艺术中有着特殊的地位，是中国民间艺术中的一朵奇葩。

民国以后，苏、鲁、皖、豫四省交界地区著名的花鼓班有三个：一是砀山山县周寨区张小楼村邹玉振为首的“邹家班”。二是周寨区西豆楼村燕玉成为首的“燕家班”。三是江苏沛县甄有明为首的“甄家班”。每班不过七八人，经常活动在苏北、皖北，鲁南、鲁西及豫东，豫南一带。

1928 年，“邹家班”在江苏新浦戏园演出时，女角去掉高跷，男角摘掉花鼓，穿上戏剧服装，模仿戏剧化装，走出地摊，首次登上舞台。

1931 年，四平调始定名。砀山花鼓艺人燕玉成、庞士英、刘玉顺和丰县花鼓艺人王世君、许若海等人，在商丘卫星说书场演出时，根据观众建议，共同研究，认为花鼓的四平八稳中有“平调”板式，借四平八稳之意，用花鼓“平调”之称，始定名为“四平调”。在此之前，花鼓演出不断改进，曾用过“文明花鼓”“无弦梆”“干砸梆”“老梆子”等名称。此时，花鼓班虽易名为“四平调”，但在花鼓的唱腔及伴奏上仍然没有突破。

1937 年，七七事变后，邹、燕，甄三班在河南太康合为一班演出，取名“三艺社”，时隔不久，“三艺社”改名为“芒砀剧团”。

1940 年，“芒砀剧团”在安徽界首与河南曲剧演员李金波、陈万顺、杨福德等人同台演出。由于曲剧当时有弦乐，无打击乐，而花鼓则有打击乐而无弦乐的丝弦伴奏效果，影响着花鼓艺人，花鼓艺人产生了增加弦乐的强烈愿望。

1941 年，“芒砀剧团”和评剧演员孔殿娥、孔殿玲、孔少凯同台演出，再次受到了弦乐的影响，对增加弦乐有了更加迫切的要求。

1946 年，四平调正式诞生。“芒砀剧团”在安徽亳县演出时，由邹玉振、燕玉成、张新奎等人出面，聘请了河南省夏邑老三班豫剧弦手杨学智，与王汉臣等人一起开始对花鼓加弦乐的研究和实践，提出了以花鼓的“平调”为男女唱腔的基础，去糟粕，取精华，广泛吸收其他剧种的音乐特点，和花鼓的曲调相融合，增加了弦乐伴奏，“花鼓”演变成了“四平调”，使“四平调”这个新兴的地方戏曲剧种得以诞生，而后又增加了月琴、三弦、唢呐、笙、笛等乐器，又进一步有了提高。“花鼓”演变成了“四平调”，不但改变了剧种名称，而且连演出剧目、表演艺术、舞台设备也都有所改进，服装、道具也和其他剧种一样，应有尽有。唱、念、做、打表演艺术也有了新突破。

1947 年，以邹玉振、王汉臣为首的艺人辗转到商丘后，1949 年被人民政府接收。

1950 年改名为朱集市(今商丘市)艺场大众剧团。

四平调，在老文艺工作者和艺人们的共同努力下，其唱腔音乐逐步丰富、完善，表演技艺和舞台美术等日趋提高。同时也自行加工整理了一批传统戏，如《梅香》《三告李彦明》等一百多个剧目，还创作了《扒瓜园》《体己钱》等现代题材剧目。

但是，近年来，随着社会的发展，尤其是电视的普及，戏曲受到了严重的影响。全国四平调剧团由原来的 30 多个减少到四五个，大部分演职员工改行，面临危机，急需抢救。

四平调以花鼓为基础，同时又大量吸收了其他姊妹剧种的艺术营养，形成了具有浓厚地域特点的艺术风格。女声在质朴之中不失委婉俏丽，男声则高昂豪放、刚柔兼备，保留着较强的说唱特征。

四平调在中国的戏曲艺术中有着特殊的地位，是中华艺术不可或缺的一个组成部分。

花腔渔鼓

老一辈安徽人，大都知道花腔渔鼓。花腔渔鼓是一种流传于安徽省萧县的传统曲艺艺术形式，也称渔鼓道情，是萧县最古老的传统戏曲剧种。2008年12月4日，它被列入安徽省第二批省级非物质文化遗产名录。

花腔渔鼓是由萧县艺人薛本信吸收当地民歌号子和其他曲种音乐，自创的多种花腔，丰富了寒腔渔鼓曲调而形成的艺术形式。

花腔渔鼓是怎么发展而来的呢？传说在明万历年间(1573—1620)，就有道情艺人演唱；清道光五年(1825)，艺人被邀到县衙内宅，演唱寒腔渔鼓；1919年，萧县艺人薛本信在寒腔渔鼓的基础上，吸收了当地其他曲种——民歌号子和徐州梆子戏的营养，新创的曲调有尾音花腔和衬字花腔等。它丰富了寒腔渔鼓曲调，故又称作“薛派花腔渔鼓”，主要在皖北、豫东地区流行。

萧县渔鼓道情曲调，除寒腔渔鼓原有曲调外，新创的有慢板花腔、流水花腔、衬字花腔、尾字花腔等，演唱者衣冠整齐，左臂抱鼓、左手打简板，右手击鼓，前期唱戒恶从善曲目，庄重严肃。后期唱反映黎民百姓生活的《黑驴段》《翻车段》《借髢髢》等段子时，生动轻快，声情并茂。经常演出的中

长篇曲目还有《丝绒记》《小姑贤》《雷公子投亲》及《孟丽君》等。

萧县的渔鼓道情在艺术表现上有几个重要特征：一、打破简板平直击拍的方法，把连板、捋板、花板交叉运用，又在一板三眼中增加多种装饰花板。二、击鼓时，融抹、挑、弹、捻手法于一体。三、发声时也用舌齿音，表白方言带几分梆子戏韵味。四、擅长模拟各种人物的动作姿势和腔调等。

萧县渔鼓道情传统小段就是《黑驴段》。《黑驴段》主要内容是：梳妆打扮的新媳妇回娘家，新郎官穿着蓝大褂儿，挎着红包袱儿。新娘跨上调皮的小黑驴。这驴儿生的白尾巴尖儿、白尾巴根儿，白顶门儿，长了四只白银蹄儿。新娘头上梳了一座庙儿，庙里梳了三尊神，红脸是关公，白脸是刘备，叉叉胡子是张飞儿。一路上爬山过河，小黑驴撒欢四蹄生风，小夫妻像吃了蜜样甜到心底。

此曲段萧县渔鼓艺人薛本信经常演唱。全曲情节虽然简单，但因唱词生动有趣，整个演出，从头至尾，妙趣横生，洋溢着浓厚的生活气息和地方色彩。

萧县就数艺人薛本信演唱段子最精彩有趣。1958 年在原蚌埠地区曲艺会演中演出的《翻车段》《黑驴段》和《王刚画庙》均获奖。同年前三个段子参加了安徽省首届曲艺观摩会演，又荣获了三个一等奖，其中的《黑驴段》被确定为进京参加全国曲艺会演的曲目。萧县花腔渔鼓有着重要的审美价值、艺术价值和大胆的改革精神，深受上述地区广大人民群众的喜爱，拥有数以百万计的观众。

萧县花腔渔鼓不断地改革和进步，得到了更好的传承和发展。

萧县坠子

坠子戏始称“化妆坠子”，是一种流传于安徽省的戏曲剧种，起源于中国曲艺、戏曲之乡萧县。2008 年，萧县坠子经安徽省文化厅审核，确定为安徽省第二批省级非物质文化遗产保护项目。

坠子戏是怎么发展的呢？1914 年萧县有了第一个坠子艺人。到 20 世纪 50 年代新中国成立初，萧县艺人在演唱河南东路坠子的基础上，大量汲取了其他曲种和徐州梆子的音乐唱腔，形成了以“说、唱、噱、做”为特点，具有自己风格的萧县坠子。

萧县坠子的曲艺形式为板腔体，板式、曲调包括新创的主要有平板、寒板、慢板、慢板连、快板、正十字、倒十字、三字锦、五字嘣等，曲调优美，长于抒情和叙事。伴奏乐器为简板、坠胡。唱词多为七字句，也有十字句。表现形式有单口、对口、多口和坠子戏，单口和对口。

萧县坠子多演唱长篇大书，如《列国》《金枪北宋》《云台中汉》《说唐》《隋唐》《杨家将》《呼家将》等。多口坠子，多为表现现代生活的中短篇曲目，如《刘巧团圆》《三封信》《王杰抢险》《丰收之后》《苦菜花》《茶埠游击队》等。

萧县坠子的表演艺术特点在于：一是说新唱新，是其传统，特别是 1964 年以来，编演了许多现代曲目，深入农村演出。二是演出区域广，除经常在萧县城乡演出外，还在长江以北的 13 个省市演出。三是队伍大，名演员多，新中国成立时，已拥有一大批享誉苏、鲁、豫、皖的坠子艺人，如李教令、刘元芝、李元同、郭合银、马明兰、刘元真等，而陈凤英、唐桂英等，则是在“说新唱新”中成长起来的著名演员。

1986年以后，由于各种因素，演唱活动陷入困境之中。老艺人相继故世，中青年演员纷纷改行，濒临存亡之际，急需保护。

灵璧琴书

前面我们介绍了灵璧皮影，现在，我们来介绍灵璧文化中另一颗璀璨的明珠——灵璧琴书。灵璧琴书是一种安徽省的传统说唱艺术，于2008年获批为安徽省级非物质文化遗产。

灵璧琴书是泗州琴书的分支，属安徽琴书大类，与山东琴书、徐州琴书有一定的血缘关系。灵璧琴书由数人演唱，伴奏乐器有扬琴(又名杨琴)、坠胡、三弦、琵琶、檀板。灵璧琴书以悠久的历史、鲜明的特色和丰富的内容深受人民群众喜爱。

灵璧琴书在淮北地区乃至全国都有广泛影响。高小眼、刘培枫成为省曲艺家协会会员，其成就被收录《中国曲艺界人名大辞典》。高小眼2007年被中国文联和中国民间文艺协会授予“中国民间文化杰出传承人”称号，中央电视台赞誉他“艺满虹乡，音扬八方”。

为了保护和传承非物质文化遗产，政府鼓励和支持非遗传承人开展传习活动。政府多出一份力，就会让非遗传承的保护力度更深一层。

端公腔

怀远端公腔又称端公神调或唱阴阳戏，是流传于安徽省怀远县的一种传统曲艺艺术。2008年12月4日被列安徽省第二批省级非物质文化遗产。

端公腔的艺术形式是以说唱为主，其中又夹杂民间音乐、民间舞蹈、剪纸、杂技、武术等表现形式。

端公腔是怎么变化而来的呢？ 端公腔源于道教，由悼念亡魂、驱鬼避邪的祭祀活动演变而成，开初只唱宣扬轮回迷信的神鬼故事，后来受戏曲的影响，不断增加一些民间故事或流传的戏文，逐渐变成了一种酬神赛会的表现形式。

端公腔起源于什么时候呢？ 据老艺人推算，怀远端公腔从清代中期已经形成，清末至民国初为鼎盛时期。 近百年来，名噪一时的端公腔老艺人有大羊子、小羊子、小铁匠、小林子、小尾巴、小咬子、老嗓子、唐二、高毛、周长江等数十人。 此外，还有不少酷爱端公腔的玩友，平时也能单独演唱。

怀远端公腔只流行于怀远县城关一带，由于其带有浓厚的封建迷信色彩，随着社会不断变迁和时代飞速发展，市场经济的繁荣与文化娱乐成多极化趋势，影响着人们的精神文化取向，怀远端公腔这一古老而独特的民间曲艺奇葩逐渐消亡。 21 世纪初，怀远县能够完整表演端公腔的民间艺人都已作古，而硕果仅存的能够说唱端公腔的艺人怀远城关人马洪骝也于 2008 年秋去世，怀远端公腔濒临灭绝。

2007 年，怀远端公腔被蚌埠市人民政府确立为蚌埠市非物质文化遗产。 2008 年春，怀远文化部门抢救性地挖掘和整理了马洪骝的端公腔艺术，并保留下了弥足珍贵的录音、录像资料，堪称绝唱。 2008 年底，怀远端公腔入选安徽省非物质文化遗产项目名录。

怀远端公腔反映了怀远人民的历史进程及历史变迁中的社会风貌、风土人情，是怀远历史文化的见证。 端公腔是一种曲艺形式，其中又夹杂民间音乐、民间舞蹈、剪纸、杂技、武术等表现形式，整个表演活动洋溢着浓郁的远古文化气息，具有重要的文化艺术价值。 怀远端公腔反映的内容，基本涵盖了社会生活的方方面面，歌颂了真、善、美，鞭挞了假、恶、丑。 它以风趣幽默的表现形式，深受人们的喜爱，使人们的心情得到愉悦和升华。

淮北大鼓

淮北大鼓是一种古老的传统戏曲剧种。主要流传于苏鲁豫皖接壤地区，明末清初已具雏形。2006年入选安徽省首批非物质文化遗产。

淮北大鼓的艺术形式，刚开始以手鼓伴奏，以半说半唱的顺口溜形式演唱。清代中期，艺人们改手鼓为简单支架固定鼓位，在固定场地演唱。

淮北大鼓的表演器具主要是大鼓、鼓架和板。演员一手击鼓，一手打板，亦说亦唱。唱腔有慢板、快板、垛子板三种形式。演唱时多用“活口”，俗称“片子”“赞赋”，灵活运用于描摹各种场景、场面等。演唱作品有《三国演义》《封神榜》《杨家将》《岳飞传》等传统和现代书目。

淮北大鼓开始于濉溪县，长期流传于苏鲁豫皖接壤地区。一面鼓、一副板、一张嘴，这就是淮北大鼓的全部家当。这种以唱为主、说为辅的艺术形式，因其高亢婉转的唱腔、诙谐幽默的语言以及浓郁的地方特色，深受淮北地区广大群众的喜爱。

新中国成立后，淮北大鼓发展到鼎盛期。但是，改革开放后大鼓艺人逐渐减少，目前已致青黄不接，后继乏人。2008年，艺人曹延虎被评为淮北大鼓传承人。

历经岁月变迁，这门艺术已经从民间艺人的谋生方式演变为宝贵的文化遗产。

柳琴戏

柳琴戏，传统戏曲剧种之一，流行民间小演唱“拉魂腔”和“肘鼓子”相结合而形成。在没有被称为柳琴戏之前，通常称作“拉魂腔”。其形成于清代中叶以后，主要分布在山东、江苏、安徽、河南四省接壤交界地区。1953年正式定名为柳琴戏。2006年5月20日，柳琴戏由山东枣庄申报，经国务院批准列入第一批国家级非物质文化遗产。柳琴戏的来源是以鲁南民间小调“拉魂腔”为基础，受当地柳子戏的影响发展起来的。

柳琴戏起源于清乾隆年间，距今二百多年。关于它的发展源头，有三种说法：一说是以滕州传统民间小调为基础，受当地柳子戏（弦子戏）的影响发展起来的。其唱腔中的“娃子”“羊子”和滕州俗曲及柳子戏唱腔曲牌“耍孩儿”“山坡羊”有渊源关系。一说源于江苏海州，是由当地秧歌、号子中的“太平歌”“猎户腔”经民间艺人丘、葛、张（一说“杨”）三人加工而成为拉魂腔，后来传入皖北、鲁南，并在当地流行。一说是由山东滕州山里的道士和尚，以安魂咒或肘鼓子等腔调演绎出的。滕州山里有个叫千山头的地方，

从唐朝到明朝之间，这里曾是全国很大的道观群落，道观几十座，清朝之后衰落了，里面的道士和尚为了生计，下山化缘帮人驱魔消灾，从而演绎出拉魂腔这类唱腔。

柳琴戏的音乐唱腔十分别致，地方特色尤为鲜明，男唱腔粗犷、爽朗、嘹亮，女唱腔婉转悠扬、丰富多彩、余味无穷。演唱者可以随心所欲地发挥、创造，自由地变化。“怡心调”是本剧种的最大特点。此外，在唱腔的落音处，女腔常用小嗓子翻高八度，男腔加入衬词拖后腔，也是其独特风格。节奏大多是有板无眼的 1/4 击拍，除了大部分是后半拍起唱处外，还有连续切分的变节奏，给人以欢快、活泼、跳跃之感。

柳琴戏的唱腔以徵调式与宫调式为主，徵调式温和缠绵，宫调式明快刚劲。柳琴戏唱腔曲调有哈弦、起板、导板、连板起、拉腔、射腔、起腔、含腔等。此外，还有从民间小调变化而来的过河调、赶脚调、送郎调、补缸调、叠断桥、打牙牌、千金小组进花园调等。其板式大致可分为慢板、二行板、数板、紧板和五字紧板等。

柳琴戏的音乐工作者创作和改编了很多伴奏曲，有的已形成了新的传统曲牌，如“苦中乐”“绣花牌”“水龙吟”“什样锦”“朝天子”“抱妆台”“云灯”“游场”“建都”“扫灵”等。

柳琴戏“文场”有土琵琶、笛子、唢呐、笙等，“武场”有“四大件”，还运用了电声乐器，伴奏音乐也运用了和声、配器等技法。值得一提的是，柳琴戏的主弦乐器，从只有两根丝弦的土琵琶，通过改革多次研制相继制成了三、四、五、六弦的多种高中音柳琴。

柳琴戏的角色有自己特殊的名称，在小头、二头、二脚梁子、老头、老拐、大生、勾脚、毛腿子、奸白脸等行当中，小头即闺门旦，二头即青衣，二脚梁子即青衣兼花旦，老头即老旦，老拐即彩旦，大生即老生，勾脚即丑，毛腿子即花脸，奸白脸即白面。柳琴戏的表演粗犷朴实，节奏明快，乡土气息浓厚，演员的身段、步法明显带有民间歌舞的特点。

柳琴戏音乐唱腔从最初的仿“姑娘腔”花鼓调发展成为今天的板腔体，对中国地方戏曲板腔音乐的研究，具有重要的参考价值和学术价值。“柳琴戏”特有的风格，它的产生，发展、完善过程，对我国地方戏曲的探索与研究，有着重要的历史意义和现实作用。

柳子戏

柳子戏和柳琴戏有什么不一样呢？柳子戏是流行于鲁苏豫皖冀五省交界的三十余个县的汉族地方戏曲剧种之一，又名弦子戏，黄河以北有“糠窝窝”“百调子”“吹腔”的称呼，是中国汉族戏曲古老声腔之一。中国戏曲史上曾有“东柳、西梆、南昆、北弋”之称，其中的“东柳”就是山东柳子戏。2006年5月20日，山东省柳子剧团申报的柳子戏经国务院批准列入第一批国家级非物质文化遗产名录。

柳子戏是以元、明、清以来流传于中原一带的汉族民间俗曲小令为基础，吸收高腔、青阳、乱弹、昆腔、罗罗、皮黄等声腔的部分剧目及唱腔，逐渐发展演变而成。因曲牌中有一种柳子调，故得名柳子戏。该戏与大弦子戏、罗子戏、卷戏等同出一源且相互影响，都以三弦作为主要乐器，辅之笙、笛，其中济宁汶上一带柳子戏又吸收“汶上梆子”配乐和唱法，使柳子戏唱腔更加丰富。

柳子戏有近五百年的历史，传统剧目二百余出，音乐唱腔曲牌六百余支，调式分为越调、平调、下调、二八调、反工四调和转调，一般以前四调为主，主要伴奏乐器有曲笛、笙、小三弦，俗称三大件。唱词是以长短句为主，通过挂“序”（齐言体）的手法，两者交错演唱，变化无穷。由于宫调繁多，音乐优美，唱腔典雅古朴、清新绵邈，所以素有“九腔十八调，七十二哎咳”和“百调子”之称。加之行当齐全，各行都有独特的表演艺术风格，故能将各种不同性格的人物淋漓尽致、一览无余地展现在戏曲舞台上。

柳子戏表演程式粗犷豪放，风格独特，人物动作设计惟妙惟肖，生活气息浓厚。如武将出场，必先在台上表演踢腿、打飞脚、亮相，发怒时双脚跳起，表示其情绪急躁。

柳子戏对于戏曲音乐的研究，有很重要的价值和意义。

在柳子戏600余支曲牌中，绝大部分曲牌结构严谨规范，曲调行腔委婉，曲牌过门完整齐备，调式丰富多变，风格各异。尤其是慢三眼节奏的曲牌，加上唱词即为唱腔曲牌，不加演唱又是结构完整的器乐曲牌。而且它有异于其他剧种的模拟唱腔的音乐旋律、结构，这自成体系、自呈面貌的音乐结构形式，对研究明清时期的戏曲音乐现象具有重要的作用及参考借鉴价值。

柳子戏音乐对研究中国北方戏曲、元代散曲具有不可替代的重要价值，同时对中国民族音乐具有持久的借鉴作用。柳子戏音乐具备旺盛的生命力，它的鉴赏价值得到现代人的认同与喜爱。如1998年纪念香港回归一周年音乐会上的开场唢呐独奏曲，就是源于柳子戏音乐曲牌“一枝花”。柳子戏传统剧目《玩会跳船》中的音乐已被人民音乐出版社编录在九年义务教育六年制小学音乐教材中。

吕 剧

吕剧又称化装扬琴、琴戏，2008年6月7日被列为第二批国家级非物质文化遗产，中国八大戏曲剧种之一，是山东最具代表性的地方剧种之一。吕剧流行于山东大部和江苏、安徽、东北三省的部分地区。

吕剧开始于山东以北黄河三角洲，由山东琴书演变而来。自形成以来，至今已有近百年的历史。纵观吕剧艺术的整个历史演变过程，大体上是循山东琴书(说唱扬琴)—化装琴书(又称化装扬琴)—定名为“吕剧”之脉发展的。

山东琴书最早产生于鲁西南一带，距今已有二百余年的历史。由于早期多由民间艺人在农村中传唱，始称为“小曲子”，后因其伴奏乐器主要为扬琴，故被称为“扬琴”。后来，说唱山东琴书的民间艺人，进入较大城市或到外省演唱，曾被称为“文明琴书”“山东扬琴”等，至1933年始定名为山东琴书。其音乐属于板腔体，兼唱曲牌，主要伴奏乐器是坠琴、扬琴、三弦、琵琶，称“吕剧四大件”。

山东琴书的音乐构成十分复杂。它包括了全国大部地区流行的著名曲调和来自“诸宫调”“杂剧”“昆曲”中的古老以及明、清以来当地流行的民间小曲。山东琴书早期是曲牌联唱体，所用曲牌达二百个，其中常用的主要有“梅花落”“叠断桥”“银纽丝”“呀儿哟”“太平年”“上河调”等。后来，各路琴书逐渐以“凤阳歌”“垛子板”为主要曲调，间或插入其他曲牌。于是，牌子曲目多被口语生动、故事性强的书目所取代。在演唱形式上，也由自我娱乐式的“庄稼耍”，逐渐被对口搭档所代替。演唱时，两人搭档对口，或多人分角色演唱，以唱和说为主，以表演为辅，人物形象逼真生动。

山东琴书的曲调优美悦耳，音韵的婉转，用词造句俚言俗语，自然流畅、朴实风趣，乡土色彩浓重，书目多取材于民间传说和群众所熟悉的历史故事，贴近生活，妇孺皆知，易记易唱也易于流传。因此，山东琴书在鲁西南形成后，便迅速流传至山东各地。由于各地的语言、风俗人情、经济发展状况的不同，特别是琴书艺人在演唱技巧、艺术风格及个人自然条件等方面所存在的差异，琴书在山东逐渐形成了南路、东路和北路三大艺术流派。

吕剧的演唱特点在于，男女腔均用真声为主，个别高音之处则采用真假声结合的方法处理，听起来自然流畅。吕剧的唱腔讲究以字设腔，以情带声，吐字清晰、口语自然。润腔时常用滑音、颤音、装饰音，与主要伴奏乐器坠琴的柔音、颤音、打音、泛音相结合，以及上下倒把所自然带出的过渡音、装饰音浑然一体，使整个唱腔优美顺畅。

吕剧使用的语言属北方语系的济南官话。其重字规律和读音咬字方法都与普通话多有相似之处。吕剧传统剧目的舞台道白，是以济南官话为标准的基础上偏重于上韵，而现代戏的道白则直接使用济南官话，具有鲜明的地方特色。在表演中，吕剧善于运用通俗易懂、形象生动的群众语言作为剧词，并以此来塑造人物形象。

吕剧在传承与发展的路上，不断地演化和发展。化妆扬琴进入济南前，多以盘凳子(拉地摊)的形式出没农村的田间地头、场院和集市上，人员多为散兵游勇式，角色行当也只是沿袭了琴书的“三小”（小丑、小生、小旦)。进入济南后，艺人们有了固定的演出场所，演出剧目大大增加，人员、行当、服装、道具、乐队配备等也日臻齐全。

吕剧曲调富于变化，语言淳朴生动，唱词通俗易懂，唱腔朴实无华，优美流利，娓娓动听。吕剧的题材多表现普通人的日常生活，表演程式更加贴近人们日常所为。

皮影戏

前面说过灵璧皮影，我们现在来说说经典的皮影戏。皮影戏，又称“影子戏”或“灯影戏”，是一种以兽皮或纸板做成的人物剪影来表演故事的民间戏剧。表演时，艺人们在白色幕布后面，一边操纵影人，一边用当地流行的曲调讲述故事，同时配以打击乐器和弦乐，有浓厚的乡土气息。其流行范围极为广泛，并因各地所演的声腔不同而形成多种多样的皮影戏。

皮影戏是中国民间古老的传统艺术，老北京人都叫它“驴皮影”。据史

书记载，皮影戏始于战国，兴于汉朝，盛于宋代，元代时期传至西亚和欧洲，可谓历史悠久，源远流长。2011年，中国皮影戏入选人类非物质文化遗产代表作名录。

“皮影”是对皮影戏和皮影戏人物(包括场面道具景物)制品的通用称谓。皮影戏是让观众通过白色幕布，观看一种平面人偶表演的灯影来达到艺术效果的戏剧形式。皮影戏中的平面人偶以及场面景物，通常是民间艺人用手工，刀雕彩绘而成的皮制品，故称之为皮影。在过去还没有电影、电视的年代，皮影戏曾是十分受欢迎的民间娱乐活动之一。

皮影不仅是一种傀儡艺术，还是一种地道的工艺品。它是用牛皮、驴皮、马皮、骡皮，经过选料、雕刻、上色、缝缀、涂漆等几道工序做成的。

泰山皮影由独特的“十不闲”技艺大师，以范正安先生为独特代表。泰山皮影表演的泰山石敢当的故事栩栩如生，党的十七大期间在国家大剧院为与会代表表演的泰山石敢当故事，受到了一致好评，其皮影艺术先后被《新闻联播》《焦点访谈》《实话实说》《走遍中国》《文化访谈录》等专题报道。泰山皮影于2008年正式作为一门学科进入小学课堂。

歌德、卓别林等世界名人，对中国的皮影戏艺术都曾给予高度的评价。可以说皮影戏是中国历史悠久、流传很广的一种民间艺术。这种源于中国的艺术形式，迷倒了众多国外戏迷，人们亲切地称它为“中国影灯”。

千百年来，皮影戏这门古老的艺术，伴随着祖祖辈辈的先人们，度过了许多欢乐的时光。因而皮影中的角色与人物都以更精湛与更细腻的雕刻工艺表现出来，更强调了皮影的艺术性与装饰性。把皮影制作好以后，加以装裱用于展览与装饰。传统的皮影戏在很多方面都存在着不可避免的局限性，这也是它适应如今快节奏社会最大的障碍。在中国，不少的地方戏曲剧种都是从皮影戏中派生出来的，而皮影戏所用的幕影演出原理、艺术手段，对电影的发明和美术片的发展也起到先导作用。如今，中国皮影被世界各国的博物馆争相收藏，同时也是中国政府与其他国家领导人相互往来时的馈赠佳品。

2006年5月20日，经国务院批准列入第一批国家级非物质文化遗产名录。2007年6月8日，湖北省云梦皮影艺术团和山东省泰安市范正安皮影工作室获得国家文化部颁布的首届文化遗产日奖。

2011 年 11 月 27 日，总部位于巴黎的联合国教科文组织宣布，正在巴厘岛举行的保护非物质文化遗产政府间委员会第 6 届会议正式决定把中国皮影戏列入人类非物质文化遗产代表作名录。

山东梆子

山东梆子是流行于山东省鲁西南及鲁中地区的传统地方戏曲剧种，又叫“高调梆子”，简称“高调”或“高梆”，又因其高昂激越的特点，被人们称为“舍命梆子腔”。主要流行于山东西南部的菏泽、济宁、泰安等地的大部分县市，以及聊城、临沂等地区的广大城镇乡村。因流行区域的不同，群众对其称呼亦不同。1952 年，定名统称为“山东梆子”。2008 年 6 月 7 日，山东梆子经国务院批准列入第二批国家级非物质文化遗产名录。

山东梆子是山东一个古老剧种，至今已有三百多年的历史，具有明显的山东地域特征，唱腔优美，激昂高亢，其不同于其他兄弟梆子剧的方面是花腔多、甩腔多。山东梆子在发展的过程中，对周边的兄弟剧种如山东境内的莱芜梆子、两夹弦、四平调、河南豫剧的豫东调、祥符调、沙河调、江苏梆子以及山东另一个古老的剧种柳子戏的发展均产生过较大的影响。

山东梆子富有浓郁的地方特色，行当则以红脸、黑脸为主要角色，唱腔慷慨激昂，高亢雄健，动作粗犷，架势夸张，舞台上洋溢着雄浑、豪放的阳刚之美。过去全用“大本腔”(真嗓)演唱，旦角尾音翻高，后来逐渐变化，多用“二本腔”（假嗓）演唱。也有用“大本嗓”（真声）吐字，“二本嗓”甩腔。其中净行的发音则带沙音和炸音，使唱腔粗犷奔放。女声各行当，都采用真假声相结合的演唱方法，发音多用口腔共鸣，声音圆润、音域宽广。

山东梆子的传统表演形式表演动作粗犷，架势夸张。如黑脸上场亮相时，双手举过头顶，五指分开；推圈走圆场时，右手推圈，左臂随之有节奏地摆动；表示愤怒、急躁等情绪时，有吹胡子、瞪眼睛、带活腮、晃膀、跺脚、捋胳膊等动作。其他行当推圈时，动作不尽相同。

在脸谱上则根据人物年龄的变化而变化，更有一个角色在同一出戏中随剧情变化而不断变换脸谱。如《白蛇传》中《收青》一场，小青由花脸扮演，连变三次：先为花脸，后变为一半花脸，一半俊脸，最后才变成旦角脸形。

山东梆子的传承和发展，对山东境内及周边区域的戏曲发展都有着很重要的意义。

枣 梆

枣梆是山东省的一种汉族戏曲剧种。为什么叫枣梆呢？枣梆原是山西上党梆子传入山东后，受到当地语言的影响，发生变化而产生。学唱者又多为本地人，所以传出了这个名称，意即“本地的山西梆子”，简称“早梆”。这个名称沿用甚久。1960年，谐“早梆”原音，并因其以枣木梆子击节，定名为“枣梆”。2008年6月7日，枣梆经国务院批准列入第二批国家级非物质文化遗产名录。

由于枣梆脱胎于上党梆子，剧词的韵脚，仍旧保持着浓厚的山西方言特色。在一段唱词中，“天仙”与“苍桑”辙可以混用，例如《狄青借衣》中狄姐所唱：“门前车马闹嚷嚷，众乡亲来庆贺我的才郎。头上青丝绾水纂，鬓边斜插白玉簪。南京官粉净了面，苏州胭脂点唇尖。……迈步且把二堂上，八幅罗裙响叮当。”按照山东地方戏曲的一般规律，韵脚中的“嚷”“郎”“当”属“苍桑”辙，“簪”“尖”属“天仙”辙，混用则称“跷辙”，唱不顺口，听来别扭，但是枣梆演员习惯了，唱起来十分自然。

枣梆表演上粗犷豪迈。如徐龙铡子前的甩袖、抖髯、搓手、顿足，和人物当时错综复杂的思路感情，结合得非常紧密。《打子》《杀路》等剧中的跌坐、甩发，颇有特色；《桃山洞》等剧中的亮相，架势美观，舞台调度相当别致。

而如今提到枣梆就不得不提张文英老人。张文英出生在号称“戏窝子”的梁山县方庙村(当时梁山县归属菏泽专区)，全村人皆会唱枣梆。受环境的影响，张文英老人自幼酷爱戏曲艺术，11 岁进入梁山县枣梆剧团，1960 年调入当时的菏泽专区枣梆剧团。她师承枣梆第三代传人刑德稳，在师傅的影响下，她主攻小生。她秉承了师傅高亢激昂、委婉活泼的枣梆唱腔，儒雅秀逸，潇洒俊美的扮相，细腻逼真、优美华丽的表演，在唱腔上俏丽柔婉、刚中带柔，尤其擅长对人物内心戏的把握。

如今的张文英更加重视枣梆的传承工作，对于她来说，自己从事枣梆一生，现在从思想到行动上，都一心一意想搞好枣梆，以后自己唱不动了，“就应该多培养青年演员，多给他们上台表演的机会，学好基本功，扎实的表演技巧才能给观众带来美感。现在，戏曲都在讲究创新，但不能为了创新而创新，不能脱离了戏曲的本质，不能偏离枣梆的根本，应该在传承中创新，没有根本就会迷失方向”。

山东花鼓

山东花鼓是一种以花鼓为主要伴奏乐器，对口走唱的汉族民间艺术形式，也是山东曲艺中唯一一个走唱类曲种。 因为语言风趣，且有许多打情骂俏的内容，元明以来，常被官府视为“淫词荡调”而屡遭禁演，在民间却深受百姓喜爱。 山东花鼓衍生出多种地方戏曲，如两夹弦、四平调、五音戏、柳琴戏、茂腔、一勾勾等，是众多剧种的直接母体。 山东花鼓2006年被列入山东省首批非物质文化遗产名录。 2014年11月11日，山东花鼓经国务院批准列入第四批国家级非物质文化遗产名录。

山东花鼓几乎没有表现铁马金戈的故事题材，却十分擅长表现家长里短的生活故事，即所谓“针线笸箩”，这从它的基本曲目“老八本”——《头堂》《二堂》《休妻》《花墙》《大帘子》《二帘子》《花轿》《抱牌子》，可以窥其一斑。 而在留存至今的140余部山东花鼓曲目中，有绝大部分是反映男女爱情及家庭道德伦理故事的。 经常上演的曲目有《货郎段》《黑驴段》《王婆骂鸡》《安安送米》《王小赶脚》《王刚画庙》《朱买臣休妻》《锔大缸》《王二姐剜菜》《对绣鞋》等，生活情趣浓郁，曲词俚俗而生动，具有方言学、社会学、民俗学、乡土文化等多种研究价值。 其词多为七字句、十字句，粗看似缺乏

规范，细研究才显出艺人运用语言的智慧和成就，这正显现了民间艺术的独特魅力。

山东琴书

山东琴书是山东地区汉族曲艺品种之一，又称“小曲子”“唱扬琴”“山东洋琴”“改良琴书”等。发源于鲁西南的菏泽(古曹州)地区，产生于清代乾隆初年。至清代中期，原来唱曲使用的伴奏乐器古琴和古筝改为扬琴(又称“蝴蝶琴”)、四胡、古筝、琵琶、简板和碟子，表演为多人分持不同乐器自行伴奏，分行当围坐表演，以唱为主，其间有说白或对白。山东琴书清末呈现兴盛局面，名家辈出，流传地区日益广泛。2006年5月20日，山东省菏泽市申报的“山东琴书”经国务院批准列入第一批国家级非物质文化遗产名录。

山东琴书的演出形式一般为二至五人，演唱者分赶角色，也兼乐器伴奏。分赶角色者一般二至三人，余者为伴奏兼伴唱。传统的演唱讲究稳重大方，演唱者正襟危坐，仪态端庄，目不斜视，全靠富于变化的唱腔和有机的伴奏配合来完成故事情节的表达和人物形象的刻画。随着历史的演变和艺术本身的发展，山东琴书的演唱逐渐打破了旧的演唱陈规。如演唱者可根据故事内容情节的发展和人物感情的变化，面目呈现传神的表情，有时可略加手势以助表演，演员之间在演唱中可进行感情交流，还可与观众直接交流感情。

从形式上看，琴书属于坐唱形式的汉族曲艺。演唱时坐成八字形，扬琴居中，其他乐器分列两旁。演员各持乐器，自拉自唱。在故事的发展中，演唱者多以角色出现，并有生、旦、丑的分工。塑造的人物，立体感很强。由于剧目大都是反映小姐、公子、儿媳、公婆等男女爱情、家庭伦理的戏，而且情节逼真，富有浓郁的乡土气息，很受群众欢迎，因此不少唱坐腔(山东琴书)的艺人，先后改演小戏，在胶东、鲁北一带流传开来，如蓬莱等地的蹦蹦戏，济阳一带的迷戏，都属于流传后派生的。流传越广，叫法越多，有的说叫捋戏，因为伴奏主乐器是坠琴，拉时是用四个指头上下不断地捋弦；有的说叫闾戏，意思是属于街坊邻里的家乡戏；有的还说由于艺人外出搭班，都是一村，同姓同族，甚至是一家子或两口子，所以叫吕戏。

山东琴书文化底蕴丰厚，对吕剧的发生发展产生过重大影响，是山东吕剧的直接母体，历史文化价值比较独特。如今它的发展遇到了前所未有的困难，急需加以保护和扶持。

淮海戏

淮海戏属拉魂腔系统，是江苏主要的地方剧种之一，因以板三弦伴奏，又称“三刮调”。淮海戏主要流行于江苏北部的淮安、连云港、宿迁和盐城，徐州的部分县区以及鲁南、皖东北一带。2008年6月，江苏省淮安市、连云港市联合申报的“淮海戏”经国务院批准列入第二批国家级非物质文化遗产名录。

淮海戏的起源，要从沿门说唱民间故事的“门头词”说起。清道光十年(1830)后，艺人自由结社发展成为打地摊演出的小戏。清光绪六年(1880)后，曾与徽剧、京剧等先后搭班合演，吸收了剧目，革新了声腔，丰富了表演。光绪二十六年(1900)后，出现了女艺人，艺术上也有了新的发展。

淮海戏既演全剧，也演折子戏。传统剧目有《樊梨花点兵》《皮秀英四告》《罗鞋记》《催租》《骂鸡》等三十二整本、六十四单出。先后编演的现代戏有《大后方》《小板凳》《拾稻头》《春回粮仓》《十里香》《生死怨》《儿女情》《果园风情》等。淮海戏唱腔明快、爽朗，优美动听，乡土气息浓厚，以板式唱腔为主，兼唱部分民间小调。男女同弦异腔，女腔以“好风光”为基本腔调，男腔以“东方调”为基本腔调。此外，女腔还有“二泛子”“串十字”“双起腔”“彩腔”“八句子”等，男腔还有“金风调”“龙门调”“小丑调”“童子调”及各种形式的弹唱等。伴奏乐器以板三弦、淮海高胡为主。

土生土长的淮海戏以民间生活小戏为多，是典型的大众化艺术。它的唱、念、做、表，均平实易懂，幽默风趣，载歌载舞的形式尤显热烈生动。形式上的乡风野趣与直接表达当地民众生产、生活的内容相结合，具有鲜明的地方特色。由于淮海地区处于北方鲁文化和南方吴文化的中间地带，因此其总体风格既有北方剧种的粗犷豪放，又有南方剧种的温柔婉约。

20 世纪 70 年代末到 80 年代末是淮海戏活跃和辉煌时期，自 90 年代开始，由于电视、网络等现代传媒的普及，特别是港台及西方文化的冲击，人们对淮海戏的兴趣也逐渐淡泊，尤其在年轻人中少有听众。随着经济的发展和社会的变革，人们忙于生产经营，生活节奏加快，听众越来越少，年老的艺人难以继续演唱，年轻艺人纷纷改行，出现后继乏人、濒临消亡的危险。淮海戏已经被列为省级非物质文化遗产保护项目。抢救和保护承载着地区丰富的历史文化内涵的淮海戏，对研究、传承和发展历史文化具有重要的科学价值和艺术价值。

改革开放 40 多年来，各淮海剧团创立了不少反映现代化建设和改革开放成果、文明新事的现代淮海戏，在观众中产生很大影响。

淮　剧

淮剧又名“江淮戏”，是一种古老的汉族戏曲剧种。 源于清代，流行于江苏省、上海市和安徽省部分地区。 清代中叶，流行于淮安府和扬州府两地区。 淮剧后来与苏北汉族民间酬神的“香火戏”结合演出，之后，又受徽戏和京剧的影响（称为“徽夹可”），在唱腔、表演和剧目等方面逐渐丰富。2008 年 6 月，上海淮剧团、江苏省盐城市申报的淮剧被列入第二批国家级非物质文化遗产名录。 2011 年 5 月，江苏省淮安市、泰州市联合申报的淮剧经国务院批准被扩展入第三批国家级非物质文化遗产名录。

淮剧的艺术形式特色在于语言、曲体结构、主调、声调发展等。

淮剧语言是以今江淮官话的方言为基调，并兼顾附近的淮安、盐阜等地方言而戏曲化的一种舞台语言。 建湖县地处淮剧艺术发祥地的中段，历史上的童子戏、香火戏艺人大多出生于此。 该地的语言与周围地区相比，具有语调工稳、四声分明、五音齐全、富于韵味、发音纯正、悦耳动听等优点，为不同时期的淮剧艺人所采用。

淮剧从唱法表演还可以分为“西路淮剧”和“东路淮剧”，西路淮剧主要是淮安和宝应地区，该地区是早期淮剧的发源地，表演唱法以“老淮调”为主调，表演略显生硬；东路淮剧以盐阜地区为主要发源地，表演唱法以“自由调”为主调，表演灵活。

淮剧唱腔的曲体结构，系从原无伴奏高腔音乐系统演化为戏曲化、抒情性的板腔音乐体系。 香火戏时期主要唱腔“香火调”“淮蹦子”，分别源于盐城境内门弹词、“童子腔”和靖江、淮安、宝应地区的田歌、号子等。 由于历代艺人的不断吸收创造，到 20 世纪 30 年代末，淮剧逐步形成“拉调”“淮调”“自由调”三大主调。 围绕三大主调而派生的曲牌有“叶子调”“穿十字”“南昌调”“下河调”“淮悲调”“大悲调”等数十种。 与此同时，从民间小调中吸收并衍化成戏曲唱腔的还有“兰桥调”“八段锦”“打菜台”“柳叶子调”“拜年调”等 160 多种。 这些曲调除部分民间小调外，其主调的调式、调性都较相近，结构形式亦完整统一。

淮剧的打击乐是在“香火调”锣鼓的基础上，广泛吸取了民间“麒麟锣”“花鼓锣”等，经过演变，形成了淮剧特有的锣鼓谱。此外，以扁鼓、铙钹、堂鼓组合而成的打击乐器配置，音色浑厚，色调明朗粗犷。

淮剧的唱腔音乐属板腔体，以“淮调”“拉调”“自由调”为三大主调。淮调高亢激越，诉说性强，大多用于叙事；拉调委婉细腻，线条清新，适用于抒情性的场景；自由调旋律流畅，可塑性大，具有综合性的表现性能。围绕三大主调而派生出来的一些曲调，如一字腔、叶字调、穿十字、南昌调、下河调、淮悲调、大悲调等，以及从民间小调演化的“蓝桥调”“八段锦”“打菜薹”“柳叶子调”“拜年调”等，都有各自表现性能的辅助曲调。

声调的发展上，早期淮剧以老淮调和靠把调为主，唱腔基本是曲牌连缀结构，未采用管弦乐器奏。1930年前后，戴宝雨、梁广友、谢长钰等人，又在“香火调”的基础上，采用二胡伴奏新调，因二胡用琴弓拉奏，故名拉调。1912年，何孔德、陈达三等把淮剧带到上海。何叫天又创出连环句唱调，进一步丰富了自由调。随表现内容的不断更新，淮剧的流派唱腔也出现了纷呈并茂的繁荣景象。早在淮调和“呵大咳”形成阶段(甚至在香火戏阶段)，因为语言等因素，主体曲调就有东、西路派系之分。东路唱腔富于旋律，音调纯和，西路唱腔近似口语化，短促强硬。新中国成立后，流行在江南的淮剧以自由调为主体贯穿发展，清新明快；而苏北的淮剧，仍然保持以淮调、拉调为主要发展线路的做法，乡土气息甚浓。淮剧的伴奏乐器、管弦乐有二胡、三弦、扬琴、笛、唢呐等，打击乐器有扁鼓、苏锣、铙钹、堂鼓等。打击乐在香火戏锣鼓基础上吸收麒麟锣、盐阜花鼓锣等民间锣鼓演变而成。

淮剧表演上素称能时、能古、能文、能武，由于曾与徽剧、京剧同台演出，所以它较多地吸收了两个剧种的表演程式，同时又保持了民间小戏和说唱艺术的某些特色，如以唱功见长等。武打受徽剧影响较深，徐长山演《滚灯》，头顶一叠碗(最上面一只碗盛油点灯)钻桌上凳作劈叉、倒立、乌龙搅等动作，其他如耍盘子、耍火流星、耍手帕、踩木球等杂技，也大多从徽戏吸收而来。

当代流行的派别是以何双林为代表的何派、陈德林为代表的陈派、竇小萍为代表的竇派，代表的是现代唱腔。迄今，淮剧界已有梁伟平、梁国英、王书龙、陈澄、陈明矿等五位演员获得过中国戏剧梅花奖。截至 2015 年，全国共有公立淮剧团 13 个，其中上海拥有全国唯一一个国家级淮剧团——上海淮剧团，其余 12 个团皆在江苏。

淮剧博物馆坐落在盐城市聚龙湖东北角，于 2011 年 6 月 11 日正式向公众开放，是一座明清风格的四合院，占地 2600 平方米、建筑面积 1600 平方米。淮剧博物馆是集展陈、传习、演出于一体的专题博物馆。分为历史沿革、艺术常识、名人名作和文化现象四个展厅，通过原作剧本、经典剧照、视听资料、舞台模型、服装道具等珍贵藏品，展现淮剧发展历程和艺术成就。

江苏柳琴戏

江苏柳琴戏是江苏省主要的传统戏曲剧种之一，分布于苏、鲁、豫、皖四省的广大地区，已有二百余年历史。因其唱腔有拉魂动魄的魅力，极为人们所喜爱，故民间一直称其为“拉魂腔”。20 世纪 50 年代初，就其主要伴奏乐器“柳叶琴”，始正式定名“柳琴戏”。2011 年 6 月 10 日，江苏柳琴戏被国务院正式列入了第三批国家级非物质文化遗产名录。

“拉魂腔”源于“周姑子”。经考证和其师徒世系推算，已有二百余年历史。在整个演变发展过程中，融会了当地的民间音乐及毗邻地区的剧种音乐，逐步形成了自己完备的唱腔体系，内容丰富、多姿，唱腔高亢、华丽，“柳琴戏有九腔十八调，七十二哼哼”，足可见唱腔之繁茂。柳琴戏的艺术特点在于，徐州地处大陆中部，为南北两大派系剧种交汇、流经之地，继而使柳琴戏的唱腔既有南方剧种的柔美低回之美，也有北方剧种的阳刚粗犷之气。这也是观众钟爱、百听不厌的原因。

柳琴戏的传统剧目二百余出，以生活小戏和“三小”戏为主，小戏以《喝面叶》《小姑贤》《芈建游宫》等为代表，大戏以《四告》《观灯》《大花园》等最为有名。 20世纪50年代后，剧团又创作改编了不少有影响的剧目，诸如《灵堂花烛》《状元打更》《三赐御匾》等，在社会上引起轰动。 80年代初，又有时装戏《小燕和大燕》被拍成电影艺术片广为放映，也受到不同层次观众的喜爱。 近几年来，柳琴戏的剧目多次在中央电视台播出，柳琴戏的名家唱段也多次在《名段欣赏》栏目播出。 因此柳琴戏的社会知名度有了更进一步的提高。

江苏省柳琴剧团，几十年来扎根于广大农村演出，为基层观众服务，在本地区深受人们的热爱，在全国巡回演出中，也受到当地人们的欢迎。 该团还多次到日本、奥地利、德国等国家演出，同样受到了外国观众的热烈欢迎。

徐州琴书

徐州琴书是一种戏曲剧种，流传于徐州。 起初是徐州地区农闲时的“玩友玩艺”的自娱活动，人们在村头场院吹敲碟子，围坐演唱并演奏。 2008年6月7日，江苏省徐州市申报的“徐州琴书”经国务院批准列入第二批国家级非物质文化遗产名录。

徐州琴书是怎么发展而来的呢？ 徐州琴书原名丝弦，清代用扬琴伴奏，故又称扬琴，徐州琴书由丝弦发展而来。 清朝同治年间，睢宁县庆延举拜宿迁扬琴艺人李义成为师，将扬琴艺术引入丝弦。 抗日战争时期，富豪商贾星散，堂会骤减，农村与城镇的业余玩友与半职业艺人，为了谋生先后转为职业艺人。 他们对原来“丝弦”中的曲调繁杂、板眼规正、文词雅驯、一唱三叹的百余首音乐曲牌删繁就简，经多次蜕变，最后形成以慢板和流水板相结合为主体，一把坠胡、一架扬琴，“九腔十八调，七十二嗨哟”，以说唱中长篇曲目为主，并加强手、眼、身、法等艺术手段运用的表现形式，群众称之

为唱扬琴，并逐渐形成高亢奔放、朴素端庄的上路(丰、沛、萧、砀山四县)，文静委婉、华彩流畅的下路(邳、铜山、睢宁、宿迁四县)不同的艺术风格。

1949年徐州琴书正式定名。徐州琴书是在明、清小曲的基础上，由“小曲儿”“小吹儿”“唱曲儿”“唱孩子”等一步步演变成乐曲系、联曲体的曲艺种类。演唱时山东韵味独特，艺人坐中，伴奏者列左右，伴奏以扬琴、坠子、手板为主，配有三弦、软弓胡琴、古筝、瓷碟等。

徐州琴书在形成过程中的特点为：音乐性减弱，故事性增强；音乐曲牌，由多变少；文学体制，由短变长；演出组织由大变小，并加强手、眼、身、法等艺术手段的运用。所使用方言，历史上有上下路之别，“上路”即“上四县”(丰、沛、萧、砀山)，“下路”即“下四县”(邳、睢宁、铜山、宿迁)。上下路在语言方面存在着明显的差异，积淀日久后，琴书亦音随地改，逐渐显示出上下路不同的艺术流派风格。“上路”琴书顶板唱法较多，字重板实，朴素端庄，板眼规整，破格小节极为罕见；“下路”琴书以闪板唱法为主，板后吐词格外显得词清曲秀，华彩流畅。徐州琴书表演形式多样，有单人唱、对唱、三人坐唱和多人联唱等。唱腔也很丰富，除“四句腔”“剁子板”等板式外，尚有“叠断桥”“满江红”“上河下河调”“呀儿哟”“银纽丝”等数十个曲牌。演员演唱时，可以根据唱词的内容及语句格式不同而自由运用。

徐州琴书的基本句式为七字句，可以加三字头和衬字。在艺术风格上，北路徐州琴书高亢奔放，东路琴书文静委婉。徐州琴书在唱腔和伴奏乐器等方面与山东琴书基本相同，这与徐州紧靠山东有关。

徐州琴书表演形式多样，有单人唱、对唱、三人坐唱和多人联唱等。徐州琴书已有300多年的历史，演唱韵味独特，艺人坐中间打板击琴，伴奏者列左右。唱词源于百姓日常生活，多为家长里短，所以唱琴书又叫“唱针线笸”，流传下来的传统曲目有《张延秀赶考》《猪八戒拱地》等。

具有三百余年悠久历史的徐州琴书与苏州评弹、扬州评话并列江苏省三大曲种，其名称系从“唱唱儿”“唱曲儿”“拉丝弦”“唱扬琴”等演变而来。旧时是民间艺人用来谋生的说唱形式，在街头巷尾、乡场集市，拉开场子就能唱。流行于徐州以及山东南部、河南东部和安徽东北部，经过北京、上海等地唱片社灌制唱片和磁带后而流传到全国，备受广大群众喜爱。

大平调

大平调是流传于中原五省的传统戏曲剧种之一，声腔属于梆子腔系统，流行地区以曹州(今菏泽市)为中心，跨冀、鲁、豫、苏、皖五省边缘地带，西到郑州、陈州(今淮阳)，南到徐州、亳州，北到大名、磁州，东到济宁、兖州，号称流行五省八州。由于它的定弦、唱腔都比号称高调的山东梆子、定名反调的横笛梆子(即河北梆子)低，所以称为平调。又因它使用的梆子长50厘米、5斤多重，当地观众也叫它“大油梆”，故又被称为大梆戏、大油梆。20世纪50年代之后通称为大平调。大平调在黄河以北的广大地区有着很大影响，逐渐形成三个支派，即东路平调、西路平调和河东平调。2006年5月20日，大平调经国务院批准列入第一批国家级非物质文化遗产名录。

明清以来，在黄河南北有大小十几个大平调班社，清道光中期(1830 年左右)菏泽县成立了“双盛社”，随后又有东明县东明集的“发深班”、曹县的“袁豁子班”、菏泽县龙宝田的“德盛班”等大平调班社，这些班社在常年的演出中，先后培养了一批较有成就的演员，如花脸岳秀海、张金臣，旦角郭文荣，小生张合义，黑脸张文祥，红脸郭盛高、彭盛江等。

清中叶确有一些大平调班社在演唱，如清丰的洪家班、南乐的万家班、濮阳的万家班等。

清末民国初，黄河沿岸一带地区，还有十九个大平调班社。艺人们中间流传：七东八西莫乱窜，曹州还有四个班。此时大平调形成了具有不同艺术风格的三个地域流派分支：以开州(濮阳)为中心的开州平；以滑县为活动中心的西路平(亦称滑县平)，以东明为活动中心的东路平。

抗日战争期间，大平调艺人到冀鲁豫边区抗日根据地，组成了忠义剧社，先后上演了新编戏《逼上梁山》《黄巢起义》等，现代戏《沙区扫荡》《发土地证》《寡妇改嫁》《大团圆》等。

为啥叫大平调？因为 1954 年以前，菏泽有两个平调剧团，一个以老艺人为主体，叫新生剧团，另一个以青年演员为主，叫新兴剧团。观众习惯叫老艺人团为大平调，称青年艺人团为小平调。两个剧团亲如一家，教学相长，久而久之就统称为大平调。大平调的历史有文字可考的，可追溯到明代弘治年间。据弘治十一年(1498)《滑台重修明福寺碑记》中记载："除修葺佛塔外，敬献大梆红、大弦戏各一出。"现发现最早的演出合同，是清顺治十六年(1659)菏泽大平调戏班"大兴班"在河南滑县的演出的契约，但据说已于"文化大革命"中被毁坏。

"大油梆"有近500年的发展历程，在山东扎根，成为独立剧种也有二百来年了。在清代嘉庆、道光年间，平调、高调(山东梆子)、越调都曾流行于河南。当时的平调分东路和西路，1820年前后，东路平调经东明县传到了菏泽、曹县一带，吸收山东民间武术，汲取当地山东梆子等地方戏曲表演程式，使平调逐渐山东化，形成大平调这一独立剧种。到了1870年以后，一些原来唱高调梆子的演员也改唱平调，有的高调、平调合班演出。

"四大扇、两杆号，一听就是大平调。"这是观众流传的谚语。原来平调的乐器中有两对大铙和大钹，直径有一尺多长，群众叫它"四大扇"，"两杆号"就是两根五尺多长的"尖子号"。观众对平调的主演、名角也颇熟悉。比如早年艺名传斗的花旦演员陈贵欣、艺名金豆子的小生演员沈金贵、艺名麻年儿的红脸演员姬天荣等，观众提起来都竖大拇指。

大平调唱腔音乐属于梆子腔系统，为板式变化体，在音乐板式结构上与山东梆子和豫剧多有相同之处，但是在艺术风格上远比豫剧更加粗犷，较有山东地方特点。尤其是东路调，大平调的唱腔与山东梆子大体相同，但是发声一般都用真嗓，唯慢板、拐头钉等板式起板时，尾声使用极高的假嗓。主要伴奏乐器有大弦、二弦、三弦、大梆、大号等。在大平调的脚色行当中，黑脸和红脸居于主要地位，形成剧种的重要特色。其表演气势恢宏，场面宏大，唱做念打并重，粗犷豪放，刚中带柔。

大平调在长期的发展过程中积累了相当丰富的剧目，据统计有600余出。现保留下来的只有200余出，经常演出的传统剧目有180余个，其内容大多取材于《东周列国志》《三国演义》《水浒传》《隋唐演义》《杨家将》《说岳全传》《包公案》《大红袍》等历史古典小说，角色以生(红脸)、净(黑脸)的"袍带戏"为主，民间生活故事戏较少。

在近代的演员中，人称“花脸五”的张全臣，演活了《滚鼓山》中的张飞。曾受戏剧家田汉推崇的“花脸虎”申德高，享有“活敬德”的美誉。

大平调属于全国稀有剧种之一。为保护、抢救大平调这一少数剧种，传承和发展地方戏曲艺术事业，2004 年经推荐，濮阳大平调被列入“河南省民族民间文化保护工程首批试点保护项目”。同年 11 月，濮阳大平调参加了“河南省首届民间优秀戏曲会演”，荣获四项金奖。

大弦戏

大弦戏原称公兴班，又名弦子戏，是一个古老而稀有的传统多声腔戏曲剧种之一。它以河南开封、濮阳为中心，流行于河南省东北部、河北省南部、山东省西南部一带。一般认为大弦戏与唐代宫廷的梨园戏有一定的渊源关系，在演变发展过程中又继承了宋元杂剧北曲的传统。2006 年 5 月 20 日，河南省滑县、濮阳县联合申报的“大弦戏”经国务院批准列入第一批国家级非物质文化遗产名录。其名字来源是因为大弦戏曲牌起奏均以“三弦”

领头起板，所以叫“弦子戏”。至于冠以“大”字，是因为濮阳大弦戏起源于唐朝宫廷梨园御戏，为“梨园弟子”所创。唐王朝衰亡后，唐朝宫廷“梨园弟子”纷纷迁往宋都开封。“梨园弟子”不仅创了大弦戏纪念唐玄宗，还在朱仙镇建了一处庙堂，俗称“唐王庙”。直到20世纪40年代，朱仙镇的群众还敲锣打鼓迎接到那里去的濮阳大弦戏团社，并四处传告：“御戏进镇了，都不要说狂话。”

抗战时期，濮阳大弦戏班积极宣传抗日，归冀鲁豫军区管辖，为抗日战争作出了贡献，并涌现出多名英烈人物。新中国成立后该团归平原省管辖，更名为“新新剧社”，1953年平原省撤销，复归濮阳县所辖，又更名为濮阳县大弦戏剧团。“文革”中大弦戏剧团曾被一度砍掉，后经多方努力，1973年国务院文化组、河南省委宣传部专门下文保留了这一稀有剧种。

大弦戏历史悠久，传统剧目众多，擅长演出的打、破、反、战、斩等一类的袍带戏和架子花脸戏就有200余部。

大弦戏的艺术特色鲜明。它主要乐器为三弦、锡笛、大笛、锣笛、横笛和笙。用锡笛伴奏的称为细曲，用大笛、锣笛、横笛伴奏的称为粗曲，其中锡笛为大弦戏祖传独有的乐器。大弦戏唱腔音乐为曲牌体，主要由五大套曲和散曲组成。

难能可贵的是，至今大弦戏还原汁原味地保留着传统的“跳加官”戏和宋元杂剧中的“滑稽戏”“拴搐艳段”及“赤膊戏”等，其表演以梅花拳、洪拳为基架，粗犷泼辣、古朴浑厚。身段特技表演真刀真枪上阵，惊险刺激，其中的一些绝技如“削柳椽”“打五把彩”“大上吊”“睡三孔桥”“砸瓦”等更是令观众惊叹不已。

大弦戏被视为御戏、大戏。它常被群众用来祭祀、庆典、敬神等。无论是在剧目、音乐还是在表演上，大弦戏都基本保持了原生态的面貌，让人感受到唐代参军戏、唐宋大曲和宋元杂剧的遗韵，具有很高的历史研究价值。

自20世纪90年代以来，由于娱乐节目日渐丰富多彩，大弦戏的演出市场不断萎缩。目前，河南仅有濮阳大弦戏剧团和滑县大弦戏剧团两个专业演出团体。由于经费紧张，演员经济收入逐年减少，生存和演出条件急剧恶化，表演人才青黄不接，许多剧目、曲牌、特技失传。现在有近百支曲牌和两百多本剧目等待挖掘，掌握唐宋大曲和大弦戏曲牌音乐的艺人很少，且年近古稀，急需保护。

两夹弦

两夹弦，群众也称它为“大五音”。两夹弦是中国传统戏曲剧种之一。主要流行于山东西部以及河南东部及北部，江苏北部，安徽省北部一带的地方戏。它的伴奏乐器四胡(四弦胡琴)是每两根弦夹着一股马尾拉奏，因而其流行地的群众按照其方言习惯称它为“两夹弦、大五音”。2008年6月7日，山东省定陶县，安徽省亳州市，河南省开封市、滑县联合申报的“二夹弦”经国务院批准列入第二批国家级非物质文化遗产名录。它与流行在黄河以北的聊城、德州、滨州地区的“四根弦”(也称“一勾勾”“河西柳”“蛤蟆嗡”)有密切的血缘关系。

两夹弦是怎么样形成和发展的呢？它是在鲁西南一代流行的曲艺形式“花鼓丁香”的基础上发展演变而成的。“花鼓丁香”主要流行在鲁西南地区，因为经常上演《休丁香》(《张郎休妻》)而得名。

清咸丰初年是两夹弦的初步阶段。山东濮州引马集(今属山东鄄城县)有个穷秀才白殿玉，擅诗词，通音律，酷爱花鼓丁香，常编些花鼓新词，教妻

吟唱。后来，他对花鼓小唱只配一面凸肚腰鼓击节伴唱，深感乏味，常思增加丝弦，以壮声色。其妻纺棉时常哼曲词，其每唱一句，接着便“嗡、嗡、嗡”纺抽棉花，纺车声成了唱腔的自然伴奏，白秀才深受启发，经过多次试验，终于做出了如二胡状的“弦子”为妻伴奏，节奏和谐，大增其色。

咸丰八年(1858)，初期发展阶段。濮州遭水灾，李季安北归，白殿玉带戚、梅二徒，乞讨至曹州(今菏泽)东北的大徐庄落户，后由戚、梅二人在大徐庄收徒数十人，在菏泽、鄄城、郓城、定陶、曹县、巨野、梁山、东平一带农村“打地摊”卖唱。这期间，由于人员的增加，以由一人清唱，逐步发展到七八个人分包赶角形式，其体裁也由说唱式的叙事体，过渡到戏曲化的代言体，具有了较复杂的表演程式，演唱出比较完整的戏曲故事，其乐器除一个凸肚花鼓外，又增加了丝弦(两根弦的“弦子”)，还有一面手锣、一个梆子。两夹弦剧种初具雏形。

清同治年间，中期发展阶段。曹州城西南魏堂村贡生魏金玉聘请戚成兴、梅福成为师，在村里成立了两夹弦玩友班，随后乘本村庆贺王姓夫人立贞节牌坊之机，在四辆太平车搭成的戏台上，演出了《安安送米》，这是两夹弦由地摊上小唱走上舞台的开始。戚成兴、梅福成在演唱时常把蒲扇作为简单道具，群众送他们“大蒲扇”“二蒲扇”的艺号。

这一时期的两夹弦戏，仍是农闲唱、农忙散的“玩友会”，没有严格的科班制度，其唱腔也没有“格”和“规”的种种束缚。这种机动自由的特点，加上艺人们要把自己的俗俚小曲变成“大戏”的强烈欲望，使其大量吸收了其他艺术的优点，得以迅速发展。

清咸丰三年(1853)，在努力提高演出质量的同时，对乐器也进行了改革。

为扩大主弦音量，他们把原“弦子”（似二胡）上的两根弦，增加到四根弦，弓子上的一股增加为两股，这就是沿用至今为主弦的“四胡”（又叫四弦)。之后，“文乐”又增加了琵琶、二胡，“武乐”增加了大锣、手钹、堂鼓等，多用于开戏之前的“打通”。与此同时，流落在黄河以北的莘县、临清一带的白殿玉的另一徒弟李季，尽管也收徒传艺，但吸收其他艺术的营养很少，其曲牌、板式，基本上还属白氏初传。

光绪初年，戚成兴、梅福成在定陶县张湾村再度收徒传艺，教授玩友班，后成名者有旦角王玉华等。

1878 年春，发展鼎盛阶段。菏泽东关泰山奶奶庙大会，专请戚成兴的两夹弦班来演家庭小戏，当时连唱四天，曹州府台、县令都观看了演出，并赏银五十两。从此，两夹弦由村镇舞台走向城市舞台。

光绪六年(1880)，“大蒲扇”的传人刘大焕、张惯通、徐效言、王玉华及张惯同的艺徒徐广思(大徐庄人)、徐广远(大徐庄人)、马天仓(丑，艺名“马老平”，菏泽吕陵镇人)和刘大焕的艺徒徐启敬(司鼓，大徐庄人)等，进入豫东大城市开封，起初在较偏僻的城隍庙内演出，因很受欢迎，后移到繁华的相国寺市场演出，名震豫东，当地群众称之为二夹弦。

宣统二年(1910)左右，王玉华(旦角)在曹县马楼一带组织了第一个两夹弦职业班社“洪兴班”，进行营业性演出。这一时期，两夹弦借鉴其他剧种的做法，根据两夹弦的具体条件，对生、旦、净、末、丑各行当进行了细致、明确的分工，改变了过去“三小”独占两夹弦舞台的局面。为丰富上演剧目，排演了公案戏(如《清宫断》)、功架武打戏(如《九女庵》)、连台本戏(如《金镯玉环记》)。徐广思还于 1911 年左右，先后收曹县的崔兰琴(艺名“大金牙”)、大脚二妮(鄄城人)为徒，培养了两夹弦第一代女演员。他们优美柔和的唱腔和婀娜的舞姿，很快轰动菏泽、曹县、开封、商丘等城市。

1928 年，徐广远的高徒王文德，召集二十多位艺人在本村(菏泽市安兴镇贤圣寺)庙院内，成立“共艺班”(洪艺班)，主要演员有王文德和其弟王文胜(艺名“二宝”)、王文亮(艺名“二燕子”)、张秀香、崔兰琴、赵秀真(艺名“二金牙”)、马福勤等。这个班社在王文德的带领下，吸收了山东梆子、柳子戏的表演程式，使表演更趋完美。在音乐方面，改革、丰富了两夹弦的唱腔、板式，增加了笛、笙、唢呐等乐器。

通过他们的努力，两夹弦这个独具风格的剧种最终走向了成熟。同时，也由于这些优秀演员的出现，两夹弦这个年轻的剧种日益广泛地流行起来。它的活动范围，当时北到河北省的大名、广平、馆陶；东到济宁，南到安徽省蚌埠，江苏省的浦口，西南流传到河南省的开封、民权、兰考、扶沟、安阳、武涉等县，以及安徽省的亳县、阜阳等地。

新中国成立后，两夹弦创作（或改编）了大量反映社会主义新时代、新生活的优秀剧目，两夹弦这一剧种获得了新的生命，为广大群众所喜爱。两夹弦是以唱为主、以唱制胜的剧种，在发展中也吸取了其他剧种的表演程式，表演技艺得到了极大的提高。

20 世纪 60 年代，两夹弦曾在河南省内许多城市演出，还在山东、河南、江苏等省的城市引起强烈反响。2004 年 6 月开封市两夹弦实验剧团恢复组建，并到各地演出。

河南曲剧

河南曲剧是一种地方戏曲剧种，又名河南曲子戏、高台曲。它起源于河南南阳，分大调曲和小调曲，小调曲优雅婉转，轻快。2006 年 5 月 20 日，曲剧经国务院批准列入第一批国家级非物质文化遗产名录。

1933 年，河南曲剧流传到河南中部周口和东部开封一带，全民族抗日战争时期，又流行于陕南和鄂北。在流传过程中，它不断吸收梆子、京剧等地方大戏的表演艺术，行当脚色也由小生（俗称相公）、小旦（俗称丫鬟）、丑（俗称和尚）发展为生、旦、净、末、丑，在剧目上移植演出《铡西宫》《哭洪堂》《白蛇传》《白玉簪》《血手印》等，也曾摘取长篇大书，如《呼延庆打擂》，编成连台本戏上演。现知传统剧目有 210 多个。早期著名演员有朱天水（旦）、李金波（旦）等。

河南曲剧是如何演变的呢？它的前身是高跷曲子，由高跷曲子到河南曲子，经过三个阶段，即高跷曲子—高台曲子—舞台曲子（河南曲子），后来叫河南曲剧。在国内它是最年轻的剧种，仅 80 年的历史，成为河南第二大地方剧种。

我们来了解一下它的发展历程。早在民国十五年(1926)农历四月初七，由河南省临汝县大张村关云龙所率领的剧社“同乐社”〔由高跷曲“玩友”(业余性质的演员)朱万明、马清波、陈书奇、李富生、郑君等组成〕一行共16人前去河南登封县颍阳乡三里李洼村演出。因为天下雨，多天不能踩高跷演出，李洼村的李祖白(保长，李门祖长，哄过戏)提出一定要他们去掉高跷站在台子上唱曲子，由观看演出的农民将运载庄跷的牛车搭成高台，他们发誓不许外传后，去掉高跷拐子登到台上演唱，演唱了《许状元祭塔》《杨八姐闹酒店》剧目。这使高跷曲子走上了台子曲子。两个月后，农历六月十三日，李洼村这天年年为龙王庙唱庙会戏，就在庙门前垒个0.5米高的一个小台子，上面打了棚，后面挂了一大块红布，叫遮堂布，这就像舞台了，由伊川的孔海东、刘金水、郭太超，登封的王天水、宋六金、李圪嗒等二十人在舞台上唱了曲子戏，模仿当地的越调和高调(河南梆子)又加上了小铜器，唱的有《丁郎认父》《天河记》《刘全进瓜》《武松杀嫂》《书馆会》等。新的表演方式收到出人意料的好效果。从此，高台曲子走上了舞台，叫河南曲子，后又命名河南曲剧。河南曲剧正式在李洼村诞生了。

庙会戏后，消息传得很远，来邀请为他们助兴演唱的不断，就招来了各地名演和本村演员外出演唱，又在红布上写了“醒民剧团”四个大字。这是国内最早的曲剧团，也是中国第一个曲剧团。

20世纪30年代起，舞台曲子逐渐向兄弟剧种学习表演程式，戏剧的伴奏乐器也逐渐增多，逐渐发展成为健全的“文武场”，从而形成了完整的地方戏曲，向正规化的方向发展。

到全民族抗日战争时期，曲剧的发展尤为迅速，遍及了全省的主要县市，直至安徽省的临泉一带也都有河南“曲子戏”的演出痕迹。抗日战争胜利后，1946 年，国民党河南省政府以曲剧“有伤风化”“诲淫诲盗”为借口，下令取缔，禁止其演出。

中华人民共和国成立后，曲剧得到了恢复和发展，河南曲剧不仅在本省的大部分地区盛行，而且还在甘肃、陕西、河北、安徽、江苏、湖北等地也建有专业剧团。

在现代形式的戏剧的表演方面，河南曲剧比较注意运用舞蹈动作以表现现实的各种生活内容。例如剧本《赶脚》中的耍伞、赶驴、骑驴，《游乡》中的挑担子赶路、爬山，《下乡》中的推车、拉车，《掩护》中的划船过封锁线及骑马等，都特别设计了生动而富有生活情趣的舞蹈动作。

怀 梆

怀梆是为大家所熟知的传统地方戏曲剧种。它的名字是根据所在地域起的。因起于旧怀庆府（今河南沁阳）一带，称名怀梆，故名怀调，俗称怀庆梆子、老怀梆、小梆（班）戏，主要流行于河南沁阳、博爱、济源、孟州、温县、武陟、修武、原阳、获嘉、焦作、新乡一带。2006 年 5 月 20 日，怀梆经国务院批准列入第一批国家级非物质文化遗产名录。

怀梆的历史可以追溯到明朝怀庆府一带，始于明末，清朝成形，清至民国时期成熟，有300多年历史。它属于梆子腔体系的稀有剧种，长期流行于民间，剧目、唱腔、念白、音乐等方面都带有浓厚的地方色彩。怀梆是当地特有的地方剧种，它的唱腔慷慨激昂，表演粗犷奔放，在演唱、表演等艺术上都有自己的独特风格。生、旦、净、末、丑行当齐全，擅演朝代蟒靠架子戏，上演的剧目多为双生、双旦、双花脸。它深受豫西北及山西南部一带群众的喜爱，主要流行在古怀庆府一带。

据《旧唐书·音乐志》和唐崔令钦著的《教坊记》记载，隋末出现于河内郡的歌舞戏《踏摇娘》，应是怀梆的雏形，也是中国戏剧发展史上最早的戏剧表演雏形之一。

唐初，唐太宗李世民诏封道教上清派创始人魏华存为紫虚元君，钦差河北巡查使尉迟恭在阳洛山（神农山的支脉）督造紫虚元君宫。此后，每年从三月三起都要举行十几天的祭祀活动，各地的民间歌舞百戏也都要赶来会演，以至成为庙会，历久不衰。

唐宋时期，对紫虚元君宫（静应庙）的兴建和扩建，以及由此带来的绵绵不绝的祭祀活动，为怀梆的兴起和发展提供了契机，强有力地促进了焦作地区歌舞百戏的发展和早期怀梆的形成。

金天德年间（1149—1153），怀庆府一带“竹马”“旱船”“龙灯”等“社火故事”已很盛行，杂曲小调《剪剪花》《挑花篮》《风摆柳》等已在民间传唱。“社火故事”和杂曲小调以及后来的“海神戏”为怀梆的形成奠定了一定基础。

明代世子“乐圣”朱载堉汲取民间音乐的精华，用科学的方法阐明了十二平均律，更促进了民间音乐艺术的发展，当时流行的“响器班”“金鼓会”就是朱载堉编创的。后来的民间艺人将这一带的俗曲小调、传奇故事逐渐搬上了戏曲舞台，并受弋阳腔、昆山腔及乱弹、梆子腔的影响，在长期的艺术实践中不断改革创新，逐步形成了板腔体系中一支梆子戏——怀梆。

新中国成立后，在古怀庆府地区，业余怀梆剧团如雨后春笋般地迅猛发展。河南武陟县1950年恢复了26个剧团，1958年发展到66个。

怀梆形成后，迅速在怀庆八县分布开来。人们不但爱看，而且爱唱。

庙会上最吸引人的就是怀梆戏了。怀梆在当地几乎人人能哼会唱，从家庭院舍到田间地头到处都可听见怀梆的旋律。当地至今流传有“卖房当地，要看怀梆戏”“担蒜卖姜，要看老怀梆”的俗语。

虽然怀梆戏的发展在史志中很少记载，但从戏楼的发展来看，也可以看出其发展、繁荣、普及的情况。沁阳市、济源市、温县、武陟县、博爱县等地都发现有元、明、清时期的古戏楼、舞楼遗址以及修建戏楼、舞楼的碑文。特别是清明时期，各县戏楼日益增多，遍及城镇、村寨。仅清化镇(今博爱县所在地)就有戏楼 13 个半。这半个戏楼是因为地方狭窄只建了半个，演出时再临时搭半个。据统计，至民国时期，焦作地区共有戏楼 417 座。

怀梆传统剧目有三百多个，经常上演的剧目多为双生、双旦、双花脸。这些传统剧目多无剧本，全以老艺人口授方式传承，其中大部分是忠心报国、征战疆场、除暴安良、反封建、反压迫、反奴役、争自由的袍带戏(正剧)，历史故事的“袍带戏”，也有少量反映青年男女的爱情戏。

怀梆的化妆、服饰、脸谱等和豫剧有共同之处。怀梆的唱腔特点在于它的唱腔、道白使用“怀府话”的音韵和语调，有浓厚的地方色彩。尤其在演唱中又常用“挑后嗓”，即在唱句尾用有声无字的装饰性花腔——“讴”，音调突然提高六度至八度，激越高昂，别具风味，大大增强了艺术感染力。各行当因其发声的方法、曲调的装饰和表现等方面的差异，也各有其特点。如老生的唱腔苍劲洪亮，旦角则比较典雅圆润，花脸粗犷豪放。各行当都曾出现过一些名角，在演唱艺术上取得了一定成就。如生行中的张树柱、赵登云，旦行中的红锥、崔灵福、赵玉清等。怀梆琴师刘春祥，从小学习尖弦等，技巧纯熟，群众称之为“刘老弓”，并誉为“盖八县”。

怀梆在表演艺术上有独特的表演风格。总体来看，怀梆的唱腔、道白、伴奏、身段和特技表演等均具有粗犷、奔放、豪迈、激越的特点，撼人心魄，给观众以强烈的感染力。怀梆属于北方梆子系统的板腔体，其唱腔、念白均按古怀庆府的方言口语发音吐字，具有浓郁的地方语言特色。

由于怀梆的艺术形式独特，因此加强怀梆剧种的发掘、抢救和保护工作，对弘扬民族文化，加强梆子声腔剧种体系的研究，丰富和完善中国戏剧史都能起到重要的作用。但在怀梆赖以生存、发展的社会基础发生了变革的形式下，出现演出市场低迷、演员跳槽等严重现象，整个剧种面临着青黄不接、后继乏人的局面，需要从速采取措施加以抢救、保护。

修武县马坊村的怀梆剧团相对比较正宗，但随着时间推移，能够演戏的演员逐渐减少，希望能大力保护。

加强我国梆子声腔剧种体系的研究，对丰富和完善中国戏剧史都能起到重要的作用，但在如今形势下，怀梆赖以生存、发展的社会基础发生了变革。因此，加强怀梆剧种的发掘、抢救和保护，对弘扬民族文化和我国梆子戏体系的研究与发展，丰富和完善中国及世界的戏剧史有着重要的学术价值。为此，河南省沁阳市委、市政已决定，正式把稀有剧种“怀梆”列入发掘、抢救和保护项目，并正式启动申报“怀梆”为世界非物质文化遗产的工作。

罗卷戏

罗卷戏俗称喇叭戏，是流传于河南省汝南县及河南省邓州市的地方戏曲剧种之一，是由“罗戏”和“卷戏”这两个中州大地的古老剧种融合而成的。2008 年，汝南罗卷戏、邓州市罗卷戏入选第二批国家级非物质文化遗产名录。

罗卷戏是由旧时迎神赛会、驱逐疫鬼或举行酬神还愿仪式演变而来的古老戏曲剧种。《中国戏曲曲艺辞典》载，“罗戏流行于河南，历史悠久”。据传，罗戏创始于1300多年前的唐太宗时期，是皇帝和文武百官为了取乐而模仿天宫的仙乐编出来的宫廷戏，因此，罗戏也叫“乐戏”。

为什么叫卷戏呢？卷戏是来源于驻马店汝南县的庙中老道士所演唱的经文，因为经文是一卷一卷的，所以叫“卷戏”。卷戏都是讲“二十四孝”的传统故事、庙里墙壁上画的“显功”故事、佛教和尚们念的经文，还有“傩戏”中斩鬼驱邪的情节，以此教化善男信女们弃恶扬善，如《铡美案》《南阳关》《李子精临凡》《朱洪武吊孝》《龙抓熊氏女》《刘金定下南唐》《花打朝》《四圣归天》等。

对于罗卷戏，还有一个说法。有一天，李世民梦中在天界看了天戏，被迷住了，醒来后，他把梦中的情景讲给左丞相唐之远听，唐之远据此编了戏本。李世民传旨选天下聪明伶俐的子弟照戏文排练，在皇宫内演出后，看得内眷们眉开眼笑，于是李世民就叫这戏为“乐卷戏”，后来传讹了，传成“罗卷戏”。

罗卷戏的行当艺术特色在于生、旦、净、丑行当俱全。各行当表演从不同角度把武术、杂技、狮舞、竹马、高跷、旱船等地方民俗艺术吸收到剧种里来。武打戏粗犷、奔放、真实，用的全是真刀真枪，开打时不但“当当”有声，而且火花飞射，具有独特风格。

说起罗卷戏的唱腔，它的唱腔相对复杂。唱腔一般比较深奥，讲究音韵，词格为七字、十字句，以婉转清新、优雅抒情见长。

罗卷戏不仅是艺人们谋生的手段和抒情言志的方式，更是一种承载民族精神与情感的重要载体。

罗山皮影戏

罗山皮影是一种古老的、具有独特魅力的传统民间艺术。它始于明代，据1982年版的《罗山县志》记载，罗山皮影源自河北滦州，从明嘉靖年间(1522—1566)开始在河南信阳市的罗山县繁衍生长，距今已有四百五十多年

的历史了。经过多少代皮影艺人的加工、提高，罗山县皮影艺术已经成熟，影人制作非常精美，栩栩如生。生、旦、净、丑行当齐全，音乐旋律流畅，唱词、道白雅俗共赏，乐队简约合理，成为中国戏剧园中的一朵奇葩。2006年河南省人民政府批准为第一批河南省省级非物质文化遗产保护项目，2008年又被国务院批准为国家非物质文化遗产保护项目。

罗山皮影的影人是牛皮制成的，有别于北方皮影。演戏的行头和道具不像大剧团那么烦琐，最多两只小箱子就可全部盛下。其演出班社俗称“一担箱”，一般由8个人组成，一般每只箱子里都有三四百个不同的影人头和百八十个影人身，皇帝太监、文臣武将、神仙妖怪，一应俱全；山石草木、楼台亭宇、龙车凤辇、飞禽走兽，应有尽有。

一块长6尺、宽3尺的白布作影幕，每个影人有三根竹竿支撑。表演时，乐手在幕后既伴奏又配音还要伴唱。伴奏乐器主要是胡琴、唢呐、锣鼓，最有特点的是它的唱腔，不局限于某种戏曲音乐，而且还有豫南的山歌、民歌、灯歌等多种形式，因此唱腔选择相当宽泛，也使得它更贴近群众。

罗山县皮影戏的表演，与其他地方戏的表演大不相同。几百年来，沿袭至今，罗山皮影的表演形式的特点是演员操作影人的三根小棍，影人的形象映于影幕之上。根据剧情的发展，举、止、动、静，喜、怒、哀、乐的表现，都要靠演员拿影子的基本功。“影子戏好唱，三根棍难戳。”影子的拿法很有学问，讲究技巧，它需要根据剧中人物的行当不同而各有差异。

罗山皮影有一个传说故事。在汉武帝的时候，他的爱妃李夫人病故，很长一段时间，汉武帝都沉浸在巨大的悲痛之中，茶饭不思，日渐消瘦。百官看着心痛，却无能相帮。这时方士李少翁便想出了一个高招，他将李夫人的样子刻于皮革之上，隔着帷帐操作。这时，西汉武帝好像看见了李夫人的倩影，只见那李夫人时坐时行，面貌亲切。李少翁的方术果然奏效，让汉武帝得以从巨大的悲痛中解脱。而皮影便是由此演绎而来，直至今天。

皮影戏，靠着人物和一层纸，道尽了一生。

南乐目连戏

素有“中国戏剧的活化石”之称的南乐目连戏，是河南省濮阳市南乐县的传统戏曲剧种。2006年5月20日，经国务院批准，目连戏（徽州目连戏、辰河目连戏、南乐目连戏）被列为第一批国家级非物质文化遗产名录。

目连戏是如何演变的呢？刚开始，“目连戏”是曾经流行于河南省濮阳市南乐县民间的一个口述本，以中国民间杂耍为主，集综合戏曲、武术、焰火、魔术于一身，有锯解、磨研、开肠剖肚等特技表演，服装、道具、化妆、表演均有独特之处，唱腔初为中国民间小调，清朝时改为大平调。

“目连戏”起源且深藏于河南南乐民间，是中国最古老、最原始的中国戏曲剧种，堪称戏剧的老鼻祖，有“中国戏剧的活化石”之称，对中国的戏剧起源、沿革及发展传承等都有较高的学术研究价值，也为研究华夏史学史、文学史、民俗文化、佛教文化等提供了珍贵资料。有专家认为，“目连戏”的发现和研究可能会改写中国戏曲史。历史上的戏曲艺术，据记载是以元杂剧为始，而“目连戏”则早于元杂剧，其情节内容与唐朝的目连变文一脉相承。

“目连戏”曾在南乐县广泛流传，多在春节上演，深受群众欢迎。“文革”期间被视为封建迷信禁演，1986年恢复演出，但受影视文化的冲击，已濒临灭绝。“目连戏”入选国家第一批非物质文化遗产名录，将有效地促进其抢救保护工作。

中国戏剧的活化石，它的传承和发展，都会影响到中国戏剧艺术的发展。

宛　梆

宛梆是一个河南省稀有的传统地方戏曲剧种，它生长并流布在河南西南部的南阳及周边广大地区。早期人们称它为“西调”“南阳调”“乱弹”“老梆子”。因南阳古称为“宛”，故1956年南阳行署正式将其命名为“宛梆”。宛梆是明末清初陕西的东路秦腔（同州梆子）传入南阳，与南阳当地的民歌小调、民间说唱融合后，演变形成的一个戏曲剧种。它基本上保持着河南梆子的早期精华和原始音乐形态，其唱腔优美，风格独特，已有三百多年的历史。2006年5月20日，宛梆经国务院批准列入第一批国家级非物质文化遗产名录。

兴盛时期为清道光年间至民国三十年前后，各县民间的春祈秋报，婚丧嫁娶，多唱宛梆。其班社更是星罗棋布，遍及南阳各县，影响较大的班社有南阳城关的白音堂班、十八里岗班、府门外班、高庙李庄班等，数以百计，演出地域除宛属各县之外，东至沙河两岸的周口、项城，西至商洛、蓝田，北到卢氏、灵宝，南达襄阳、河口。

宛梆进入20世纪30年代后期慢慢衰落，原因是豫剧的流入和兴起，加之抗日战争及解放战争的影响，多数宛梆班社停办，艺人相继离散，这个曾经风靡一时的古老剧种逐渐衰萎。至新中国成立前夕，宛属各县的宛梆班社已经所剩无几，内乡县境内仅存以聂国政为班主的“公义班”，也濒临停演，部分艺人离散改业。

宛梆在唱腔的艺术特色在于变化性强，具有自己的独特风格。宛梆唱腔音乐属板腔体，它的主弦和秦腔早期主弦一样，琴杆粗且短，高一尺半左右。

宛梆的剧目可分为三种：一是传统剧目，二是移植兄弟剧种的剧目，三是不同时期的创编剧目。

宛梆的假腔为高八度无字行腔，系宛腔一绝，具有独特的艺术价值。受中原文化、秦晋文化和楚文化共同滋养的宛梆是研究河南梆子早期生态的标本。20世纪30年代以来，由于豫剧、河南曲剧的兴起和迅速流传，宛梆渐趋衰落，至目前只剩下内乡县一家国有宛梆专业剧团还在艰难地传承着这一古老的民族艺术火种，有必要及时加以抢救和维护。

豫 剧

豫剧是中国五大戏曲剧种之一，同时也是中国第一大地方剧种。让我们一起走进豫剧，了解豫剧。

豫剧是在河南梆子的基础上不断继承、改革和创新发展起来的。因河南简称“豫”，故称豫剧。

豫剧以唱腔铿锵大气、抑扬有度、行腔酣畅、吐字清晰、韵味醇美、生动活泼、有血有肉、善于表达人物内心情感著称，凭借其高度的艺术性而广受各界人士欢迎。因其音乐伴奏用枣木梆子打拍，故早期得名河南梆子。2006年5月20日，经国务院批准，豫剧被列入第一批国家级非物质文化遗产名录。

豫剧是如何发展的呢？

豫剧起源于明朝中后期，是在河南盛行的时尚小令(民歌、小调)的基础上，吸收北曲弦索、秦腔、蒲州梆子等演唱艺术后发展而成的。

清朝乾隆年间(1736—1795)，河南已流行梆子戏。豫剧形成以后，由于语音方言的不同，在各地流传过程中形成了各具特色的多路流派。

清末民国初曾不断到开封演出的天兴班，原是封丘办的科班，历史比较悠久，不少豫剧名演员出自该班，知名演员李剑云、阎彩云、林黛云、时倩云、贾碧云并称五大乾旦。

辛亥革命后，河南梆子更多地进入城市演出。豫剧进入茶社演唱之后，与早已进入茶社的二黄（京剧）形成了相互竞争的局面。

1924年，王义成在《京报》副刊《戏剧周报》上发表《豫剧通论》一文，文章中的豫剧是对河南省所有剧种的统称。

民国十九年（1930），豫剧五大流派逐鹿开封，促进了唱腔大融合，特别是知识分子改革家的参与，使豫剧吸收各派之长相互学习竞争，开创了豫剧大繁荣时期。这种融合后的豫剧声腔随即又影响各地，这也为1950年豫剧在全国的大发展打下了坚实的基础。

1947年秋，洛阳、开封、兰州、西安四地的民间报界方以此称谓专指河南梆子。

1947年末，豫剧教育家李战在兰州组建甘肃第一个豫剧表演团体“新光豫剧团”。

1948年，创办豫剧历史上第一所学校“私立新光豫剧学校”，这是最早使用“豫剧”名称的组织机构。

中华人民共和国成立后，职业豫剧表演团体在大陆相继成立，新编曲目、剧目大量出现。河南梆子被官方正式命名为“豫剧”。

中国国民党为表现其文化正统性而提出“弘扬中原文化”的主张，豫剧作为中原文化典型代表在台湾得到大力发扬。1950年，在高雄凤山台湾第一批豫剧公演。后来，由于台湾当局大力推行本土文化，台湾豫剧环境受到影响。随着两岸关系的升温，豫台文化交流不断加深，豫剧在台湾的影响力进一步彰显。

20世纪50年代中期，全国许多省、市、自治区普遍建立豫剧职业演出团体，豫剧已成为中国境内流布较广的戏曲剧种之一。导演杨兰春、作曲王基笑开辟了一条豫剧现代戏道路，创造了以《朝阳沟》为代表的反调唱法，被称作“现代戏流派”，是豫剧中的歌剧，《朝阳沟》成为一部不可复制的经典。但随之产生的大量豫剧现代戏，也令不少业内外人士担心，因优良传统唱腔在现代戏中的异化和丢失，以及选材审美、唱词设计艺术性的严重缺失，豫剧的雅和韵无法在豫剧现代戏中得到体现，致使豫剧的品位和品质严重下降，并且还造成万人一腔的局面。

2010年9月18日至9月20日，河南省文化厅一行10人赴新加坡参加2010年新加坡华族文化节，与台湾豫剧团和新加坡戏曲学院共同举办的“亚洲豫剧论坛”，成为豫剧发展史上第一次跨国举办的豫剧论坛。

现在我们来讲讲豫剧的艺术特点。豫剧因各地语音差异，在音乐上形成带有区域特色的艺术流派。清末民国初，洛阳等地的豫剧多用下五音，而开封等地的豫剧多用上五音，形成鲜明对比。为了区别，豫剧艺人将洛阳等地的唱腔称为豫西调（又称西府调），称开封各地的唱腔为豫东调（又称祥符调）。新中国成立后，豫剧专家又把豫东调细分为祥符调、豫东调、沙河调。这一划分得到广泛认同。

豫剧艺术古今兼纳、刚柔相济、豁达宽厚、有“中和”之美。首先，豫剧唱腔铿锵有力，大气磅礴、抑扬有度、富有热情奔放的阳刚之气，具有很大的情感力度。其次，豫剧行腔酣畅、吐字清晰、本色自然、有血有肉、善于表达人物内心情感。再者，豫剧节奏鲜明强烈、矛盾冲突尖锐、故事情节有头有尾，再加上曲调诙谐欢快，使得豫剧不仅适合演出轻松的喜剧，还适合演帝王将相的大场面戏；豫西调委婉动听，唱腔悲凉，故很适合演悲剧。豫剧在关键剧情上一般都安排有大板唱腔，唱腔流畅、节奏鲜明、极具挑战性，一般吐字清晰，易被观众听清。

豫剧角色行当由“生旦净丑”组成。按一般的说法是四生、四旦、四花脸。戏班组织也是按照“四生四旦四花脸，四兵四将四丫鬟；八个场面两箱官，外加四个杂役”的结构组成。

早期豫剧表演的舞台装置极为简单，往往只用芦席、箔子一挡，台上一桌二椅，即可开演。打小锣、敲梆子的人员兼“捡场”。进入城市后，有较固定的剧场，舞台装置才有所改进。豫声剧院已采用一些布幕、布景，旦角服饰讲究“老旦清，正旦俊，花旦风流”。此后又受京剧服饰的影响，已基本与京剧服饰相同。

豫剧“浓墨重彩”的妆容，不论生旦净末丑何种角色，他们一律都用油彩上妆，而且画得很浓很浓。旦角一般都是杏核眼，眼线快挑到了耳根，樱桃嘴，都是那么一点点。生角画的各有不同，各种各样的脸谱更是五花八门，惟妙惟肖。

豫剧的各行当都有自己的表演要诀，如手势要诀是“花脸过项，红脸齐眉，小生齐唇，小旦齐胸”。武打戏的短打要诀是“身如蛇形眼似电，拳如流星腿似钻；稳如重舟急似箭，猛、勇、急、快、坐、站稳如山”。在枪路上，有“走丝”“连九枪”“十三枪”“九个鼻”“八杆”“单倒”等路数。青衣和闺门旦表演要诀是“上场伸手似撵鹅，回手水袖搭手脖；飘飘下拜如抱子，跪下不能露脚脖”，“说话不看人，走路不踢裙，男女不挽手，坐下看衣襟”。彩旦表演要诀是“斜眼偷看人，说话咬嘴唇；一扭浑身动，走路摔汗巾”。小旦出场式是“出门按鬓角，双手掖领窝，弯腰提绣鞋，再整衣裳角”。小生表演要诀是“清、净、冲”。“清”是清秀，唱词吐字清，神态秀气；“净”是动作干净利落，恰到好处；“冲”是武打勇猛，精神振奋。

豫剧乐队的文场主奏乐器，早期为大弦(八角月琴，演奏员兼吹唢呐)、二弦(竹或木质琴筒蒙桐木面的高音小板胡)和三弦(拨弹乐器)。20 世纪 30 年代，樊粹庭与陈素真把板胡引进豫剧舞台，并进行了细微的改良，此后板胡就成了豫剧的主弦。50 年代后，一般的文场逐渐增添二胡、琵琶、竹笛、笙、闷子、大提琴等。有的增加坠胡、古筝等。还有增加电子琴，小提琴及西洋铜管、木管乐器的，组成中西混合乐队。

我们应大力传承和保护豫剧，让豫剧永葆艺术的青春与活力。

越 调

越调是河南省的地方戏曲剧种之一。主要流行于河南全境、湖北西北部、陕西东南部、安徽西北部、山西东南部、河北中南部、北京等省市。越调的主奏乐器早期是象鼻四弦，后来一般用坠胡。越调除戏曲形式外还有曲艺和木偶两个分支。2006 年 5 月 20 日，越调经国务院批准列入第一批国家级非物质文化遗产名录。

关于越调起源，有多种说法。其中之一是说越调原本被称为“月调”，乃中国古代戏曲的一般地方剧种所共同拥有的“平、背、侧、月”的四种调门之一。根据现存的资料考察，清朝乾隆年间(1736—1795)越调已经在南阳一带地方广泛流行开来。尤其在南阳一带，他的民歌小曲“四股弦”专门采用月调来进行演唱，之后慢慢演变为专门的戏曲，也就是现在所说的“越调”，究其根源，实际是由南阳梆子的一种变体演化而来。最早的唱腔是曲牌格式体制的，后来由于受到梆子等戏种的影响，在演出的剧目上逐渐正规化，其具体形式随着由“正庄戏”(也即袍带戏)到“外庄戏”(大多为传统民间生活戏)的过程而发展变化。越调的表演开始由曲牌体向板腔体过渡，乐队也由以唢呐、竹笛为主过渡到以四弦乐器为主。

越调在清朝末年发展到了它的兴盛时期，其在河南西南部地区出现了很多专业班社。据说在当时，仅汝州、宝丰、郏县就有一百多个越调班社，在邓县也有几十个科班。在辛亥革命时期，越调也有很大的发展进入。抗日战争时期，河南地区的职业班社逐渐减少，越调的传播也受到限制。到新中国成立前夕，保留下来的专业班社已经寥寥无几了。

新中国成立以后，河南省越调会演于1959年举行，这次会演汇集了全国上下十六个专业越调剧团，共有一千多名越调工作者会聚许昌，是越调界空前的盛会。

在1966年以后大部分越调的剧团逐渐解散，于1976年之后才逐渐恢复。现今河南省有专业越调剧团十三个。

明代确有越调在，但这个越调是不是现今的越调，还无法确知。乾隆年间开始由曲牌体像板腔体转化。民间“一清二啰三越调，梆子花鼓，梁山调”的说法，道出此时河南流行的剧种，外装戏在清末就代替了正装戏。这时期的越调还是高台演唱时期，显出兴旺之势，剧本多为艺人集体创作，口碑相传，袍带戏、历史戏居多。各剧种竞争激烈，都努力吸收杂技武术表演，筱金钩即身怀绝技。

民国时期，越调进一步发展壮大，开始尝试向城市发展。民国四年(1915)，新郑县越调演员和尚娃到郑州平阳里搭席棚栅暂作戏园，同年开封巨商李某从上海购置行头，于舞阳县请越调班演出。

民国六年(1917)1月，南阳公议社越调班进入开封，先在北羊市演出，引起轰动，又在开封最好的戏院丰乐园演出，售票单价超过豫剧，对筱金钩、罗金章评价很高。《豫言报》评价筱金钩“人以梅兰芳目之，实非过誉之言”。20世纪30年代以后，大多数越调班在农村，大都在内乡县许昌县舞阳县南召县邓县等河南西南部，主要有《关公挑袍》《白木店》《战马超》《霸王别姬》《赵公明下山》《马二虎请神婆》《撕裹脚》《三怕老婆》等剧目。这一时期，张秀卿、李桂红、魏大妞、赵富兰等女演员开始登上舞台。七七事变后不久，各个剧种都演出与时代息息相关的剧目，越调也不例外。

1947年中国人民解放军解放邓县，帮助史道玉成立越调剧团。同年，申凤梅、申秀梅姐妹所在越调班在郾城参加中国人民解放军第二野战军随军演出。张秀卿生旦净丑无所不能，《铡美案》中演秦香莲、包拯、王延龄三个角色，各具风采，令同行叹服。其主演《十五贯》《烈火扬州》，李玉华、张秀兰主演《李双喜借粮》，张庭秀主演《私访》享有很高声誉。

1959年在许昌举行了越调剧种会演，郑州团演出《刘金定下南唐》，获集体奖。

1964年组织进行现代戏演出，越调再一次显出强大的生命力。郑州团开始以演现代戏为主。1965年中南区戏曲观摩演出大会举行，河南十一个剧目参加演出。这时上路越调比较活跃，南阳大越调还是默默无闻。这期间申凤梅、陈静、何全志等艺术家合作的《洪湖赤卫队》《蝶恋花》《苦菜花》等具有很高的艺术质量。

正在越调大步前进之时，历史给我们开了个玩笑，1966年“文化大革命”开始，越调陷于停演之中。

改革开放以后，越调同兄弟剧种一样，受到商品经济大潮的冲击，辉煌不再。1995年，申凤梅大师最后一次进京演出。同年7月20日，一代越调宗师申凤梅与世长辞，越调又一次受到严重打击。

越调的唱腔形式最初为曲牌体，清代中叶以后逐渐变为板脸体。其调式也相应地主要用宫调式，一般只在插曲性质的曲牌调子中偶尔采用其他调式来演奏。越调的唱腔优雅淳朴，其板式有诸如慢板、导板、铜器调、赞字、哭腔、流水、飞板、紧打慢唱等，同时具备慢、中、快、散等多种节拍形式。此外还有吹腔和杂调等形式。

越调的伴奏乐器在文场一般以象鼻四弦为主，后于20世纪初逐渐改造成短杆形式，音弦的定调也随之发生改变，此外再搭配上弹弦乐器月琴，就构成越调伴奏的“三大件”。除此之外的伴奏乐器还有诸如竹笛、三弦、唢呐、笙等。发展到新中国成立以后又增加了二胡、中胡、琴等。越调的武场伴奏则一般以鼓板、手镲、大锣、小锣为主，再配上堂鼓、低音锣，后来又逐渐增加进许多种色彩性、效果性的打击乐器，使其工富有表现力。

越调在唱词上，其原有的传统戏结构十分严密，唱词少，道白多，语句相对比较文雅深奥，在唱调上也按一定的曲牌和调门演唱。现代剧中大都是根据说唱的故事和小说新编的剧目，唱词多，道白少，通俗易懂。越调在唱腔曲牌上一向有“九腔十八调，七十二调口”的说法。越调在演唱的时候以真嗓为主，假嗓为辅。发展到20世纪20年代以后，随着女演员的登台唱戏以后，越调逐渐采用了男女同宫异腔的方法。

越调中的赵调在其表演技巧上还有一些特殊的技巧，如贾狗娃(假得酥)饰演大净角色能七窍出血，樊书运饰演周瑜时能咬牙作响，杜天云饰演赵公明能做到口出獠牙，刘金钟饰演李俊时还能变脸作色等。

越调的脚色行当齐全，包括大红脸、二红脸、文生、武生、大净、二毛、三花脸、正旦、花旦、闺门旦、浪旦、武旦、老旦等十几种，每个行当都有鲜明的个性色彩。在长期的舞台实践中，滋生出了申凤梅和毛爱莲为代表的一些著名表演流派。

越调自诞生地四外流传时，“音随地改”，形成了“上路”“下路”“南边”等地域流派。

上路越调以南阳为中心，又称豫西越调、南阳越调、大越调，是越调的母调。质朴、婉转、细腻、典雅而又不失豪放、粗犷、大气，有秦腔的元素，人们认为这是“南昆北弋东柳西梆”中的“西梆”——秦腔东渐的结果。南阳越调仍保留花腔，有假嗓甩腔，主弦为象鼻四弦，定E调，男演员较多。象鼻四弦音乐明亮而华丽，有勾音、垫指、靠弦等多种指法。

下路越调以许昌、漯河、周口为中心，又称小越调。唱腔具有火爆、明快、高亢、豪放的特点。常用短杆坠子(经过特殊改造的坠胡)作为主奏乐器，有的剧团定F调。

南边越调以襄阳为中心，向十堰等地扩散，与南阳越调比较相似。人们也称其为“湖北越调”，以区别于流行于河南境内的“河南越调”。

申凤梅(申派)：申凤梅一生的舞台实践证明，她是一位戏路宽广、功夫全面的演员。她表演真实，动作稳健，吐字清楚，以声带情，行腔婉转，声音宽厚有力，质朴豪放，形成了独特的申派艺术。她使一个程式简单、表演粗糙的传统民间小戏发展成为深受广大群众喜爱的剧种，将越调艺术推向了一个前所未有的高峰。

陈静(陈派)：陈静同志在四十多年的艺术生涯中，主攻刀马、青衣、花彩旦行，兼演小生、官生行。对戏曲艺术执着追求、精益求精，在舞台上树立了无数个生动逼真、惟妙惟肖的艺术形象。在传统戏《杨门女将》中饰穆桂英，在新编历史剧《红娘子》中饰红娘子，剧中唱、念、做、打，耍刀舞剑踢出手，显示了她扎实的基本功底。她在电影艺术片《李天保娶亲》中饰张爱莲。其表演油腔滑调，妙趣横生，且憨态可掬，戏而不谑，展示了她花彩旦行的多才多艺。

袁秀莲(袁派)：1988 年被评为国家二级演员，被誉为越调艺术“三绝”。她曾获长影第四届小百花奖。在几次进京汇报、献礼演出中，曾受到中央领导人的亲切接见。在继承老师刘秀荣(艺名双辫)“贴近生活，情真意切，朴实流畅”特点，又吸收了申派刚健洪亮和毛派柔美纯净的特点。她在“刚”与“柔”方面狠下功夫，又广泛吸收其他剧种的演唱艺术，逐渐形成了自己的独特风格，高音激昂清脆嘹亮，低音浑厚淳朴甜美。

何全志(何派)：著名越调表演艺术家，国家一级演员，中国戏剧家协会会员，河南省文联理事。自幼跟随越调名艺人何金堂学戏，后拜李金山为师学铜锤花脸，又改学生行及其他行当，为以后适应塑造各类艺术形象打下了基础。在表演上深得越调名艺人张秀卿的教益，后又长期与越调表演艺术家申凤梅合作，深受其艺术影响。1963 随河南越调剧团赴北京演出了《李天保吊孝》《智收姜维》，分别扮演张忠实和姜维，初露锋芒，很受田汉、马连良、李少春、袁世海等艺术家的赏识。1965 年初在现代戏《扒瓜园》中饰宋大伯，参加中南戏剧会演，并赴北京参加全国现代戏汇演，同年该片拍成彩色戏曲艺术片。1979 年到 1981 年间，先后参加拍摄戏曲艺术片《李天保娶亲》《诸葛亮吊孝》《智收姜维》，分别扮演张忠实、周瑜、姜维。1982 年在新编历史剧《明镜记》中又成功塑造了魏徵的艺术形象。

如今的河南越调，只剩下周口、许昌、南阳三个剧团。可以说，经过淘汰，如今所剩都是精英，是团里的骨干，是这个剧种的希望和生力军。

河南大鼓书

大鼓书，是一种说唱兼有的传统曲艺艺术。演唱者一手敲鼓、一手夹板，配合唱腔、道白，节奏和谐，演唱者唱一段、说一段，还伴有动作表情。

2006年5月20日，河洛大鼓经国务院批准列入第一批国家级非物质文化遗产名录。

大鼓书因主要伴奏乐器为大鼓而得名，流行河南全省。主要演出形式为一人打鼓击板而歌，但具体演唱时各地艺人有站有坐，所用书鼓有大有小。板既有木质的匀板或简板，也有用铁质或铜质月牙板的。唱腔曲调亦不尽相同，因而，在各地有多种称谓：如豫东叫单大鼓或豫东大鼓；豫西南的南阳和省内其他地方叫鼓词或鼓儿词。有的唱腔尾带哼音者，又叫鼓儿哼；豫北等地艺人以北方口音说唱，又叫大鼓京腔或打鼓京腔；豫南叫豫南大鼓或光州大鼓，其中流行在淮河以北的，又称北口、侉口或淮八鼓。流行在淮河以南的，又称南口、蛮口或淮南大鼓。

光绪年间(1875—1908)，豫东、豫东南地区的大鼓书艺人与相邻的山东、安徽等地的同行之间交流频繁。其中豫东夏邑县的大鼓书艺人大部分为山东大鼓的传人。睢县、柘城、永城一带亦常有山东大鼓及安徽大鼓艺人的足迹。光绪二十二年(1896)，山东大鼓艺人杨明坤随师到豫东南正阳县行艺，后来不仅落户于该县油坊店乡，还广收门徒，精心传艺，成为该县大鼓艺人的一代宗师。此时，豫南固始、息县等地的大鼓艺人除在当地演出外，还常到邻省湖北的麻城、大悟、黄安(今红安)和安徽的金寨、六安、霍邱、阜南一带表演。南阳的鼓词艺人也与安徽淮北、湖北北部的大鼓艺人经常交流演出。所以，他们所使用的鼓和鼓架子的尺寸都较为统一，即“三寸鼓(鼓高)，七寸面儿(鼓面直径)，鼓架二尺七寸半儿”。就在这种相互交流演出、彼此互为影响之中，河南大鼓书的队伍逐步壮大和发展。清末民国初，南阳镇平县的鼓词艺人赵文秀，因演技高超，受人爱戴，其扶鼓演唱的形象被人画于该县城隍庙东廊房的墙壁上，画像左侧还题有“劝善警恶”四个大字。此时，商城县的大鼓艺人常和斌广收门徒，精心传艺，已成为豫南大鼓中的一大门派，号曰“常门”。民国初年，有山东大鼓女艺人到开封相国寺及郑州、信阳等地演出，但其他地方尚无大鼓书女艺人出现。

自民国八年(1919)起，河南大鼓书在艺术上有了新的发展，极大地增强了地方特色。如豫南常门传人张明元，自江浙回到光山县，除带回《永庆升平》《三门街》和《刘公案》三部长篇大书外，还吸收大别山山歌和南方语音，改革了唱腔，被称为南口唱法，获得了听众的好评。自此，豫南大鼓逐渐形成北口、南口两个地域支派。北口，用北方语音说唱，是豫南大鼓的传统唱法，又叫倚口或淮北大鼓。北口唱腔刚健有力，浑厚粗犷，重说少唱。南口，是在北口基础上逐渐形成，又叫蛮口或淮南大鼓。南口唱腔委婉柔美，有浓郁的大别山山歌风味，重唱少说。在曲（书）目上，有“北口唱案（公案书），南口唱传（《水浒传》《白蛇传》等）”之说。豫东夏邑县的周治信、张治信以及唐东彪、唐志修、唐志军等，对流入的山东大鼓进行改革，去掉山东语言，融入河南地方音乐曲调和方言俚语，受到广大听众的欢迎。特别是唐氏三兄弟，更是名噪一时，被誉为“唐家三盘鼓”。豫西南一带的鼓词艺人则广泛吸收地方戏曲及其他曲种唱腔为己所用，如唐河、社旗、南阳县东的鼓词艺人唱腔中吸收河南坠子因素较多，称“坠子口”，镇平及南阳县西的鼓词艺人唱腔中吸收大调曲子因素较多，称“曲子口”。此外，还有吸收河南越调、河南梆子及汉调二黄的，分别被称为“越调口”“梆子口”和“二黄口”等。

民国十四年（1925）以后，河南各地又涌现出不少大鼓书名家，汜水（今河南荥阳市）的程至宽，新安的董金秀，光山的张明元和蔡明玉，信阳的何士林，汝南的王成功，睢县的高成彬，永城的刘福昌以及林县的侯石喜等，都是其中的佼佼者。

20世纪30年代初，豫南的一些大鼓书艺人积极投身革命。如光山县大鼓艺人、中国共产党党员张进霞、娄良成等，在当地爆发的“殷区农民武装起义”中，借演唱行艺作掩护，进行起义的宣传和联络工作。经扶县（今新县）的大鼓艺人还编演了反映白沙关暴动的曲目《三打白沙关》。1936年国共二次合作，豫南苏区的大鼓艺人又编演了宣传抗日的曲目《半篮花生》，应邀到国共两党驻军营地演唱，受到欢迎。抗日战争全面爆发后，光山县大鼓艺人张祖常、李明山、殷仲理等投身于刘明榜同志领导的光山抗日游击队，一边战斗，一边宣传演出。豫西叶县、宝丰一带的大鼓艺人还编演了《白朗起义》《卢沟桥事变》等曲目。1945年抗日战争结束后，多数大鼓艺人仍沿旧习，出师后先唱“拍门”（即沿门乞唱），然后“点棚打场”（即撂地）演唱。一些技艺较高的艺人则到城镇码头演出，叫“干明地”，唱夜场叫“咬灯花”。为适应城镇观众的需要，艺人们在致力于说唱的同时，均加强了表演，有的还改变传统的坐唱为站唱。所演唱曲（书）目，除豫北大鼓京腔艺人仍以小段为主外，其余多演唱中长篇书。因而，艺人们极为重视“条子”“赞子”和“书串”的使用。1946 年至 1948 年，河南大鼓书的不少艺人改唱河南坠子，也有一些艺人投身于革命的宣传活动，如南阳的鼓词艺人杜长川等所编演的《王凌云罪行》《白毛女》等新书，就曾起到了较好的宣传效果。

中华人民共和国成立后，豫东、豫南以及豫西南等地，还拥有较多的大鼓书艺人。他们在各地文化主管部门的领导下，通过学习，提高认识，相继挖掘整理出一批传统曲目，其中有的经过推陈出新，使其内容起了质的变化。如新县的大鼓艺人将原来封建迷信色彩很浓的《白龟记》，整理改编为别有新趣的《三树奇花》，深受群众欢迎。同时，还有不少艺人根据小说等改编了一批现代曲（书）目，如《肖老汉翻身记》《不能走那条路》《小二黑结婚》等。1964 年后，在说新书唱新书的高潮中，又有一批根据长篇书目改编的书目问世。如《红岩》《山乡巨变》《林海雪原》《野火春风斗古城》《平原枪声》《烈火金刚》等，被广为传唱。与此同时，各地曲艺演出场所的条件也有了较大的改善。当大鼓艺人纷纷进入城镇曲艺厅及固定的书场演出后。不少人在唱腔和演出形式上又做了不同程度的革新，如豫东永城县的大鼓艺人革除了以往惯用的在拖腔时抖动嗓音的“绵羊腔”，并吸收坠子、豫剧、柳琴及山东琴书的优美旋律，丰富自己的唱腔。1964 年，在河南省现代曲艺会演中，该县十五岁的女演员牛秀丽所唱的大鼓《三催劳模》以其新颖的唱腔与表演轰动一时。豫南的大鼓艺人刘明星、卢学林等，则在南口、北口的基础上，吸收民歌及皮影戏丑角的唱腔，逐渐形成了一种俏皮轻快、幽默风趣的“花口”唱法，在同行中很快流传开来。1966年“文化大革命”开始后，大鼓艺人曾一度停止演唱。1970年后，有些艺人开始演唱根据“革命样板戏”改编的曲(书)目。商城县文化馆曾把女声群口“鼓曲联唱”的形式搬上舞台演出，并且加用了二胡、秦琴等乐器伴奏。平顶山矿区的大鼓艺人唐甲申边击鼓边弹三弦自唱，曾参加全国煤矿系统文艺调演。

1978年后，传统曲(书)目开放，大鼓书演出活动迅速恢复并有所增加，同时还出现了不少家庭班组，如豫东柘城出现了一个“曲艺村”，全村大鼓艺人超百人。此时，一些专业曲艺团队演员的艺术与文化素质较过去有明显的提高，词曲创作也有了专业人员，如南阳市说唱团的李国全与方城县大鼓演员刘建民合作，改革唱腔，增加大三弦伴奏。伴奏者采用三弦书中“说二话”的形式，与主唱者一唱一和，插科打诨，大大强化了演出的艺术效果。他们创作并演出的新曲目《吃饺子》《滚油桶》等，被一些专业曲艺团队广为传唱。豫南息县说唱团的作者鲁成贵，在豫南大鼓“花口”的基础上编创新腔，并加入三弦伴奏，由青年女演员邹红演唱的《计划生育好》，演出百余场，到处受欢迎。到1985年，大鼓艺人仍多在广大农村活动，其中半职业艺人占多数。如豫南的息县、光山、新蔡等县，都还有近百名的河南大鼓书艺人。

大调曲子

大调曲子原称鼓子曲，是河南南阳市重要的曲艺曲种之一。20世纪30年代，因河南曲剧俗称“小调曲子”，鼓子曲改称大调曲子。2008年6月7日，河南省南阳市申报的“大调曲子”经国务院批准列入第二批国家级非物质文化遗产名录。

大调曲子起源于明清俗曲。初兴于开封的鼓子曲传入南阳后，吸收了陕西曲子、湖北小曲的一些曲牌，清乾隆年间，逐渐形成不同于开封鼓子调的曲种。乾隆后期吸收了地方戏曲声腔，如“石牌腔”“吹腔”“西皮”“二黄腔”，形成了不同于开封鼓子调的南阳大调曲子。

南阳大调曲子历史悠久，源远流长。明代时已有演唱。清代和民国时期，南阳大调曲子演唱活动频繁。新中国成立后，南阳大调曲子得到了很大发展。20世纪60年代，南阳的曲艺作者又创作了大量新曲目，南阳大调曲子的曲目多为韵文体，小段唱词，少数生活段子加有说白。

大调曲子的艺术特色在于追求高雅、大方。因此，演出时往往要求遵循一定的准则。大调曲子的活动一般不敬神烧香，相传大调曲子信奉儒教孔子，注重知识性，讲究礼义。大调曲子能登大雅之堂，按南阳的方言叫“能坐客房台”，即能坐在堂屋里唱。所到之处，主人必须盛情招待，不能慢待。外地人和其他剧种、曲种的人员对大调曲子都有很高的评价，汉剧著名老演员汪阳生曾说过：“一生中走南闯北，见了那么多剧种、曲种，唯独大调曲子曲牌繁多而严谨，既高雅又大方，知识性强，常使人百听不烦。”

大调曲子的演出无论是伴奏者或演唱者，无论什么场合，都讲究衣服周正，闭目端坐，目不斜视，以示品格高尚。因为旧时在客厅演唱，达官贵人的女眷们依例聚在厅堂两边厢房内，隔帘听唱，演唱者闭目端坐，以避瓜田李下之嫌。

大调曲子的音乐丰富优美，曲板庞杂，在我国的器乐曲中很有影响。就各个曲牌的调式而言，宫调式和徵调式构成了大调曲子的主体调式。这种关系调又形成了曲牌之间联套的调式基础。大调曲子的音阶除个别曲牌为五声音阶外，大都为七声音阶。

大调曲子的曲牌按传统习惯分类，大致分为常用鼓子杂牌、常用小昆牌、大曲牌子、非常用曲牌四大类。

小昆牌，此可谓大调曲子中的“阳春白雪”，非专业人员会者不多。此类曲牌多为长短句结合的词体，其中一些曲牌由昆曲传来而曲调短小，又不同于大曲牌子，故称“小昆牌”。常用小昆牌是垛子套曲里常用曲牌，但在鼓子套曲、码头套曲里也可使用。

南阳大调曲子的伴奏乐器以三弦、琵琶、古筝三种弹拨乐器为主。这种乐队建制无疑是继承了明中期在河南、山东、安徽所流行的“弦索”。“弦索”用的乐器是三弦、琵琶、古筝。当时弦索在河南流行时，正值汴梁小曲兴起之时，二者相互结合是很自然的事。后来，小曲在乾隆时演变为鼓子曲，流传到南阳又由鼓子曲发展为南阳大调曲子，小曲几经流变，而这种“弦索”伴奏的形式却延续至今。

在伴奏乐器中尤以三弦为主，甚至只有一把三弦，没有其他乐器伴奏亦可演唱。另外，还有月琴、扬琴、坠胡、二胡、嘟噜胡(软弓京胡)、洞箫作为伴奏乐器。其打击乐器中，手板、八角鼓两样必不可少。南阳市在新中国成立前有人以茶杯盛水(多少不等)而以筷箸击之，以此伴奏亦颇悦耳。

从演唱特色上说，在大调曲子形成、完善与发展的过程中，由于演唱者(曲友)所处的阶层不同，其知识、阅历、所处地位和艺术追求的不同，便形成了不同曲路、不同风格的两大流派，即清雅派和通俗派。两大流派明显的区别有三：一是曲目上的区别。雅派以唱高雅、深奥的才子书、历史段为主。通俗派常以演唱社会风土人情的生活段子即俗称的“针线笸箩曲”为主。二是乐器的区别。雅派除三弦、檀板外，常加琵琶、鼓子等；通俗派则用三弦、坠胡、檀板。三是使用曲牌的区别，雅派常用曲牌是大牌和连缀套曲，讲究唱腔、句式、韵律、气魄，力求庄重、高雅、清越、规范；而通俗派则多用易学、易唱、易传的杂调，讲究情节趣味、生活气息，力求通俗易懂，大众喜爱。

中华人民共和国成立以后，为了宣传工作和活跃群众文化生活的需要，南阳市首先把大调曲子搬上舞台。但登台表演的演员仍保留着传统表演形式，如率先登台的张华亭、郑耀亭、耿耀德等仍然是坐唱。直到1957年，才由南阳县王富贵等专业演员冲破了长期沿袭的闭目端坐形式的束缚，变坐唱为立唱，并加以动作表演。

大调曲子表演形式的改革与丰富，更增加了这一曲种的艺术表现能力和时代精神，使它从“客房屋玩意儿”走向社会、走向群众、走向更广阔的天地，其艺术生命力更加旺盛。大调曲子以诗词歌赋为基础，以规矩礼法、仁义道德为宗旨，深受人们的青睐与尊重。

河洛大鼓

河洛大鼓，河南传统地方曲种之一，一种以说、唱为艺术表演手段，以叙述故事、塑造人物、表达思想感情、歌唱社会生活的传统音乐。当地人都称河洛大鼓为“说书”，至今在洛阳一带还常把“说书唱戏”联系在一起。2010年，河洛大鼓正式列入河南省非物质文化遗产名录。

河洛大鼓的历史可以追溯到清末民国初，是在洛阳琴书的基础上发展起来的。洛阳琴书旧称“琴音”，早期的伴唱乐器是我国传统的七弦古琴。其唱腔委婉细腻，字少腔多，节奏缓慢拖沓，其演唱书目也多为才子佳人悲欢离合的中、短篇故事。“琴音”在官宦、商绅和文人之间传唱，词曲典雅，流入民间后，改称“琴书”，其琴也改为扬琴。据洛阳地方志记载，河洛大鼓形成过程和初创时间为：清末以前，洛阳城乡流传较广的曲艺形式称“琴书”。清末民国初，偃师县琴书艺人较集中的段湾村，有段炎等人前往南阳学艺，学会了当地的“鼓儿词”，并与洛阳方言琴书相结合后，逐渐形成了具有洛阳地方特色的大鼓。河洛大鼓在发展过程中曾有“鼓碰弦”“大鼓京腔”“洛阳大鼓”等名称，“河洛大鼓”的名称是在1952年才正式命名的。河洛大鼓最常见的表演形式为：主唱者左手打钢板，右手敲击平鼓，另有乐师以坠胡伴奏。演唱风格欢快活泼、气氛热烈，常以“愿书”的方式，在乡村庭院表演。

河洛大鼓的音乐欢快活泼，表现力丰富，并且具有鲜明的地方风格。河洛大鼓的艺术特色在于其别具一格的音乐形态。河洛大鼓的音乐形态主要有四个鲜明的特征。

一是形成以多种地方音乐素材为一体的曲调形态。河洛大鼓的曲调来源于河南地方区域的多个剧种或曲种，如梆子、曲子、河南坠子，还有承袭洛阳琴书的曲调等，所以音乐的构成为非单一性的，而是具有区域重构性质的音乐。这是因为河洛大鼓艺人具有极强的吸收和融会能力，他们从丰富的地方曲调中，吸纳相关的音乐素材，并将其重组为全新的鲜活的音乐语汇，巧妙地融入各种唱腔板式中，使其成为叙述故事情节与描写人物性格的表现手段，从而大大增强了河洛大鼓的音乐表现力，形成了独具特色的豫西地区曲调形态。

二是以河南方言音韵为基础的旋律形态。河洛大鼓是用河南方言说唱的曲种。河南方言的语音系统奠定了河洛大鼓演唱的音韵基础，并构建了以河南方言为音韵基础的旋律形态。河南方言以特有的四声调值规律影响了旋律的发展形态，同时也赋予了它独特的音乐色彩和浓郁的地方风格。

三是以多种唱腔板式组合为体系的结构形态。河洛大鼓音乐主要唱腔板式是平板又名二八板，其他常用唱腔板式有引腔、起腔、坠子口、三字紧、落板、五字垛、十字句、飞板、叹腔、凤凰三点头、垛板、滚口白、武板等十几种板式。这种根据故事的篇幅、情节发展和刻画人物的需要所组合成的板腔序列，构成了河洛大鼓的音乐结构形态。

四是以宫调式为体系兼及离调与转调的调式结构。河洛大鼓的调式是以宫为主音的宫调式，具有色彩明亮的表现特点，且构成了河洛大鼓的基本格调。

宫调式具有色彩明亮及稳定的特性，十分符合河洛大鼓艺人乐观而坚定的艺术性格。这与河洛文化有关，河洛地区是中原腹地，是中华民族的摇篮，在汉语文化史上居于举足轻重的地位。从语言和音乐这两个关系密切的角度来看，中原雅音在古代汉族人心中有着不可动摇的中心地位，这种中心取向在民间也起着潜移默化的作用。

河洛大鼓大致有三种调式形态，即五声、六声、七声调式形态，特别是常用于过门及前奏结束处的五声调式，被河洛大鼓艺人们称为“主旋律”。暂时离调形态，此种转调是一种短暂的、过渡性质的临时转调。它不是发生在段落的结束处，而是在段落中间出现的暂时离调。这是河洛大鼓艺人为了形成音乐的对比和色彩上的变化，而用的一种转调手法。四度旋宫转调形态，此种转调形态出现在由第二代艺人张天培创立的“坠子口”或“玉林板”的唱腔中。这是张天培用来解决音乐唱腔的调高与演唱者音域的矛盾的一种手法。

河洛大鼓的艺人们，在创作中运用了宫调体系内暂时离调和四度旋宫转调的调式手法，避免了一种调式长时间盘旋而情绪单一的音乐效果，产生了较为丰富的色彩对比，提高了河洛大鼓的音乐表现力，并且以它独特的调式形态，显示出民间音乐自然淳朴的艺术魅力。

在河洛大鼓传承过程中，先后出现过许多知名的艺人。第二代传人有“说书状元”之称的张天倍，在洛阳几乎家喻户晓。第三代传人程文和，享誉豫西，并曾代表河南参加全国首届曲代会，一曲《赵云截江》受到国家领导人的赞赏。第四代传人段介平以及原河南省曲艺团团长王小岳等，都曾独树一帜，闻名遐迩。

随着电视的普及，河洛大鼓的听众人数逐年下降，年轻人已无人听更无人学，所剩艺人已不到 20 人，年龄在五六十岁，并且大部分已不再从事表演活动，河洛大鼓的生存状况已跌入令人担忧的境地。

河南坠子

河南坠子源于河南，有一百多年历史，它流行于河南、山东、安徽、天津、北京等地，由流行在河南和皖北的曲艺道情、莺歌柳、三弦书等结合形成的传统曲艺形式。因主要伴奏乐器为“坠子弦”（今称坠胡)，且用河南语音演唱，故称之为河南坠子。2006 年 5 月 20 日，该曲艺经国务院批准列入第一批国家级非物质文化遗产名录。

河南坠子的前身，是流行于河南的道情和“莺歌柳”两种曲艺形式。从清代末叶开始，两个曲种的艺人逐渐合流，在音乐唱腔等方面互相吸收融合，特别是莺歌柳的伴奏乐器小鼓三弦被改制成坠胡以后，改弹拨乐器为弓弦乐器，伴奏旋律起了根本性的变化，促成唱腔音乐的重大变革，“溜腔”(俗称“哼弦子”，起腔之前使用)的使用就是曲型成熟的表现。新的唱腔和音乐结构的出现，是河南坠子形成的标志，其时在1900年前后。

河南坠子以新鲜活泼的特色，吸引了不少三弦书和山东大鼓艺人参加到改革创造的行列中来，使河南坠子增加了大量曲目，丰富了演唱技巧，促使这一新兴曲种日益成熟，并迅速流传到邻近的山东、安徽。民国初年传入北京，20世纪20年代传入天津、上海、沈阳，30年代传入兰州、西安，40年代传入武汉、重庆、香港等地，成为中国流行最广的曲艺形式之一。

辛亥革命后，随着男女平等思想的不断深入人心，河南坠子表演开始出现了女性艺人，已知最早的一批女艺人为从开封相国寺出道登场的张三妮和尹凤宝等。她们的出现及家班的形成，使得河南坠子的表演在通常的自拉自唱之外又出现了男拉女唱或男女对唱的方式。

20世纪30年代末期，在河南的南乐、大名和清丰一带享名的乔利元和乔清秀夫妇应邀赴天津演出，董桂枝、程玉兰等名演员随后而至。她们在天津坐场演出又灌制唱片，影响日隆。其中乔清秀和乔利元的搭档演出风格独具，节奏流畅，吐字清脆，唱腔婉转，人称“小口”“巧口”或“乔派”；程玉兰的演唱以板眼规整、深沉含蓄见长，人称“老口”或“程派”；董桂枝的演唱嗓音圆润，朴实明朗，人称“大口”或“董派”。女演员的出现使河南坠子的表演在大城市里的发展趋向短段“唱曲”，这虽然丰富了唱腔旋律，扩展了唱腔音域，提高了伴奏技巧，但也丢失了长篇说唱的特质与优势。在河南本地，当时比较著名的艺人有擅演“风情书”的赵言祥、擅演《三国》段子的张治坤、号称商丘“四大名演”之一的李凤鸣等。女艺人则有以表演细腻见长的刘明枝、以表演妩媚著称的刘桂枝和以表演豪放夺人的刘宗琴，三人同时以擅演长篇大书著名，时人称之为“郑州三刘”。

中华人民共和国成立后，河南坠子演员们积极编演了一批新曲目，宣传新思想，歌颂新生活。

河南坠子的表演形式特点在于使用河南方音说唱表演，以唱为主，唱中夹说，所用唱腔主要包括“平腔”“快扎板”“武板”“五字坎”和“垛板”等。唱词基本为七字句。伴奏者拉坠琴，有的并踩打脚梆子。初期大多演唱短篇，也有部分演员演唱长篇。现代题材曲目都是短篇。

说唱表演的方式早期为“单口”，演唱者一人，左手打檀木或枣木简板，边打边唱；后来发展出“对口”，两人对唱，一人打简板，一人打单钹或书鼓；还有三个人搭档演出的“群口”；也有少数是自拉自唱的，几种方式各有适宜的节目。

河南坠子的表演身段与动作追求秀气、活泼。手、脚的运用，要出得利索，收得迅速，点到即是。三弦书的表演要诀，河南坠子基本通用，只是有的说法不同，如“二郎担山”“一步一锤”，河南坠子叫“亮翅”“二仙传道”。豫东河南坠子的“一步三相”表演技巧，也有人使用。

唱腔音乐是河南坠子唱腔的主导部分，由多种曲调(板腔)构成。包括引子、起腔、平腔、送腔、尾腔等部分，根据唱词的不同句式使用三字崩、五字嵌、七字韵、巧十字塞韵、滚口白等唱法，形成节奏和旋律上的明显变化，以表现不同的感情。河南坠子把有特性的乐句和片段有机地结合在唱腔音乐中，使整个唱腔音乐丰富多彩，和谐统一。

河南坠子在传统唱腔中起腔唱法很多。有的起腔，开头采用紧缩节奏的手法，然后突然来一个懈板(突慢)伴之以大甩腔，也有前边几个字用白，然后起腔。

平腔指唱段中间大段落的唱腔部分，侧重于故事的叙述，为唱腔的主体部分。平腔都是由若干个小段组成，小段里又有开始句和叙述句之分。开始句多是两句或四句，叙述句则是无限反复，它的变化多、容量大。河南坠子各流派的形成，也就是他们各具有不同的平腔。这些曲调各不相同，有的华丽流畅，有的质朴硬朗，有的较悲切，有的则豪放。

落腔指唱段结尾时用的小乐段或乐句。有的落腔比较华丽，有的落腔欢快俏皮，显得干脆利落。

河南坠子唱腔音乐的调式主要是徵调式，因为河南坠子的唱腔主体是平腔，而平腔又主要是徵调式。河南坠子的伴奏乐器是坠胡，也叫作坠琴、河南坠子。原是由小鼓三弦改制而成的拉弦乐器，定弦为四度。坠胡主要是随腔伴奏，有时加花，或用老少配等手法烘托唱腔，以增强艺术表现力。

随着时代的发展，河南坠子的伴奏乐队有了很大的改进，增添了各种不同的乐器，如二胡、扬琴、三弦、琵琶、大提琴等。河南坠子的击节乐器除脚梆、小镲外，主要是简板。不少造诣较深的艺人简板打得非常灵便，不仅用击板、闪眼、加花、连缀打等来渲染气氛，同时亦可作为表演的道具。河南坠子的前奏与间奏，艺人们称之为“过板”，开书前为了渲染热烈的气氛，招徕观众。

西路河南坠子最初多由三弦书(包括莺歌柳、仪封三弦)艺人演唱，脚梆击节为其主要标志，在道情、大鼓书艺人加入演唱的同时，还吸收了河南梆子、越调、曲剧等剧种的声腔，逐渐形成了字清板稳、硬弓大调、高亢明朗、节奏鲜明的艺术特色。东路河南坠子则多是由道情艺人改唱河南坠子后，吸收了琴书、丝弦等姊妹艺术的声腔，只用简板，不用脚梆，其唱腔更加灵活自如，因而形成了柔美、细腻、善于抒情的艺术特色。正是由于东路河南坠子多是道情艺人出身，原本道情书的中、长篇大书，随之也带进了河南坠子曲艺当中。

南阳三弦书

三弦书又称铰子书、腿板书，是形成于南阳的一种较为古老的说唱艺术，已有250多年历史，因用三弦、铰子为主要伴奏乐器而得名。三弦书为本地四大曲种之一。2008年入选第二批国家级非物质文化遗产名录。

三弦书是怎样演变的呢？最初，一人一台戏，怀抱三弦，腿束节子(脚板)自弹自唱。接着，随着观众审美要求的提高和自然的发展，逐渐演变为演唱者手击铰子或八角鼓既唱又表，另有三弦和坠胡专门伴奏并在演唱中帮腔、插话而成为两三人一台戏，使这一说唱艺术得以更快地发展，更广泛的流传。三弦书的唱腔朴实无华，形式活泼，具有浓郁的乡土气息，深受人民群众的喜爱，是一种典型的说唱艺术，曾一度统治了南阳曲坛，一百多年传演不衰。

三弦书在清中叶以后比较繁荣，主要采取摆“皇会”的办法，亦叫会书(相当于现在的会演形式)，即“三皇会”。

三弦书艺人供奉三皇(天皇、地皇、人皇)为始祖，逢三皇生日，艺人们聚会、搭棚、焚香敬神，演唱三天。大会由老艺人筹办，向各名“班子”和艺人发出请帖，被邀请的人要向皇会交纳一定的礼款，作为开支资金。皇会按参加艺人的水平分为“头棚”“二棚”“三棚”进行演出，并聘请有名望的艺人和秀才以及有名望的地方士绅参加，对演出的曲目进行鉴定。这些人也有分工，有专管曲目的，有专管唱腔音乐(包括伴奏)的，有专管词曲结合和表演的，分别称为“社管”“社论”“叫音”“听字”等。被大会评为一等的，等于中了“状元”，给予奖励，叫“挂红”，挂红的艺人在社会上和艺人中间享有崇高的荣誉。如表演不好，有别字、错字、掉板、荒腔等情况就要受罚，发现唱词过于文雅或粗鄙的字句，就会被严厉地指正。

“三皇会”，除了艺人在艺术上的交流、相互提高外，还有近乎结社的性质。有三弦书的县，要选出一名负责人称“巡千”，并制定规章制度来管理艺人的演出纪律、作风等。皇会的规约有：不准要尖卖俏，不准挑人家茶饭好坏，不准刁拐别个“班子”的伙计，不准拐骗徒弟，不准偷人家东西，不准来回翻瞎话等。若发现拐骗妇女者，在皇会上剜眼、割耳朵，不准再从事三弦书演出；若有偷人家的，就由皇会传话开除，同行见了掂弦子；有刁拐徒弟的打五百柳木棍等。“三皇会”还要求做到三稳，即眼稳、手稳、口稳。眼稳就是在演出和生活中不看妇女，手稳就是不拿别人东西，口稳就是不说低级下流的语言。如有违犯者，砸弦子，烧包袱。

三皇会的规约极严，约束规范了艺人的演出准则，端正了品德，促进了三弦书艺术的发展。这种规则一直延续到新中国成立前夕。

三弦书是曲艺艺术中正统的曲种，堪称曲艺中的“活化石”。三弦书艺术在南阳“曲艺之乡”中曾极为盛行，老少皆喜，抢救该曲种对活跃群众文化具有重要作用。三弦书曲词、音乐千锤百炼，具有较高艺术性。实为中华曲苑中一株奇葩，极有抢救价值。

渔鼓道情

渔鼓又称竹琴、道筒、梆梆筒子。渔鼓道情是一种戏曲剧种。敲打渔鼓配上说唱，就成了渔鼓道情这种演艺形式。2011 年 12 月 19 日，“渔鼓道情”列为第三批河南省级非物质文化遗产。

道情的演唱在什么时候开始的？迄今发现最早与渔鼓道情有关的文献，是清乾隆十七年(1752)《西华县志》载有该县明末举人理巴和所作的《渔鼓曲》词。清乾隆年间，豫南与湖北接壤的新县、光山、铜柏、淅川等县，就已有从湖北流入的渔鼓艺人的演出活动。道光五年(1825)，归德府(今商丘)府尹王凤生下令禁演刚刚兴起的道情戏，作为曲艺形式的道情演唱也一并被禁。道光十七年(1837)，归德府(今商丘)道情艺人江教才(姜教才)在许昌、长葛一带演唱享名，他使用的道情简系康熙九年(1670)所制，至今仍由其徒孙——尉氏县南曹乡马村的张元德保存。咸丰八年(1858)，安徽道情艺人窦文、张明义到豫南正阳县落户，并收徒传艺。同年，杞县的程万琳和中牟县的王春先后在开封及其周围城乡行艺并享有盛誉。同治元年(1862)，商丘的蔡长富曾到柘城、太康、淮阳、鹿邑、郸城等地演唱，并收徒十数名，影响甚大。至光绪年间，全省的道情艺人愈来愈多，省内外的交流演出活动亦趋频繁，特别是雷明所唱的《李天保吊孝》，使不少听众入迷，被誉为“活灵棚”。

清末是道情的兴盛时期，出现了几个艺人较为集中的区域。因主要受湖北渔鼓的影响而具有其一定的艺术特色，即唱腔较为平稳、质朴、拖腔长、花腔多，且多数艺人都参加皮影戏的演出。豫南各地的渔鼓在演出实践中，也不同程度地吸收了当地的方言和民间音乐，因而，又各具特色。

无论是豫南渔鼓、汝河道情、豫东和豫北道情，多为一人单档行艺。道

情的演唱方式，多取坐唱，也有采用站唱和跪唱的。跪唱主要用于唱门(上门乞讨)，主家不肯施舍时，便长跪不起，直到主家拿出钱物方去。

道情的传统曲目约有一百五十篇。清光绪以前，多为中短篇，以道教故事和宣扬忠孝节义内容为主。后移植其他曲种的中长篇大书，增进不少世俗内容。艺人称短篇或段子为“甩头”，唱十至三十分钟，其唱词是固定的。中篇则叫“巴巴棍”“轱辘头”或“撅尾巴狗”，多演三至五场，一般唱词较固定，说白不固定。长篇叫“蔓子活”，短者说唱十余场，长者可演数月，除诗、赞、赋、唱词和一些书串外，其余全为不固定的活词儿。此外，道情中还有一些短小的书帽，有的全唱，有的全说，有的说唱兼备，多为一些小笑话，用以接场、招徕或调剂书场气氛。

1966 年“文化大革命”开始后，许多道情艺人所用的渔鼓被视为“四旧”而烧毁，演唱活动基本停止。20 世纪 80 年代后，全省的道情演唱者仅剩三十多位，而且还都是半职业艺人。

河南省商丘市夏邑县胡桥乡赵楼村，年近七旬的赵平是这一非遗项目商丘市的唯一一位艺人。

渔鼓道情剧目丰富，贴近百姓，乡土气息浓郁，是古老而珍稀的剧种。亟待继承与发扬。据了解，渔鼓的唱腔完全是老师教徒弟学，唱词没有文本，历代很少或根本没有文字记载，全凭口传心授，学艺周期较长，导致这门民间艺术奇葩濒临灭绝。 现在河南省渔鼓艺人只有四个人，且年纪较大。

豫东琴书

豫东琴书是一种河南省永城市、民权县、柘城县的汉族戏曲剧种，其发源地就在以商丘为中心的豫东、皖北、鲁东南一带，是仅次于河南坠子的第二大曲种。 2011 年被政府列入第三批河南省省级非物质文化遗产名录。

琴书起源于什么时候，未发现有文字记述。

琴书是怎么形成的呢？ 琴书刚形成的一段时期，琴书艺人一般是被一些达官贵人或有钱乡绅请入客厅演唱的。 在新中国成立以前，农村庙会上没有琴书艺人的位置，琴书艺人不在庙会这样的杂乱场合演唱，即使被盛情相邀去庙会演唱，琴书艺人也要求组织方在庙会旁边专门找一个大院子。 琴书艺人一般只在唱、弹、拉、打(扬琴)方面做文章，不得有任何表演动作，表演时，大多耷拉着眼皮，打琴人的视线一直在琴身上。

1946 年，山东琴书艺人聂兆林及其女儿聂大桂，宋广信及其女儿宋明新，司明敬及其女儿司庆华和李若亮及其外甥女张巧云组合的琴书班到商丘定居。

1980 年，刘广会、马忠臣等人大胆创新，将传统曲目《回龙传》《五侠剑》改编成连台曲艺剧，以河南坠子和豫东琴书的唱腔韵调，以戏剧舞台形式演出，很受群众欢迎。

1998 年，河南省著名曲艺作家张久来应邀至柘城采访并编写戏剧《黑老吉》时，受柘城县说唱团连台曲艺剧的启发，将《黑老吉》一剧的唱段全用河南坠子、豫东琴书、河洛大鼓等曲艺唱腔演唱，称为“曲艺剧”。 此剧经省歌舞剧院排演，在河南省第七届戏剧大赛中一炮打响，荣获一等奖。 2002 年冬，柘城县说唱团资深演员徐长峰自掏腰包，投资 3 万多元，购买了服装、道具、音响等舞台设备，组织 20 多名曲艺人员重新排演连台曲艺剧。

2004 年春，柘城县说唱团正式把这种以河南坠子、豫东琴书唱腔为主的连台曲艺剧的表演样式定名为“坠琴剧”。

据许多老艺人介绍，过去唱琴书要求吐字清楚，举止端庄，正襟端坐，目不斜视。即使是富贵人家的“客厅戏”，也不得看到三尺以外夫人、小姐们的脸。一般为大户人家的喜庆、祝寿时的助兴演唱，后发展为站唱带表演。新中国成立后，登上大舞台，越来越注重表演。小段以唱为主，带少许对话夹白；大书有说有唱。其音乐结构原为联曲体，逐渐变化为联曲板腔的结合体。

在豫东琴书传唱的过程中，商丘市涌现出很多著名的琴书艺人，如苏登海、肖书太、张继孔、何思功、聂大桂、张巧云、刘广会、韩巧莲、徐长峰、王保聚等。

豫东琴书的表演，极具有当地的区域特色，是区域文化的代表。

第四章 音乐舞蹈

砀山唢呐

砀山唢呐是流传于安徽省砀山县的一种传统音乐形式，是礼、乐、典、祭、婚、丧、嫁、娶及社火、民间歌会、舞蹈、节庆等的必配乐器，更是各种剧种、戏曲、舞蹈、乐队不可缺少领奏乐器之一。目前它已经成为国家级非物质遗产。据考证，明朝正德年间(1506—1521)，唢呐已在该县广泛流传。明朝王磐在其《王西楼先生乐府・朝天飞》一词中写道“喇叭、唢呐，曲儿小、腔儿大……”唢呐在砀山县存在的历史悠久，普及面也很广。据史载，明太祖朱元璋九世玄孙朱载堉极爱唢呐，他放弃优裕生活，深入民间唢呐班子，潜心从事民间音乐的挖掘整理工作，先后写出《乐律全书》和《律吕正论》等多部音律专著。后来，一些经过朱载堉教授的唢呐艺人随着黄河泛滥而流离失所的难民一道，辗转来到砀山县定居，砀山县的唢呐就因此发展兴盛起来。

唢呐有其独特的称谓，高音唢呐称尖笛，低音唢呐称大笛，且吹奏形式多样，有咔腔、闷腔、咔戏，吹奏技巧有单吐、双吐、三吐等。曲牌代表作有《百鸟朝凤》《锔锅》《抬花轿》《六字开门》《拜堂》《欢乐调》《丧调》等。上到国家专业团体，下到平民百姓生活，都有唢呐艺术的身影。

唢呐，俗称喇叭，砀山县当地及广大中原地域的业内人士统称“大笛”。唢呐是一种广泛流传于中国绝大部分地区(包括少数民族地区)的民间吹管乐器，它发音高亢、委婉、如歌如诉、刚柔相济，深受广大人民群众的喜爱。

并且砀山唢呐艺术的形成、沿革、提高更是影响带动着苏鲁豫皖周边地区民间唢呐艺术的发展。

据艺人的口传，早期来砀山落户的唢呐艺人有张、刘、王、陈等几家。这几家的演奏风格各异，如张家班擅长吹奏明朗欢快的曲调，老百姓逢婚嫁节庆多请他们吹打助兴。刘家班偏重沉稳的悲凉曲调，当地多请他们为丧事奏哀乐。王家班擅长在表演夹杂一些诸如“吃火”之类的民间戏法表演，令观众耳目一新。陈家班另辟蹊径，在传统曲牌中揉进一些地方戏曲唱腔，舞台表现力较强。长期以来，广泛流传于砀山及周边区域的优秀唢呐曲目有几十个，如《百鸟朝凤》《叫句子》和《水落音》等。经过若干代唢呐艺人的口传心授，到近现代，砀山唢呐艺术更有了长足进步，其演奏技巧也有了自己的独特韵味。

如今据砀山县文化局介绍，为使唢呐艺术发扬光大，该县每年都邀请国内知名的民管演奏专家来砀山授课。除此之外还会经常举办比赛，县内的唢呐艺人也得以互相交流，取长补短。后来涌现出的张团结、单古军和朱海宽等一大批技艺精湛的唢呐新秀，在国家、省、市等各种文艺演出和比赛中荣获 30 多个奖项，并为全国很多艺术院校和专业文艺演出团体输送了一大批唢呐艺术人才。截至 2009 年，砀山县拥有 200 多个唢呐班子，专业从业人员 2000 多人，演奏人员数万人，演出形式分“搭台吹”“无台吹”和“走吹”，曲目主要有地方戏曲、唢呐牌子曲、民间小曲和器乐曲、歌曲联奏，主要在婚、丧、嫁、娶和开业庆典、老人过寿、小孩周岁、逢年过节等一些特殊的日子进行表演。

五河民歌

五河民歌是流传于安徽省五河县及周边地区的一种传统民歌形式。它主要有三大类，即劳动号子、秧歌(田歌)和小调，其中以小调类的民歌流传最广，也最具特色。五河民歌的表现以演唱和白口为主，兼有独唱、对唱、说唱、小演唱等表演方式，形式多样，内容丰富。五河民歌最早被记载于1458年(明天顺二年)所修县志中。《五河县志·风俗》记载："除夕前二三日，小儿打腰鼓唱山歌，来往各村谓之迎年。""民间插柳于门，断荤腥茹素。小儿作泥龙，舁之作商羊舞而歌于村市。""三月建辰……清明，民间祭祀扫墓、官祭历坛，请城隍出巡，百戏竞作，举国若狂。歌舞灯采，三日而毕。"五河民歌不仅志有所述，在治域美景中也打上了民歌的烙印。《五河县志·古迹》记载了历史上精典的五河八景："南浦渔歌北原牧唱……东沟鱼唱西坝农歌。"因此，五河民歌在明代从题材、体裁、内容和形式上都已经具有了丰富的内涵，有专门的祭祀歌，而民间的儿歌、山歌也遍及村市。"五河民歌"的命名和提法是在1949年新中国成立以后，20世纪50年代初，以《摘石榴》参加华东地区会演获奖的影响而得名。

五河民歌发源于五河县小溪镇，小溪镇原属凤阳县，故凤阳县也盛行五河民歌，由于五河自古水路通畅，南北文化交流的频繁，流行区域也在不断地扩展和延伸，五河民歌在淮河中、下游两省十几个县、市广泛流传，远及山东省部分县、市。

五河地处淮北、淮南、苏北交界之处，其语言、文化等方面，既受到中原文化的影响，也受到吴文化和楚文化的熏陶。传统民歌同样也是在这样特定的环境下产生发展起来的。在五河民歌中，有许多抒情性很强的曲调，比如反映男女爱情的小调，其节奏平稳，小波浪式的旋律线条，短短的拖腔。而七度音程的大跳、在《送郎》《长谈》《十二月调情》等很多小调中不时地出现，形成了五河民歌在旋律上柔中有刚、刚柔兼济的独特风格。

随着农村物质生活水平的提高，广大农民对精神文化的需要日益高涨。小溪镇因势利导，首先在五河民歌《摘石榴》的发源地小溪村组建培训了一支女子舞蹈骨干，进行广场舞示范表演，并迅速发展到150多人的舞蹈爱好者参加，并经常和友邻乡镇进行切磋表演，成为小溪村的一道靓丽的风景。而五河民歌的发展对于丰富和完善中国民歌宝库和中国音乐史的研究都有着极其重大的意义，是中国国家级非物质文化遗产。

临北狮子舞

五河临北狮子舞，是一种集杂技、图腾、娱乐、武术、竞技等为一体的综合性的传统民俗表演艺术形式，主要活动在北乡及周边乡镇。

临北狮子舞属中间地带的狮子，兼有南北方狮子舞的特点，形神兼备，带有浓郁的淮河文化特色，颜色以青为主，又称绿狮。舞蹈动作欢快简捷，配器生动流畅，通过狮子的扑、闪、腾、挪，把狮子的兽性与灵性表现得淋漓尽致，舞狮人通过抓痒、亲昵等动作，把狮子的喜、怒、哀、乐渲染得恰如其分。通常有单狮表演、双狮及4只狮子以上的群狮表演。

临北狮子舞一般在春节、春会和大的庆典中作广场表演。基本表演形式有出山、登峰、产子、盘坡、过桥、献瑞等八段。表演者用跳、跌、扑、窜等高难度动作，在表现狮子的勇猛、灵活、威风八面的同时，又通过追球、扑球、盘球等细腻的表情性动作和舞姿，表现出狮子的温驯、贪玩的一面。

临北狮子舞是一种传统的民间舞蹈，其后经过回民改造，并不断融入回族特色，使狮子舞的表现形式不断丰富，集中体现了当地劳动人民丰富的文化创造力和艺术想象力，承载了淮河流域回汉人民独特的文化观念，审美情趣和民风民俗，是淮河流域优秀的舞蹈文化。1954 年，临北狮子舞被层层推荐选拔参加全国首届民间艺术调演，为党和国家领导人演出。

独杆轿

独杆轿第一次出现在 1776 年，山东峄县知县张玉树为官清廉，他提倡地方官员“与民同乐”，所以峄县城里的文人、商人和南关、北关及徐楼村的民间艺人便自发地联合行动，集体创作了清官独杆轿，随着狮子龙灯队伍到县衙门拜年。此后，这项活动便断断续续地沿袭下来，特别是改革开放以后，山东枣庄峄城区大力弘扬优秀传统文化，以坛山街道为活动主阵地，在坚持先进文化前进方向的同时，始终把清官独杆轿作为“看家戏”，重点保留与传承。

固镇县的濠城古名垓下，每年农历三月十五日和四月十五日举办庙会，举行多种民间技艺表演，独杆轿就是其中重要的一项，已有近六百年的历史。垓下历史悠久，文化底蕴深厚。几千年来，劳动人民在这里创造了辉煌灿烂的文化艺术，“独杆轿”就是地方文化瑰宝中的一项。垓下在汉以后，曾名洨县，作为县城延续了数百年，故有县官巡街一说。而县官名为“四老爷”，乃“死老爷”谐音，表达了群众的爱憎。独杆轿通过诙谐滑稽的表演和程序化的舞蹈动作，揭露了封建社会贪官污吏鱼肉人民、作威作福的丑恶形象。在此基础上，蚌埠市固镇县的垓下独杆轿以“传统舞蹈”入选了安徽省第四批省级非物质文化遗产。

所谓“独杆轿”，顾名思义，就是以独杆作轿，不同于一般的舆轿。此轿既无轿围，亦无两根轿杆，而是在独杆之前端，设一简易圈椅，用以乘坐。表演时，乘坐者以袍服将圈椅覆盖，让观众认为其是直接坐在独杆尖梢的，给人以惊险之感。且此轿并不刻意保持平衡，而是在另一端由人操纵，一起一落，起落有致，顷刻升至半空，顷刻落至平埃，是在行走间进行表演的一种民间舞蹈。

表演班子一般由十余人组成。其中一名坐轿者，三名衙役，四名抬轿轿夫，另加2—4名操纵轿杆者。表演的主角有两名：一为坐轿者，名“四老爷”，县令打扮，身着官服袍带，乌纱朝靴，八字翘须，三花脸，一手持扇，一手持书，手舞足蹈，神气十足，趾高气扬，是丑角形象；另一为最前鸣锣开道者，口中念念有词，诸如“四老爷大驾在后，百姓人等一律回避，挡道者剥皮抽筋”之类的恫吓话语。另两名配角为衙役，各持“肃静”“回避”的清道牌，紧随开道者之后，以渲染气氛，帮助清道。

1995年，山东卫视专门录制了以清官轿为主、以狮子龙灯为辅的专题民间艺术节目——《峄县社火》，此后这一文化渐渐走向了国际舞台。2006年，枣庄市文化局和峄城区文体局申报的“峄县清官独杆轿”获批为“山东省第一批非物质文化遗产”重点保护项目。

淮河锣鼓

淮河锣鼓，是一种流传于安徽省颍上县沿淮一带的锣鼓音乐，其历史可追溯到远古时代。春秋时期，管仲就曾把鼓运用在战争中。明清时期，锣鼓在淮河流域十分普遍，是安徽省优秀的民间艺术之一，在淮河流域广为流传，是典型的淮河文化。如流传于颍上县鲁口镇的威风锣鼓、新集镇的锣鼓棚子、慎城镇的花鼓灯锣鼓等都是很具有代表性的淮河锣鼓音乐，为广大人民群众所喜爱，如今是安徽省第二批省级非物质文化遗产。

淮河锣鼓的演奏方法是鼓指挥，锣主奏，铙和钹分成两个声部，交替对奏。有“长流水”“十八翻”等多种曲牌，淮河锣鼓时而委婉流畅，时而铿锵有力，锣鼓点变换多样，比如根据鼓点的特点而命名的“连槌锣”和“丁丁

仓”，展示了锣鼓的不同韵律。“长锣”具有连续性，起着过渡连接的作用。而“长流水”一般用在大场中的跑场，可同长锣交替使用，使节奏富有变化。“蹬步锣”则具有推动力，在大场中与“长锣”“长流水”交替使用。而“后蹬步锣”的鼓点则从“蹬步锣”中变化而来，这种鼓点用得不多，但使用得当，有较好的效果。

流传于颍上县鲁口镇的威风锣鼓、新集镇的锣鼓棚子、慎城镇的花鼓灯锣鼓等具有代表性的锣鼓音乐中，保存较好的是花鼓灯锣鼓。与凤台花鼓灯相比，凤台花鼓灯是以锣领鼓，颍上花鼓灯则是鼓来领锣，最主要的不同是颍上花鼓灯是最原生态的花鼓灯，而且它是地地道道的花鼓灯传统风味。可以说颍上县花鼓灯锣鼓，是颍上花鼓灯的灵魂。然而最令人惋惜的是锣鼓棚子的失传。锣鼓棚子是一种形式清雅、浑重的民间歌舞，融吹、打、歌、舞为一体。每班由10—12人组成。前面由5人敲打锣鼓开路，后面4人抬着的1个大方桌紧跟其后，桌上摆放笙、箫、笛、管及弦乐之类的民间乐器，方桌的4脚上扎着彩棚，盘龙罩顶。乐队边走边打，沿街游行，并做出各种神情的表演。

1942年前后，颍上的城关、杨湖、南照等地都有此种灯舞，此后失传。所以我们应该更加珍惜传统文化，做好传承工作。

谢郢锣鼓

谢郢锣鼓，是由安徽省淮南市凤台县依刘集乡谢郢村锣鼓班子创作并流传的一种民间音乐形式。谢郢锣鼓的历史不算久远，相传清朝道光年间，商人谢文宣、谢文艺在外经商，经过多年的在外闯荡，听到很多地方锣鼓的演奏形式，自己总结各地锣鼓的精髓，创作出了“十八翻”“小五番”等锣谱。1930年，谢崇礼首先用汉字谐音把谢郢锣鼓记录下来，从此以后就都用他记录下来的锣鼓谱练习演奏。当时谢郢锣鼓相继成立了四个锣鼓班子，较有影

响的艺人有王老头、谢治康、谢守仁，代代相传至今，如今早已列入安徽省第二批省级非物质文化遗产目录。

相较于其他演奏方式而言，谢郢锣鼓是比较有特点的，它采用安徽省唯一打分谱的演奏形式，也就是说，锣鼓、镲的谱子各不一样，各种乐器按谱单练，然后合练。整个演奏抑扬顿挫，变化强烈，铿锵有力。演奏情绪高涨，节奏整齐统一，锣鼓起落有致，变化有序。演奏全曲定谱，由鼓领奏，从属乐器锣一面，镲两副，铜锣不限，绝不允许少打一下或多击一槌，严格按照固定曲谱(分谱)乐句演奏，演奏时需要全神贯注，从“番子锣鼓”声中能使人听出歌的韵味，产生出美妙的联想。“谢郢锣鼓”以鼓领奏，和以锣、钹、镲等乐器，四锤撞锣，起落有致、层次跌宕、旋律优美，有“民间交响乐”之称。

谢郢锣鼓的传承意义不仅表现在其演奏艺术上，还表现在“谢郢锣鼓”的发源地谢郢村。为什么谢郢村能孕育这么独特的艺术呢？因为这里自古就是淮河码头，南北文化在此交汇。作为花鼓灯的姊妹艺术，其演奏手法多样、鼓谱丰富、表现细腻、精彩好听，是淮河流域民间打击乐的代表。作为特色浓郁的传统项目，“谢郢锣鼓”对研究淮河中段历史文化、军事文化、社会生活都具有重要的意义。

棒鼓舞

棒鼓舞是一种在民间自发形成的传统族民俗舞蹈，很早就流传在亳州市涡阳县义门一带。相传棒鼓舞由清末捻军的一项庆祝活动演变而来。关于棒鼓舞的起源，在当地流传着两个故事。据棒鼓舞老艺人们介绍，清末，张乐行聚捻起义后，利用本地人春节期间有十五天“燃捻放荒”的习俗，举行军民联欢，击鼓燃捻为舞。以后，每逢胜利归来，人们都会进行庆祝，用木棍来代替火把，其后渐渐演变为棒鼓灯。还有一个传说，唐朝平定安史之乱后，唐朝皇帝为庆祝天下太平、风调雨顺，派张逊在现在的义门大修庙宇，义门镇因此又被称为“庙集”。当地居民为了庆祝盛世太平，组织了棒鼓舞并使之盛传于天下。而到清末，捻军首领夏何秀因避难至现义门镇刘营村地界，在原棒鼓舞的基础之上又增添了很多新的阵势和唱法，使棒鼓舞更具有观赏性。

棒鼓舞具有鲜明的地方特色。以刘营为中心，沿涡河两岸向东、西发展。在刘营，老艺人还称它为“太平鼓”，向东则称为“花棒鼓”或“花鼓灯”，向西部又称为“子弟灯”。“大场子”在形式上(包括舞蹈的画面)，虽然和凤台、怀远一带花鼓灯的“大花场”及阜阳、颍上的“红灯舞”有些近似，但并不雷同。如演员用的五花棒、平鼓、小锣以及排势，显然与其他舞蹈不同。演出时乐队在一旁伴奏烘托，棒、鼓、锣节奏强烈，气势雄壮，粗犷奔放。

刘营棒鼓舞具有独特的地方特色。刘营棒鼓舞共有男女12人(不包括乐队)组成，被称为“三面鼓、三面锣、三个棒木紧跟着，小巧老傻翠花婆”。演出过程中，11位演员根据小巧的指挥不断变换阵势，但是不管如何变换，整支队伍都是呈龙体形状，并形成一个迷魂阵。不懂棒鼓舞的人只能看出人在不停地跳动，无法看清人究竟是如何在跳动中变换阵势的同时还能保持龙形不变的。他们的主要阵势有一字长蛇阵、乌龙摆尾、横竖双城、三人玩等十三套，主要唱段有《杨三姐闹酒店》《二八佳人》《巧嘴老婆》《四番十字歌》等。

传统民俗的传承最难的就是坚守，因为从中可能很难得到经济利益，所以喜欢和了解的人越来越少。改革开放以来，受经济大潮冲击，棒鼓舞成员因年龄大而无法再进行表演，年轻人为了生存也都外出务工。棒鼓舞原来的服装、道具、乐器都是棒鼓舞成员自己筹办的，现在由于时间长，服装、道具已破烂不堪。再者演出没有报酬，棒鼓舞面临着后继无人的境地，这一民间艺术瑰宝如再不及时挽救，就要消失。所以如何做好非遗的传承和发展值得我们深思。可喜的是，随着社会各界对非物质文化遗产的重视，棒鼓舞再次受到关注。热心于棒鼓舞保护传承的刘营小学刘校长介绍说，前几年，他们为了让棒鼓舞后继有人，就在刘营小学建立了棒鼓舞学习基地，从中挑选年少体强的男孩学习棒鼓舞。他们自筹资金购置了几千元钱的道具，并联系了刘氏兄弟前来当教练，以刘营小学为中心，建成了“刘营棒鼓舞艺术团”。以后，他们还考虑把棒鼓舞当作刘营小学体育科目之一。他们去县城表演，虽然没有报酬，但是发现观众们很喜爱棒鼓舞，他们的表演也得到了县领导的赞赏，这让他们越发感觉保护好棒鼓舞意义非常重大。棒鼓舞成为省级非物质文化遗产，这给予了他们莫大的鼓励。

为使“棒鼓舞”不致失传，后继有人，义门镇政府组织专人走访棒鼓舞老艺人，搜集、整理、挖掘珍贵资料。为了给棒鼓舞演员锻炼的机会，给春节期间的刘营村民带来欢乐，刘振林组织棒鼓舞艺术团在农历大年初一给村民献上了一道春节“舞蹈大餐”。几百户村民为了迎接棒鼓舞演员，在家门口自发地燃起鞭炮，并送上香烟和饮料。数千村民走上街头驻足观看，盛况空前。

采莲灯

采莲灯俗称采莲蓬，它发源于架河镇，是一种流传于淮南沿淮地区的民俗歌舞，于清乾隆、嘉庆年间由苏北传入，通过同淮南民间舞蹈的不断融合和当地数代老艺人的不懈努力，最终成为江淮的一朵艺术奇葩。2008 年采莲灯被淮南市评为市级非物质文化遗产，2010 年 5 月，采莲灯被安徽省政府列入第三批省级非物质文化遗产名录。

采莲灯由古代采莲舞演化而来。汉乐府民歌有一首民歌《江南》:“江南可采莲，莲叶何田田。鱼戏莲叶间。鱼戏莲叶东，鱼戏莲叶西，鱼戏莲叶南，鱼戏莲叶北。”采莲灯的历史最早可以追溯到汉代，当然那时的采莲舞还较为原始，在南朝的梁代以后，采莲舞得以发展。随着时间的推移，通过代代相传，这一古老的传统艺术得以保留了下来。如今采莲灯现已成为江淮有民望的品牌特色，深受淮河两岸人民的欢迎和喜爱。每逢节日，采莲灯成为活跃当地群众文化生活和传承文化精神的一个重要途径。

在其演艺过程中，采莲灯不断地得到创新和发展。在表演人数上，采莲灯实现了新的突破。采莲灯由一群手捧莲花灯的村姑，一名肩扛桃花树的少年、一名丑婆以及几名伴奏锣鼓队组成。舞者人数的增加，最明显的效果就是场面宏大、氛围浓郁，放眼望去，一片绿色“湖水”中飘荡着无数莲花，穿着鲜艳衣服的采莲姑娘划行在荷叶莲花中，载歌载舞，令人心醉。在表演内容上，采莲灯也更加丰富。采莲灯入淮后以花鼓灯锣鼓为主伴奏乐器，并吸收了花鼓灯歌的创作、演出手法，即兴创作、即兴表演，逐渐和当地民间舞蹈融为一体。表演时，数十位村姑手捧莲花灯花篮，身着红、绿鲜艳服装，头戴五彩花束，在“桃花树”的领舞引导下，按照固定的表演套路、程式、队形、舞步，时而起舞如风摆杨柳，时而穿插如彩蝶纷飞，大气而不失诙谐，严肃而不失幽默。其音乐伴奏以江苏涞江、淮城、邗江地区流行的下淮调为主，逐渐和淮南市民间舞蹈融为一体。

采莲灯不仅丰富了淮南花鼓灯的门类和艺术流派，体现了淮河文化兼容性，更是淮河与长江流域商贸、经济文化交流的活化石，对研究淮河经贸文化发展交流史和花鼓灯艺术多门类、多流派的融合提供了重要佐证，具有极高的历史价值、学术价值和传承价值，在安徽省民间舞蹈中有着重要地位。这种兼容并包的特性是传承民俗文化的一个重要途径，为我们传承传统文化起着启蒙作用。

火老虎

“火老虎”是流传于安徽省凤台境内的一种汉族民俗舞蹈形式，其最大的一个特点就是“火”字。其形成，缘于五代十国的一个传说。后周与南唐争夺淮南，激战于寿春（今寿县），这次战争在凤台人民群众中留下许多传说。其中就有后周将领赵匡胤率领数万精兵攻打寿春，南唐将领余洪被迫逃到八公山篼笼冲，后周名将刘金定率领精兵追赶，并放火烧山，八公山上和淮河岸边芦苇燃起大火，林中老虎被烧起火，急跑下山。“火老虎”就是根据这个历史事件和传说衍生而来。2008年6月，安徽省凤台县申报的火老虎经国务院批准列入第二批国家级非物质文化遗产名录。

“火老虎”道具工艺复杂，材料独特，需要几个很内行的人，用上一两周方能做成，一个环节的疏忽，便达不到应有效果。首先要自种一种火麻，待火麻成熟后采收。不能用传统的方法扔到水里泡，需立即把采回没剥皮的鲜生麻连同麻秆一起加工。加工时用木槌慢慢地把一棵棵生麻反复砸成糊状，麻秆糊溶入麻丝中，不等生麻糊全干，便手工反方向搓成麻绳晒干备用。晒干后的麻绳中含有大量的麻秆碎末，点着后不会产生明火，有很强的自燃性，燃烧时麻自身的弹性加上表演者的抖动，把燃烧的麻秆沫喷向四方，便产生火花四溅的效果。

麻绳制作完毕后，开始制作木板，“火老虎”表演者身上须缚 11 块木板，背上 3 块，双臂 4 块，双腿 4 块。每块板上按梅花状钻出约 50 个眼，每个眼里像栽鞭炮捻一样钉入一段约 10 厘米长的特制麻绳。木板厚约 1 厘米，根据表演者身材确定木板大小，一般选用泡桐树作为制作木板的材料：一是相对轻巧；二是泡桐木料有俗称“吃火”功能，不会因起明火而烧伤表演者。制作完毕后，把木板用绳连在一起，像马夹一样穿到表演者身上。“虎头”一般用麻秆扎成鸟笼状，麻秆上系满麻绳，再用一棵长一丈二尺左右、直径两至三厘米的树苗做成“虎尾”。“虎尾”上同样扎满特制麻绳，最后用两根木棒做成“虎腿”，系满麻绳，握在手中即可。这样“火老虎”骨架制作完毕，为了好看，还要对骨架进行装饰，如做上可张可合的虎嘴、着上虎色等。

在表演特点上，火老虎最大的特点就是表现一个“火”字，一般在春节期间演出。表演时，表演者穿厚紧身衣服，然后再系上扎制的虎皮，特别是结束时表演者要跳入水塘里，一是表示老虎被狮子打败，二是为了扑灭身上的火，所以表演者既要能忍耐烟熏火烤，又要抵抗寒冬腊月冰水的寒冷。“火老虎”表演一般在晚上，表演前需用浸满水的外衣穿到表演者身上防止烧伤，才可穿上道具。表演时需十几个人拿着蜡烛，同时迅速地把表演者身上 600 多段特制麻绳全部点烧方可表演。每次演出 30 分钟左右。压轴戏便是虎狮斗，两只“狮子”先上场表演走“四门”，“狮子”走完“四门”后，卧在场中做休息状，随后“火老虎”上场走“四门”，走完“四门”后发现“狮子”，“火老虎”便一声咆哮，抖动四肢，亮翅欲攻击，“狮子”也一声大吼，亮翅应战，于是“火虎雄狮"对攻战上演。表演过程中，随着火虎演出者的抖动，以及握在两手中两条火虎腿做搔痒、打斗等动作，形成“火老虎”全身火花四溅，加上一丈二尺长的火尾巴来回横扫，带动的火花及蹿蹦跳跃的打斗场面，形成直径十几米的火花狂舞，产生非常壮观的视觉效果，因此群众非常喜爱观看。

有老人说，凤台县禹王山上禹王庙里原有碑文记载火老虎的传说，但“文革”中禹王庙被毁，石碑已不知去向。也许，火老虎可以看作淮河人的自我象征吧。浑身着火的老虎冲下来，不是为了破坏，是因为渴望，渴望安宁、渴望进入那份甜蜜。“火”是欲望，但它注定和幸福无缘，一阵纠缠后，只能扑向冰水中让自己的想法破灭。火与冰，象征着淮河人民水深火热的生活，一直是淮河人的双重煎熬。他们在其中历练着，让自己逐渐摈弃感伤，学会接受生命中与生俱来的悲壮。

火老虎的形成，反映了淮河人民吃苦耐劳的精神品质。这一民间艺术的产生，反映了凤台历史背景、人文景观，对研究淮河中段历史文化、社会生活具有重要意义。

马戏灯

马戏灯，以战场摆兵布阵为原型，古称竹马灯、马灯舞、小马灯，其起源于淮河流域的淮南市毛集实验区毛集镇花家湖社区。有句歌谣传唱已久：“四句推，马戏灯，男女爱跳花鼓灯。看了一遍还想看，大家都是花鼓人。”历史上的花家湖村就是花鼓灯舞蹈的发源地之一，全社区拥有单项的灯种和民间艺术8项，它们分别是马戏灯、狮子灯、小车灯、旱船灯、花鼓灯、淮河大鼓、推剧和其他民俗文化艺术节目，主打节目是马戏灯。

马戏灯艺术起源于宋末，盛于明，然后流传至今，由花家湖的族人王氏一脉相传。王氏一族深谙该项舞蹈的七十二阵精华，使该艺术得以流传。

该舞蹈在新中国成立前夕就扎根本社区，新中国成立后得以发扬光大。2004年，该社区重新组建了队伍，成立了毛集镇花家湖马戏灯民间艺术团，参团人员78人，由花家湖社区出资2万元购置了服装道具，通过老艺人的挖掘整理，编排了22阵马戏灯舞蹈，并进行了排演，活跃在淮河中游的三县一市。2006年，花家湖社区的马戏灯项目被淮南市批准为非物质文化遗产，该社区王献礼、王献兵、王献江被评为淮南市首批非物质文化遗产传承人；2013年，朱梦林、王献广、刘川珍又被淮南市评为第三批非物质文化遗产传承人；2008年被安徽省批准为省级非物质文化遗产；2010年，该社区村民王献兵被评为第四批省级非物质文化遗产马戏灯的传承人。2013年3月注册了毛集镇花家湖社区马戏灯艺术团。除此之外，该社区还组建了花鼓灯表演队一支，狮子灯表演队一支，旱船灯表演队一支，小车灯表演队一支，秧歌舞健身队两队，淮河大鼓表演人两人，民俗花轿表演队一班等队伍。他们还与花家湖煤矿职工联合，组织了各种业余文化表演队，以地矿联谊的形式开展多项文体活动，间接参加表演人员200多人。先后参加了淮南市第十八届中国豆腐文化节，安徽省花鼓灯艺术节，淮南市第一、三届、四届“大地欢歌”社区文化展示活动“千班锣鼓万班灯”的演出。获得了该系列节目展示纪念奖、金花鼓奖牌两块，2013年11月荣获毛集实验区群众体育活动锣鼓大赛第二名，还被特邀请参加了八公山风景区、茅仙洞风景区、四顶山风景区和寿县乡镇文化节演出。更重要的是走进了央视节目，2010年中央电视台七套节目“新农村电视艺术节”走进毛集，花家湖的马戏灯节目作为品牌节目受到了特邀参演。

马戏灯的传承离不开当地人对它的喜爱，以及各级领导的重视。“淮水汤汤，钟鼓锵锵”，马戏灯成为当地群众文化活动一种喜闻乐见的艺术精品，随着时间的推移，它的发展一定会更加辉煌。

狮子灯

狮子灯是一种大型的中华民族传统祭祀性舞蹈，尤其以太和狮子灯历史最为悠久，已有一百多年历史。狮子灯创始人张守本，生于1849年，自幼习武，有一身过硬武功。在端午、中秋、春节等节庆日，他喜欢聚集一帮武术爱好者，以自制的狮子作道具，自娱自乐来欢庆节日，发明了原始简单的舞蹈动作，大多表现狮子的喜、怒、哀、乐。后来，家族中一直把这种舞蹈流传下来，并在社会上广泛传播。关于狮子灯的起源，民间有一种传说：唐僧西天取经，给水族先民带回了鸡蛋、粮种。取经途中，孙悟空又收服了狮子精，为水族百姓除了大害。为纪念此事，以后每年的正月初一到十五，聚居的水族村寨就要耍狮子灯庆贺，所到之处，爆竹连天，热闹非凡。2008 年 12 月被批准列入安徽省非物质文化遗产名录。

在表演时，上场舞者十八人，头戴面具，手舞兵器。舞蹈中间有独舞和一部分武打动作，动作粗犷，有晃胯、扭腰等动作。转身、走步、武打等动作均有一定的随意性。舞者高兴时，只要鼓声不停，可随意反复，有时要舞得精疲力尽，可达两小时之久。为烘托气氛，伴奏采用民间打击乐，舞蹈时只须合上鼓点节奏即可。狮子灯表演一般由训狮武士执绣球引狮入场，扮狮人表演狮子窜、跳、滚、扑、站、卧、翻等动作，还跃上大方桌表演站大绠、走梅花桩等惊险情景。同时配合狮子灯烟火，增添了欢快热烈气氛，使演出惊险有趣，高潮迭起。舞狮分为两类，即文狮、武狮。文狮子一般是戏耍性的，擅长表演各种风趣喜人的动作，比如挠痒痒、舔毛、抓耳挠腮、打滚、跳跃、戏球等。武狮子则重在耍弄技巧，最普通的是踩球、采青、过跷跷板，难的甚至要做武术性的表演，比如走梅花桩这样的高难度动作。

作为一种传统民俗文化，狮子灯一般在春节期间出灯，其规模较大的出灯时间有：1945 年欢庆抗日战争胜利，1949 年 3 月欢迎南下解放军部队，1959 年新中国成立十周年大庆，均产生不同凡响。1956 年成立的太和县洪山杂技团将狮子灯舞作为保留节目上演，并增加了狮子钻火圈、走翘板等精彩节目。不幸的是狮子灯在“文革”中被迫停演，洪山杂技团也被迫解散。但近几年来，狮子灯第五代传承人赵继虎创办龙醒狮会，招收有武术功底的青少年 30 余人学习舞狮，使这朵民间舞蹈艺术奇葩再次绽放。

狮子舞是一种古老的汉族民间舞蹈，是中华民族优秀的民族传统艺术之一。并且狮子在中国人心目中为瑞兽，象征着吉祥如意，从而舞狮活动中还寄托着民众消灾除害、求吉纳福的美好意愿。

菏泽弦索乐

索乐，是一种中国民族民间器乐中历史较为悠久的传统乐种，由几件弹拨乐器和拉弦乐器结合在一起演奏的合奏形式，有“丝弦合奏”“弦乐”“弦丝”“细乐”等不同的称呼。菏泽弦索乐是国务院公布的第二批国家非物质文化遗产之一，流行于山东省鲁西南的菏泽周边地区。

弦索乐是伴随着说唱艺术发展而形成的，菏泽的弦索乐自元、明、清以来，一直流传着《木兰花》《锁南枝》《山坡羊》《驻云飞》等大量的俗曲小令。因为它风格典雅而享有“雅乐”之称，又因为它历史悠久而称为“古乐”。

菏泽弦索乐是民间艺人们自娱自乐的一种活动方式，每当庙会、逢年过节或是冬闲时期，在寺庙、家庭院落等地都可以演奏。表演时大都会演奏两三种乐器，在缺少人手时也能操起其他乐器演奏。

菏泽弦索乐中有古曲十大套，原来每一套都是野八板的套曲形式，艺人们称其为碰八板。后来因为每个曲子的八个乐句各有八板，全曲另加四板的结构形式，所以又被称为野六十八板。

菏泽弦索乐历史悠久，影响深远，有着较高的教学和学术研究价值。一些高等音乐艺术院校均把其作为教材。除此之外，国家艺术科研重点项目《中国民族民间器乐曲集成·山东卷》收录的4首弦索乐曲，有3首是菏泽的弦索乐曲。随着广播电视等现代媒体的普及和各种形式文艺演出的增多，人们生活习惯的改变等，弦索乐在广大乡村的展示平台日益减少。一些颇有造诣的弦索艺人年岁已高，相继谢世，导致很多优秀的传统曲目和技艺难以得到传承，大量的曲谱没有了踪迹，并且有的乐器已经失传，如“如意钩”等。

2001年以来，为了传承菏泽弦索乐这一古老的传统艺术，市政府及有关部门给予了大力支持，每年都会投入部分资金，专门用于传统弦索乐的挖掘整理、资料收集、音像录制等活动，并制订了具体的保护计划。市政府建立起包括弦索乐在内的“菏泽传统文化生态保护村”，并对重点艺人进行保护，除此之外设立健全有关赛事和奖励机制，以保证该项省级非物质文化遗产得到有效的保存、传承和发展。

鲁西南鼓吹乐

西南鼓吹乐主要分布在山东省济宁、枣庄、菏泽三市及周边地区，是一种以唢呐为主奏的山东省汉族民间器乐，嘉祥鼓吹乐为其典型代表。

铜杆唢呐是鲁西南鼓吹的特有乐器。鲁西南鼓吹乐主要依赖于节日庆典、婚丧嫁娶等民俗活动，是山东鼓吹乐中最具有代表性的一部分。山东在我国有“唢呐之乡”的美誉。

山东鼓吹乐特点众多。其一是一曲多变、灵活运用。鲁西南鼓吹乐一曲多奏所使用的手法主要有严格变奏、板腔式变奏、移调指法变调三种。变化最丰富、最集中的是《开门》和《抬花轿》这两首乐曲。以民间器乐曲牌《开门》为例，可变化派生为《上字开门》《尺字开门》《凡字开门》《六字开门》《五字开门》《大合套》等十几首乐曲。以《抬花轿》曲牌为基础而形成的各种变体有《抬花轿》《拜花堂》《大笛二板》《大笛锣》等十几首乐曲。其二，鲁西南鼓吹乐富于特点的部分是“穗子”。“穗子”在全曲是一个对比展开性的独立部分，它的特点是演奏上具有很大的即兴性，音型细碎，展开自由，旋律在围绕中心音不断变换的同时，伴随着丰富的节奏音型和多种演奏技巧。

鲁西南鼓吹乐风格独特，质朴豪放，高亢激昂，有很高的艺术价值，受到专家和广大群众的喜爱。鲁西南鼓吹乐这种普及面较广的民间艺术，经过专业文化工作者长期的挖掘、整理和推广，已在各方面都得到了很大的提高，由一开始婚丧嫁娶活动中的演奏，逐步发展到大型节日联欢、开业庆典、参军升学、丰收喜庆等场合。鲁西南鼓吹乐对丰富城乡文化生活、满足群众文化需求起到了一定的作用。

牛屯鼓乐

牛屯鼓乐起源于山东定陶县孟海镇牛屯村，是一种以鼓为主要演奏乐器的汉族民间艺术形式，其主要分布于菏泽定陶及周边地区。

早在17世纪初期，当时的牛氏祠堂内就有鼓乐画像石三块，这三块画像石刻详细刻画了牛氏先人以鼓作乐、载歌载舞的欢乐场面。牛屯鼓乐的祖师爷是牛氏族祖先牛文灿。牛屯村《牛氏族谱》记载："牛文灿，七世，定陶县孟海镇始牛庄人，明秀才，万历二年在赴京考试路上，与万历皇帝不期而遇，曾结为金兰之好。后万历皇帝封官不受，赠其龙衣蟒袍一袭，朝中皆尊其为御老。"牛文灿出生的那个时代，牛屯村一直活跃着"踩高跷""跑旱船""倒骑驴（坐柳椽）"，即唢呐、扭秧歌等多种汉族民间文艺形式。受生活环境的影响，牛文灿从小就喜爱鼓乐，赴京赶考期间，又曾在京城多次观看鼓乐演出，从中了解和掌握了一些鼓乐知识。在此基础上，他取长补短，独创自编，写下《雷公闪江》《天公作美》《天下太平》《风调雨顺》等鼓乐。在教书之余，他还曾组织牛姓家人演练，深受族人喜爱。后来，牛姓家人卖粮筹款，购置了锣、铙、钹、镲等伴奏乐器，这样锣、铙、钹、镲与雷霆大鼓一起交叉混合穿插击打，经过几百年的演变，逐渐形成了一整套演奏技巧。

牛屯鼓乐中最具有特色的是牛屯令鼓，又名"雷霆大鼓"。牛屯雷霆大鼓因其擂时发声奇特，响声如震雷贯耳而享誉鲁西南。

牛屯鼓乐经过明、清两代的发展，鼓乐文化越来越趋向成熟。无论朝代如何变迁，牛姓家人一直坚持口授传承文化。听着那如雷般的鼓声，看着那独特的鼓乐演艺，让人深深为之震撼。牛屯鼓乐以其独特的魅力，作为先人们的精神食粮，满足了牛屯几代人。每当有重大的节日活动，大型祭祀庆典的时候，人们便把鼓乐演奏起来，以祈求苍天降幅、消灾灭祸，为黎民百姓带来风调雨顺的好年景。在很长的一段时间里，牛屯鼓乐成为人们“接关爷求雨”的法宝。根据牛屯村老人牛光庭口述，每当干旱少雨时节，“关爷出巡”就会到玉皇庙求雨。此出巡队伍，一人持罐取水走在最前面，后面跟着“关爷”，再后是鼓乐队，最后是抬“辇”纵队，每两人抬一“辇”，排成斜纵队前进，井然有序。至于“辇”的做法更是想法奇特，每根“辇”都是一去皮柳椽，长约5米，茶杯粗细，周身涂以五颜六色的颜料，绘以衮龙图案，下面缀上砘子(压麦垄使用)，人走动时，上下扇动，前面鼓乐敲起，鼓声如雷，后面抬“辇”的队伍合着鼓点，扭起腰肢，浩浩荡荡地出发了。鼓乐队走街串巷，把神灵福音洒向村头巷尾。据说“出巡”队伍每次都能感动玉皇大帝，号令龙王爷把甘霖洒向大地，让黎民百姓风调雨顺，五谷丰登。

新中国成立后，牛屯鼓乐也以崭新的面貌响彻四方。牛屯村《牛氏家谱》记载：“牛屯村群众载歌载舞欢庆新中国成立，大鼓乐队助兴参加人员有：牛辉岛、纽辉涛、牛建伦、牛建甲、牛辉龙、牛启礼、牛光洗、李德朝、公元一九四九年十月初六日。”牛屯鼓乐始终是人们祝贺助兴的一种自娱自乐形式。

经过二百多年的传承演变，牛屯鼓乐逐渐形成了一整套演奏技巧，这不仅促进了山东民间鼓乐的发展，也延续了山东鼓乐艺术。就其曲目而言，称得上是民间音乐中的不朽之作。

山东古筝乐

山东古筝乐是一种汉族民间音乐，主要流传在鲁西南的菏泽地区和鲁西的聊城地区，特别是菏泽地区的郓城、鄄城一带，素有“郓鄄筝琴之乡”的美称，弹筝的风俗至今不衰。山东古筝乐以丰富的曲目、刚劲内在的音乐气质和朴实优美的抒情性在全国享有盛名。

菏泽地区山东筝的传人现知最早的一位是黎邦荣。他是清末民国初的文人，郓城县黎同庄人，以教书为生。黎邦荣擅长古筝、扬琴等多种乐器及山东琴书演唱。他的技艺和乐谱，据说传自一位不传名的僧人。此外，还有

传自黄河北岸或传自一条运粮船等其他说法。在黎邦荣的学生中，有不少出色的山东筝演奏家，如张为昭、黎连俊、张为台、张念胜、樊西雨、黄怀德等人，他们都为山东筝的传播作出了贡献，在家乡一带享有盛名。在这一代的演奏家中只有张为昭1959年在天津中央音乐学院任教时，留下过《汉宫秋月》《美女思乡》等十二首传统山东筝曲录音，而这也是如今我们能听到的最早的山东筝演奏。

以上所列黎邦荣的学生们都已故世(张为昭最晚至1963年去世)。黎邦荣之后的第三代弟子，即张为昭、黎连俊的学生们，便是老一辈山东筝演奏家、教育家。他们进入高等音乐艺术学院任教，培养出大批学生，遍布全国各音乐艺术院校和专业文艺团体。由于这一代筝家们的努力，山东筝不仅后继有人，而且迅速流传到全国。他们虽然师承渊源相同，但都具鲜明的个性。如赵玉斋的演奏技巧全面而精湛，不仅有刚健、粗犷的气派，还有清新优美的情趣，并善于吸收其他筝派的长处和民间音乐营养，在他的演奏中体现了山东筝的继承和发展，高自成的演奏清丽纤秀，富于韵味，更兼他忠于原谱，使后人得以听到山东筝上一代的面貌。韩庭贵的演奏则热情奔放，充满激情。比之前辈，他们的视野更加开阔。更由于他们的不懈努力，不仅在教学上，同时也在演奏技巧的发展和创编新曲等方面都作出了较大的贡献。而在这一代的筝家中，鄄城的张应易也是突出的一位，演奏风格婉转含蓄、手法细致并忠于师传。

韶　乐

韶乐是一种起源于5000多年前的音乐，传说为上古舜帝所创，故称舜乐，是一种集诗、乐、舞为一体的综合古典艺术。

韶山因舜帝在此奏《韶》乐而得名，舜帝是中华民族始祖五帝之一。《汉书·古今人表》对舜帝的标准称谓是“帝舜是虞乐”。舜是孝德的化身，一生“苦忧人”，“只为苍生不为身”，四千多年来一直被人们所景仰称颂。舜死于苍梧之野，葬于湖南九嶷山。湖南是舜帝南巡的主要区域，其主要路线是围绕湘江流域进行的，并留下了很多动人故事和美丽传说。韶山是舜帝南巡的主要地区，韶山因舜在此奏《韶》乐化解一场恶战而得名。

《竹书纪年》载：“有虞氏舜作《大韶》之乐。”《吕氏春秋·古乐篇》同载：“帝舜乃命质修《九韶》《六列》《六英》以明帝德。”由此可知，舜作《韶》最主要的目的是用来歌颂帝尧的圣德，并表示会忠心继承。此后，夏、商、周三代帝王均把《韶》作为国家大典用乐。周武王平定天下后，封赏功臣，姜太公以首功封营丘建齐国，《韶》传入齐。《韶》入齐后，在齐国“因俗简礼”的基本国策影响下，适应当地民风民俗，吸收当地艺术营养，使其表现力更强，更贴近了东夷传统乐舞。故而鲁昭公二十五年（前517）孔子入齐，在高昭子家中欣赏齐《韶》后，由衷赞叹曰：“不图为乐至于斯！”“学之，三月不知肉味。”（《史记·孔子世家》）留下了一世佳话。《隋书·何妥传》载：“秦始皇灭齐，得齐《韶》乐；汉高祖灭秦，《韶》传于汉，汉高祖改名《文始》。”《汉书·礼乐志》《史记·孝文帝本纪》同载，秦二世用《大韶》《五行》祀极庙，汉祭高祖太宗用《文始》，《文始》舞者，本舜《韶》舞也。”可知秦汉均曾把《韶》定为庙乐，使《韶》在国乐中的地位达到了极致。及至曹魏，魏文帝曹丕命《文始》复称《大韶》，以为庙乐。至南朝梁武帝，

自定郊庙乐，以《大韶》名《大观》。可知此时《韶》乐虽数变其内容而易其名，但仍然居于帝王用乐之列。韶乐是中国宫廷音乐中等级最高、运用最久的雅乐，由它所产生的思想道德典范和文化艺术形式，一直影响着中国的古代文明，《韶》乐因而被誉为“中华第一乐章”。然而经唐历宋，便再不见《韶》乐被使用或表演的记载。顺治帝元年（1644）议定，祭天地、太庙、社稷，都用中和韶乐，亦称宫廷雅乐，它包括祭祀乐、朝会乐、宴会乐。朝会乐、宴会乐只有奏乐而无演唱和舞蹈。祭祀乐就包括了演奏、演唱和舞蹈。

康熙帝五十二年(1713)，考定坛、庙、宫殿乐器。乾隆时又加修改。凡大朝会、大祭祀皆在殿陛(月台)奏此乐。

1994年，山东临淄开始了《韶》乐发掘工作。1995年，临淄收藏家王砑在齐国故城内发现了古琴减字谱《箫韶九成·凤凰来仪》。经考证，“箫韶”即舜之《韶》乐，“九成”是九奏、九章；“凤凰来仪”，正是《韶》乐的高潮部分“凤凰来仪，百兽率舞”。据此断定《箫韶九成·凤凰来仪》确实是《韶》乐遗律。

临淄齐国历史博物馆以《箫韶九成·凤凰来仪》为主旋律，以现代人的审美方式对原作进行了重新加工、整理，编成了《齐韶新乐》，并于2003年11月建成了国内现代第一座《韶》乐厅，面向游人开放。11月23日，《韶》乐厅进行了首次对外演奏，受到观众的一致好评。《韶》乐厅的建成以及《齐韶新乐》的演出成功，为《韶》乐的开发利用提供了宝贵的材料，为齐文化旅游事业增添了新的亮点。

鲁南花鼓

鲁南花鼓是一种独具山东鲁南地方特色的汉族民间舞蹈形式。它在山东大汉特有的粗犷、威严基础上，融合了山东妇女的柔美，形成了一种刚柔相济、细腻奔放的独特艺术风格。鲁南花鼓最早产生于台儿庄运河两岸，广泛流传于鲁南、苏北地区，特别是黄庄的鲁南花鼓在当地最负盛名，曾参加1985年的山东省民间舞表演，引起了巨大轰动。此舞一般在每年的农历正月十五前后演出，是老百姓在节日、农闲时期最喜欢的一个节目，也是他们自娱自乐的最好形式。

花鼓的历史悠久，遍及长江南北数省。其表演风格着重突出幽默、风趣、粗犷、奔放等特点，但又不失优美、流畅、细腻的风韵，因此在地方秧歌舞中别具一格。

鲁南花鼓的表演，一般由五人组成，一琼伞，二扇花，二鼓手。其中以一鼓手、一扇花为主，其余为辅。在道具、服饰方面很接近生活。如一琼伞装扮为头扎紫色头巾，身穿褐色对襟褂、褐色灯笼裤，腰系紫色绸带。鼓

手则是扎黄色头巾，身穿粉色对襟褂、粉色灯笼裤，背腰鼓，一副壮小伙模样。扇花则头戴一朵红花，梳一条辫子，身穿白色红边大补救褂、白色红边百褶裙，典型大家闺秀模样。这种简单、淳朴的装束，很符合老百姓的心理。因为古运河畔的人们多以苦力为生，所以琼伞与鼓手的动作粗犷、奔放，具有彪悍美，但是粗犷中又不失诙谐的意趣；而扇花的表演，则力求泼辣中深蕴着妩媚和柔情，既要着重表现古运河畔妇女的“泼”，又要突出她们的温柔。这样的刻画，既表现出了角色的情趣，又增强了艺术表现力。

邵伯锣鼓小牌子

邵伯锣鼓小牌子是一种丝竹与锣鼓相间的汉族民间器乐，主要分布于江都邵伯镇及其毗邻的杨庄、真武、樊川、仙女庙等地区(包括邵伯湖西岸邗江沿湖集镇)。明清时期的江苏地区，汉族民歌、小调非常丰富，这对于发展演变中的民间器乐有很大的影响，其中最有特色的就是邵伯锣鼓小牌子：一方面其曲调来源于民间的清曲小唱；另一方面在乐曲结构上又受到传统十番锣鼓的影响，从而形成了自己独特的音乐形态。

邵伯锣鼓小牌子音乐形式包括单牌子曲和牌套曲二类。其演奏乐器有笛、管、笙、主胡、高胡、四胡、琵琶及小三弦、秦琴、大三弦、海锣、大堂鼓、高音小堂鼓、中音锣、五音锣、七音锣、小齐高音锣、小云锣、铙钹、小齐钹、大木鱼、小木鱼等。邵伯锣鼓小牌子不仅丝竹乐段旋律优美，而且具有浓郁的地方特色，除此之外，锣鼓乐段的音色、节奏变化也丰富多样，更多地融入了演奏者的生活情趣；再加之瓷碟、酒盅敲击花样的润色，将其音乐特点表现得淋漓尽致。

邵伯锣鼓小牌子是江苏中部地区独具特色的汉族民间器乐形式，它见证了明清俗曲与传统十番音乐相融合的演变事实，展现出了传统器乐演奏形式逐渐世俗化的发展趋势，蕴含着这一特定历史时期、特定地域人民群众的审美情趣。

洪泽湖渔鼓

洪泽湖渔鼓是一种广泛流传于洪泽湖渔民中的歌舞，盛于清朝。洪泽湖渔鼓源于满族人的风俗“跳神”。“跳神”是从北方传到鲁南地区后形成的一种迷信职业“肘鼓子”，又叫“周姑子”，再传到苏北洪泽湖地区，发展为“洪泽湖渔鼓”。

洪泽湖渔鼓最初的形式是水上“童子”在为渔民们从事迷信活动时，手上敲着羊皮鼓，嘴里唱着“禳神咒”“念佛记”等曲调，跳着巫舞。有些“神汉”从山东来到洪泽湖后，为了维持“跳神”这种迷信职业，将其为农民开锁还愿、驱邪安神的唱词改成了渔民驱邪、安定河神和祈求行船平安、保佑丰收的内容，并将羊皮鼓改成鱼皮鼓，舞姿亦发展为模拟渔民生产劳动和庆祝丰收、祈求吉祥的动作，一般由二至三人在船头表演。久而久之，人们便将这种具有洪泽湖渔民特色的鼓舞称为洪泽湖渔鼓，表演的演员也由二至三人发展到多人，演出场地亦由船上发展到陆地。

洪泽湖渔鼓目前主要分布在洪泽湖周边的泗洪县半城镇、淮安市洪泽区老子山镇等沿湖乡镇。

洪泽湖渔鼓是一种洪泽湖渔民表达喜悦心情和欢庆丰收的歌舞形式。演员在表演洪泽湖渔鼓时，左手持一种形似葵扇的渔鼓，鼓柄长 17 厘米左右，柄尾有一圆形或菱形铁环，环周设有三个铁环，每个铁环再串系三个小铁环。表演时，演员左手摇鼓，环声哨哨；右手击鼓，鼓声锵锵。演员模拟渔业生产劳动中捕鱼的各种姿态，动作奔放、步法轻盈。渔鼓的歌词可以事先编好，也可以随编随唱。在发展过程中，洪泽湖渔鼓的唱腔融进了当地流行的泗州戏调、快板说唱等曲调。

洪泽湖渔鼓对于研究洪泽湖地区的历史文化以及民情民风民俗有着重要价值。

花船舞

“花船舞”，又叫“玩花船”“撑旱船”“走水子”，是一种模拟水中行船的民间舞蹈，在淮安各地都有分布。据传其起源于隋唐时期，但洪泽地区则相传“花船舞”是明朝洪武年间，洪泽湖地区的渔民为纪念刘基修建洪泽湖大堤的功德，便于每年正月初一装扮自家渔船，以示庆贺，久而久之演变成了“花船舞”。

“花船舞”的道具“旱船”自然是指陆地上的船，是依照船的外观形状制成的竹制或木制骨架。在这种船形骨架周围，围缀上绘有各式花纹的布裙。在船的上面，以红绸、纸花装饰，有的地方还装有彩灯、明镜和其他饰物，把船装饰得艳丽非凡。

“旱船”有单舱和双舱之分，单舱容一人，双舱容两人，表演的多为姑娘或媳妇，也有其他人物角色，着装多为红、绿、黄等艳丽色彩为主的服饰。船内人手拎花船起舞，也可用红绸带系在船上，用肩背手提的方式。船前一个或两个丑角，各持竹竿模拟撑篙行船。船尾一名船夫，不时模拟掌舵的样子。船两边各有一至数名伴舞者，还有说唱者及伴奏者数人，曲调多为《杨柳青》《花鼓调》等民间小调。

“花船舞”是优秀的传统民间艺术，对研究民间表演艺术形式及当地的民俗风情具有一定参考价值。

板头曲

板头曲是一种传统地方民乐。用筝、琵琶、三弦等乐器演奏，是中国民族音乐遗产中的经典。因为其主要在河南曲子正式演唱之前，用独奏、合奏等形式演奏的前奏乐曲，所以又被称作“板头曲”或“河南曲子板头曲”。

板头曲的曲调多数为宫调式，如《寒鹊争梅》等。也有些曲牌内部往往出现调式交替。

板头曲的主要乐器有三弦、筝、琵琶，伴奏乐器有扬琴、箫、二胡、曲胡(坠胡)、软弓京胡、八角鼓、檀板、月鼓、茶盅、铜盅、木筝、吹铜钱。

板头曲的曲牌多为六十八板。板式分快、中、慢三种，各以其独特的节奏和演奏技巧表现特定环境中的独异风格。板头曲历史悠久，结构严谨，曲调优美，自成一家，板头曲究竟有多少首，尚在挖掘中，但至少在一百首。

板头曲有三弦独奏曲、琵琶独奏曲、古筝独奏曲，但绝大部分是诸种乐器的器乐合奏曲。板头曲在民间历来是以工尺谱靠艺人口传心授的方式世代相传，没有固定的师徒关系，也没有强制性的传授方式，学习者靠个人爱好

和志趣，也有不少学习者在板头曲演奏现场耳濡目染、旁听侧记而无师自通。南阳板头曲的代表人物是曹东扶先生，邓州市城郊曹营人，13 岁仿父从艺，琵琶师从马万寿，古筝师从徐金山，三弦师从马书章，至 1930 年以技艺超群被誉为“邓州头把丝弦”。1935 年，他应邀赴上海百代唱片公司，录制板头曲及大调曲子，为了精益求精，曾组织他的学生、曲友对那些已经僵化的曲目，或残缺不全的板头曲工尺曲谱，认真进行整理、完善，推陈出新，打造精品，后来因为战事而中止。1954 年，他先后在河南师专艺术科、中央音乐学院、四川音乐学院、河南省歌舞团任古筝教师，并在各艺术院校以板头曲为内容进行教学。20 世纪 90 年代，曹东扶的子女及其学生们率先将南阳板头曲推向世界，进入美、英、法、日等二十多个国家和地区，受到了高度赞扬。

1949 年后，板头曲得以复苏并受到广泛重视。1953 年，著名古筝演奏家、板头曲传人曹东扶先生代表河南参加了全国第一届民间音乐舞蹈会演。在这次音乐舞蹈会演上，板头曲的独特风格在音乐界引起强烈反响，展现了自己独特的魅力。同年，部分板头曲经中央音乐学院民族音乐研究所整理出版。一代名家曹东扶先生传谱的筝曲《高山流水》《苏武牧羊》更是传遍神州，远播海外。中国乐器表演课程（本科）教学大纲中的《闺中怨》《高山流水》《闹元宵》《上楼》《下楼》等都是板头曲曲谱。此后，曹东扶及其后人全力投入板头曲的记录整理和演奏，为传承、保护这一罕见的音乐品种作出巨大贡献。随着大多数传人去世，板头曲正面临凋敝失传的危机。

开封盘鼓

开封盘鼓又称大鼓，是河南省开封市特有的一种传统鼓乐表演艺术。作为一种古老的传统民间艺术，开封盘鼓具有气势宏大、震撼人心、鼓点激扬、复杂多变的特点；开封盘鼓表演热烈、粗犷、豪放，无论是在音乐性上还是在舞蹈性上都有极强的艺术表现力和感染力。

开封盘鼓是一种纯鼓乐形式，鼓队由十几人至几十人组成，所用乐器只有大镲、人鼓、马锣三种打击乐器。这种形式的乐队，起源于古代军队中流行的一种鼓乐——讶鼓。

讶鼓，有关史料中也记作“迓鼓”“砑鼓”。其正确记法应为“迓鼓”。迓，是“迎接”的意思，“迓鼓”就是“迎接仪式中演奏的鼓乐”的意思。在古代军队中，这种鼓乐主要用于迎送仪式，用于迎送贵宾及凯旋庆典；在传统民间则用于迎神、送神、求雨等风俗仪式及节日庆典活动。

考古发现证实，早在北魏时期，我国北方地区的军队中就已流行迓鼓。河北磁县的北魏墓葬中曾出土了一批军士打扮的击鼓俑，其形状及演奏方式与开封盘鼓很相似。这种形式的鼓乐至今仍在磁县流行，名称就是“迓鼓”。

北宋熙宁年间，迓鼓开始与传统民间舞蹈相结合。人们装扮成各种历史人物及神话传说中的人物，在迓鼓的伴奏下，踏着鼓的节拍而舞，这就被称作“迓鼓戏”或“舞讶鼓”。由于这种表演形式很受人们的欢迎，很快就在传统民间广为流传。

到了明代，几乎所有的传统民间舞蹈的表演都由迓鼓伴奏，因此，“迓鼓”便成广义的传统民间舞蹈的统称。

清代以后，随着新兴的一种传统民间艺术“秧歌”的盛行，迓鼓便逐渐衰落，史料中也不再有关于迓鼓的记载。但直到今天，北方的不少地方仍有迓鼓的遗存，不过各地的名称不同，如河北磁县一带的“迓鼓”，北京、廊坊一带的“挎鼓”，山东淄博一带的“商家大鼓”等。

开封盘鼓所用乐器以鼓为主，配以大镲，马锣等铜器。鼓队无固定编制，规模可大可小，一般按“鼓二镲一”的比例组合。最小的鼓队有十几个，大的鼓队可有几十人甚至百余人组成。鼓队所用的木框扁鼓均为同一种形制：鼓面约45厘米，木框，高约30厘米，呈棋子形。演奏时，将鼓的背带斜挎在左肩，鼓置于腰前，鼓面向上，用双鼓槌击奏。击鼓方式有“击鼓面”“击鼓面边缘”“击鼓框”“双槌互击”几种。铜器多用大镲(民间称之为“帽儿镲”)，亦有配用手镲、水镲的。传统鼓队中常配有四面或八面马锣。演奏中，锣手常将马锣抛向空中，马锣落下后，接在手中继续演奏，人们称之为“撂马锣”。各鼓队无论规模大小，都有一人手持一面写有“令”字的三角形小旗担任指挥，称作“令旗”，在表演时则通过手中的小旗指挥鼓队的起、止、强弱、速度等，同时还要指示鼓谱的节奏特征，以保证鼓队鼓点清晰、整齐。因此，“令旗”在鼓队中的作用十分重要。

开封盘鼓有“原地演奏”与“行进演奏”两种表演方式。原地演奏时，鼓队常围成一个圆圈，“令旗”位于圆心，鼓手们面向“令旗”而背对观众。当鼓队为民间舞蹈伴奏时，鼓队位于表演场地的一侧，面向表演场地。“令旗”位于鼓队与舞蹈演员之间。“行进演奏”时，小的鼓队常走成四横排，第一、四排是镲，中间两排是鼓，“令旗”位于一、二排之间。为了能看到令旗，第一排镲手常面向令旗，退着步子行进。较大的鼓队常排成四路纵队，中间是鼓，两边是镲，令旗在最前面，面向鼓队，退步行进。

与其他民间锣鼓乐相比较，开封盘鼓具有以下两个突出的特点：

首先开封盘鼓是一种齐奏形式，因此，开封盘鼓无论在鼓队中使用多少面鼓，鼓的形制是完全相同的，不需要专人演奏“领鼓”（起指挥作用的独奏鼓）。此外，尽管鼓谱的节奏变化丰富，却没有“散板”“延长音”“临时休止”等节拍形式，所有的鼓点都是按一种习惯的速度、固定的顺序连续演奏的。就连强弱力度变化，都是由鼓谱所规定的。因此，鼓队没有指挥完全可以正常演奏。之所以必须有“令旗”则是为了时刻提示鼓点的节奏特征，防止个别鼓手记错鼓点或速度不一致而造成演奏中的混乱。

开封盘鼓所用的大扁鼓属低音鼓，所用的镲也多为大镲。当几十面鼓，几十副镲在一起演奏时，气势十分宏大，远听像惊雷，近听如万炮轰鸣，颇有排山倒海之势，惊天动地之威。加之鼓点复杂多变、节奏强烈，表演热烈、粗犷豪放，具有一种近于原始、粗放、拙朴的艺术风格。同时，变幻莫测的鼓点和整齐而清晰的演奏，又使之带有一种细腻的、成熟的韵味。开封盘鼓这种融粗放与细腻、器乐演奏与舞蹈表演为一体的独特的艺术风格，使得它无论是在听觉上还是在视觉上都给人以极强烈的、震撼人心的感染力。这正是开封盘鼓艺术魅力之所在，也是它深深地扎根在开封民间、久盛不衰的原因。

1991 年，开封盘鼓在北京龙潭庙会上举行的全国第五届民间花会大赛的一举夺冠。同年 9 月，参加在太原举行的中国国际锣鼓节，在参赛的 9 个国家和 9 个省、市的代表队中，开封盘鼓一举荣获最高奖金奖，同时在沈阳举办的中国第二届民间艺术节上，6 项奖项的冠军悉数收入囊中。之后，开封盘鼓在全国民间花会大赛中连续参赛九届获 9 个金奖，在国际秧歌节上连续 4 届获 4 个金奖，在全国广场民间舞蹈大赛和全国鼓舞大赛中均获金奖。

1994 年，开封盘鼓打出国门，到日本三重县世博会上表演，当地人民被开封盘鼓的魅力征服，他们惊呼开封盘鼓为“神鼓”。同年在中央电视台春节晚会上，开封 18 名少年盘鼓手表演了《鼓钹争春》，将开封盘鼓技艺展示给全国人民。

1999 年，开封盘鼓又夺得中华鼓王大赛金奖，并赴澳门参加回归祖国的庆典仪式。在新中国成立 50 周年大庆活动中，开封盘鼓作为特邀代表，在中心会场——天安门前进行表演。由于这些成绩，河南省文化厅将 1991 年称为“开封盘鼓年”。

开封盘鼓和山西的威风锣鼓、陕西的安塞腰鼓、甘肃的太平鼓、安徽的凤阳花鼓并称“中华五鼓”。

笙管乐

笙管乐是指以管子（古称筚篥）为主奏乐器，用管、笙、笛为框架，兼有其他吹管乐器、弦乐器和打击乐器而构成的演奏形式。

中国传统笙管乐分布于中原及广大的北方地区，从现今留存笙管乐种的地域分布来看，是以华北地区为中心，成辐射状于周围地区，主要在河南省、河北省、山西省、陕西省、甘肃省、辽宁省、山东省、湖北省及京、津地区等区域的民间、寺院和道观流行。这些地区在历史上是中国古代封建社会的政治、经济、文化中心区域，古都文化成为其时代的强势文化，历代相袭而成为文化传统。在中国这样一个封建制度超稳定达两千年之久的社会背景中，传统音乐文化的超稳定性，表现得尤为突出。

从历史观来看，笙管乐的形成与统治阶级、宗教发展、民风民俗分不开，它的发展伴随着整个中国封建社会制度的发展与变迁；从社会应用观来看，它贯穿于历朝历代的朝廷、军旅、官府、宗法乡里、寺庙、道观和民间，它既是各种礼仪和仪规不可或缺的组成部分，又与上至皇廷、下至民间各阶层音乐生活紧密相连，并随着意识形态文化的前进与变化而发展变化，承载着不同历史阶段的音乐文化信息，体现着中国传统音乐的“高文化”品质。

冀中管乐的演奏者全部是农民，除农忙季节外其他几乎每天晚上都要聚集起来演奏。特别是那些求知欲望强烈的青少年，无论男女，是学习和继承吹歌技艺最积极最努力的对象。除了自娱自乐外，有时也会出现在民间婚丧喜庆的宴席上。特别是每年的灯节(正月十五)前后，更是吹歌会的活动高峰，各村吹歌会都要受聘到邻近的友好村庄去“串村”，一路不停地演奏，乐队一进村则鞭炮齐鸣，锣鼓喧天，热闹非凡。

《普庵咒》是各地民间笙管乐种都演奏的传统套曲之一，清代蒙古族文人荣斋所编《弦索备考》中，也有以弦索乐器演奏的该套曲的曲谱。普庵是宋代著名僧人的法号，他为教信徒学习梵文编有梵文字母的经咒式的韵文，所以晋北的《普庵咒》就是佛门僧侣每日功课所用《普庵大德禅师释谈章神咒》的简称。《普庵咒》旋律平缓深挚，伴奏常以笙管的和音包腔，表现出一种静谧超脱的心境。

作为中国重要的非物质文化遗产，无论是在透过文化考究历史上还是保护传统民族文化中，都有必要对笙管乐进行传承和保护。

唢呐艺术

唢呐艺术是一种中国民间传统文化表现形式。2006年河南省沁阳市和甘肃省庆阳市将其申请为非物质文化遗产。

唢呐，俗称“喇叭”，是一种在我国各地都广泛流传的民间乐器，根据不同分类标准可以分不同的种类，过去大多在民间的吹歌会、秧歌会、鼓乐班和地方曲艺、戏曲的伴奏中应用。经过不断发展，丰富了演奏技巧和提高了表现力后，如今已成为一件具有特色的独奏乐器，并广泛用于民族乐队合奏或戏曲、歌舞伴奏。

最初的唢呐是由波斯、阿拉伯一带流传过来的乐器。在700多年前的金、元时期，传到我国中原地区。到了明代，古籍中始有唢呐的记载：明代正德年间(1506—1521)唢呐已在我国普遍应用。明代武将戚继光(1527—1587)曾把唢呐用于军乐之中。在他《纪效新书·武备志》中说：“凡掌号笛，即是吹唢呐。”较详细的记载见于明王圻编《三才图会》(1607年刊)：“唢呐，其制如喇叭，七孔；首尾以铜为之，管则用木。不知起于何代，当军中之乐也。今民间多用之。”明朝王磐《朝天子·咏喇叭》则是描述唢呐最好的文章：“喇叭，唢呐，曲儿小，腔儿大。来往官船乱如麻，全仗你抬身价。军听了军愁，民听了民怕，那里去辨什么真与假？眼见得吹翻了这家，吹伤了那家，只吹得水尽鹅飞罢。”明代后期，唢呐已在戏曲音乐中占有重要地位，用以伴奏唱腔、吹奏过场曲牌。而在以戏曲音乐为基础的民间器乐中，唢呐也成为离不开的乐器。传说明代宗室朱载堉在唢呐八音孔的基础上研制出“眼管子”，为我国民族管乐的发展作出了巨大贡献。据说，他曾在九峰寺创建“金鼓会”，每逢农历九月二十三日，各地的唢呐班都要在这里聚会。明末清初时有“同乐会”“贾家班”，清至民国时有

“麻金班”“毛旦班”“银河班”等唢呐演奏组织，在当地影响很大。沁阳一带有“大花轿，麻金吹，麻金不吹不结婚”，“闺姑女、门婿到，毛旦不吹不上轿”的俗语，这反映出了这些唢呐班的影响。依照地域和技艺风格，沁阳境内的唢呐整体上可分为四大家两大派。以沁河为界，分为沁北派和沁南派；沁北派以张家、贺家、马家为代表，沁南派以贾家为代表。其繁盛之况，即此可见一斑。在四大家的影响下，沁阳境内的唢呐班社和艺人队伍规模不断增大，数量十分可观。新中国成立至20世纪80年代，沁阳的唢呐班已发展到三十多家，从事唢呐演奏的人员更是达到四百人，呈现出乡乡有唢呐、村村有乐声的状况。

唢呐常作为领奏乐器或与锣鼓结合演奏，能够表现出热烈、欢腾的气氛和雄伟、壮阔的场面，尤其适合演奏豪放、泼辣的曲调，能够深刻而细腻地抒发内在的思想感情，是一种表现力很强的乐器。

唢呐音量宏大有力，音色高亢明亮，常用作室外演奏，是民间婚丧仪仗和吹打合奏中的主要乐器。不仅在广大农村广为流行，并且是河北吹歌、山东吹乐、辽南鼓吹、潮州大锣鼓和山西八套等地方音乐离不开的乐器。在地方戏曲、说唱音乐和民族乐队中，也占有一定的地位。用它伴奏的戏曲和说唱音乐，具有浓厚的地方色彩。

唢呐由哨、气牌、侵子、杆和碗五部分构成。在木制的杆上开有8个音孔，杆上端装有铜质侵子，侵子上面套有气牌和芦苇做的哨，杆下端安着碗。唢呐结构上分别由双簧哨子(芦苇制成)、芯子(铜制)、杆子(有白木，红木，老红木)和铜碗(喇叭形)四部分组成，大小根据唢呐的定调而不同，调子定得越高，唢呐就越小。除班大，班二和小海笛还有白木之外，其他都为红木料制作了，专业高档品为老红木和旧料老红木制作。

庆阳西峰唢呐是以唢呐为主奏的民间吹打乐，也称鼓吹乐。经历代艺人不断加工传承至今，以其为数众多的曲牌、庞大的演奏队伍、丰富的民俗内容和浓郁的地方特色而成为我国民间音乐中一个独特的乐种。庆阳唢呐曲牌丰富，韵味质朴，自成体系，独具风格，经普查后采录的传统乐曲有一千二百余首，入《庆阳地区民间器乐集成》的达496首。如“跑报”就是内涵丰富的表现形式之一，它通过口传方式极大地发挥了艺人的即兴创作能力，充分显示出劳动人民的聪明才智，对继承发扬传统美德、增强社会凝聚力具有重要的作用。

西坪民歌

西坪镇位于豫西伏牛山腹地，位于河南、陕西、湖北结合处，独特的地理与生活环境造就了丰富的地方民歌，几百年来绵延不衰。

西坪民歌内容丰富、个性独特，具有独唱、二人唱、多人唱、齐唱等多种演唱形式，乐器伴奏有无均可，在中原地区不多见。2008 年 6 月 7 日，河南省西峡县申报的“西坪民歌”经国务院批准列入第二批国家级非物质文化遗产名录。

据考证，在汉朝时西坪地区已有传统歌谣传唱，到了唐代开始盛行。该处深山区从很早以前就有“唐将”班子在一起干活的习俗(就是换工班子)。传说李渊建唐后，怕有功的兵将居功自傲、造反，就把他们集体留在河南西部和陕西东部的深山里开荒种地。由于生活单调枯燥，他们就在劳动时唱歌、打哑谜、喊劳动号子等，用来消除疲劳，解除苦闷。到明末清初，宛西大旱造成当地人烟稀少，山西洪洞大槐树下先后 6 次移民，与安徽、湖北等江南地区的移民相汇于西坪。各种文化杂交、碰撞，背井离乡的人们通过民歌表达生活中的喜怒哀乐，促进了西坪民歌的大繁荣、大发展。于是民歌这种传统艺术就在西坪这块古老的土地上发展、流传下来。

西坪民歌的类型有山歌、劳动歌、爱情歌、生活歌、儿歌等，其中劳动歌、爱情歌、生活歌地方特色浓郁。西坪民歌唱腔以真嗓为主，男声激昂、高亢质朴，女声柔美、酣畅、奔放。它既能抒情，又能状物，还能叙事，灵活自如、便于流传。

西坪民歌里的情歌表达方式朴素、生动、幽默、风趣，颇具画面感和形象感，无论是抒发爱情的炽热、相思的缠绵，还是别离的凄婉和对爱情的渴望，都表达直率，情真意切。另外西坪境内河流密布，淇河、峡河、黑漆河三条大的河流交汇，大姑娘小媳妇爱在河边洗头、洗衣，男青年在河边田里劳动，这样，水边的情歌就诞生了。

在西坪镇，村村寨寨都有人会唱民歌。在西坪民歌普查中，像袁香华、魏秀菊、包信刚、姚书成、李香兰等老歌手，每人都能演唱民歌几十首甚至上百首。特别是在农村每年正月十五灯会上，老歌手能根据情景，以物起兴，见什么唱什么，天文地理、历史故事、民间传说、周围景物等都在演唱范围之内。

2000 年来，为让西坪民歌重放异彩，西峡县对西坪民歌进行整理，以出书、录音、制光盘的形式，对它进行了抢救性的保护，并进行西坪民歌申请非物质文化遗产工程。2007 年 2 月，西坪民歌进入首批河南省非物质文化遗产名录，2008 年 6 月，又进入第二批国家非物质文化遗产名录。

西峡县设立了西坪民歌保护基金，对现存老民间歌手进行保护，组建西坪民歌演唱队，举办西坪民歌大赛、西坪民歌大家唱等活动，培养西坪民歌传唱队伍，组织人员在农村灯会、庙会上演唱西坪民歌，在中小学生中教唱西坪民歌，在全县各旅游景点演唱西坪民歌，让更多的人了解西坪民歌，演唱西坪民歌，使西坪民歌飞出深山，走向世界。

信阳民歌

信阳市一直以来被称为河南的歌舞之乡，一直留存着大量的传统民间音乐、舞蹈，并且具有自己独特的风格。信阳民歌是信阳市的传统民歌音乐。它在新中国成立前曾有一次较大的变革，即在原生状态的传统民间音乐舞蹈中加入了一些新的音乐、舞蹈元素，形成所谓新民歌和新民舞。新中国成立后至 1978 年经过两次“文艺采风”，原生状态的民歌、民舞在被收存保护的过程中又有所变化：纯原始的传统音乐舞蹈已不多见，代之以原民间音乐舞蹈素材为基础，再创作而形成的一批音乐、舞蹈节目存在形式。

信阳民歌作为河南文化中罕见的融“豫韵楚风”于一体的珍宝，其源于何时，至今已无法考证。信阳民歌大致可分为革命历史情歌、民歌、新民歌、号子、山歌、田歌、水歌、灯歌、叫卖、小调、儿歌、时政歌、仪式歌、叙事歌等十余种。它们深刻而生动地表现了信阳人民的生活、思想、感情、意志和愿望，反映了信阳不同地区和不同时代的社会实践，是信阳人民集体

智慧的结晶，虽经千锤百炼却还在不断地推陈出新。1984 年 5 月，河南电视台以信阳民歌为主体拍摄了音乐专题片《歌乡行》(上、下集)，同年 11 月在中央电视台播出后，又在该台国际联播节目中再次播放。《中国民间歌曲集成·河南卷》中收录信阳民歌 224 首。著名的信阳民歌有《八月桂花遍地开》《送郎当红军》《花轿到门前》《车水歌》等。1989 年河南电视台又以信阳民间歌舞为内容拍摄了电视艺术片《情满大别山》并在中央台多次播出。著名的信阳民舞有花挑、花扇、花伞、火绫子、狮子舞、春牛舞、竹马舞、旱船、龙灯等。

信阳市地处中州南部边缘，又与鄂、皖交界。这就形成了信阳地区语言上既有湖北韵味，又有中州语成分这一独特语言特点。从而使信阳地区民歌音乐语言上句了刚柔并融的风格。从旋律线条上看，流行在南部山区一带的民歌，以同音重复和四、五、七、八甚至十度大跳者较多，音域较宽，情绪奔放激昂，清新明亮，可以感受到那种粗犷、刚健的特点。同时塑造了山区人民勤劳勇敢、不畏艰险、敢于斗争的英雄形象。如《十二月点点》《石磙貉号子》《下盘棋调》等。五声音阶在信阳地区民歌中占着主导地位，完全的七声音阶尚未发现。在少数几首民歌中如《穿心调》《卖柴调》等，虽有清角变宫音，这些五声外音时值短，多数出现在弱拍上，或作经过音使用，在很大程度上只是祈祷装饰和陪衬作用，其旋律的基本骨架不失五声音阶的本质和特色。

据了解，因为长期不唱或没有人唱，不少很有价值的传统歌谣已经逐渐消失。确实很多歌谣已经不适合如今时代的发展，但是它蕴含的文化不应该被抛弃。这是传统文化遭遇现代文明的尴尬，也是社会进步与秉承传统如何共存所需要解决的问题。

艾庄铜器舞

舞蹈的种类多种多样，可你听说过铜器舞吗？铜器舞作为一种散落在民间的文化艺术，影响着许昌市建安区艾庄乡一代又一代的村民，在鲁湾村这个只有1000多口人的小村庄，80%以上的村民都能在铜器敲响时随乐起舞。许多村民一提起铜器舞就眉飞色舞，对铜器舞的渊源历史及其演奏技巧更是耳熟能详。

绝大多数舞蹈起源于巫术与宗教祭祀。据说，在清朝，当地十年九旱，为祈求老天“开恩”降雨，便有了举办求雨仪式的铜器社。求雨时，铜器社先找一名偷水者，称为“水倌”，又叫“码子”，偷水时，“码子”要反穿羊皮袄，跑到村外水塘灌一瓶水。这时，铜器社的人敲锣打鼓地在后面装腔作势追赶。铜器越打越快，喊声越喊越大，一直追到“码子”，将水拿回，然后洒到地上，再焚香、烧纸求神，至此，求雨活动才算结束。铜器舞的雏形便由此形成。铜器舞作为一种封建祭祀文化的产物，经历了时代的风雨之后，也在其表演形式和功能上有了质的飞跃，成为村民平日自娱自乐、庆祝丰收的一种舞蹈。铜器舞的第五代传人王青木，组织妇女加入铜器社，引进了弓子锣、油梆、小钹等小型乐器，又为女性设计制定了柔美、活泼、灵巧的舞蹈动作，这一改进大大丰富了铜器舞原本阳刚、质朴的风格，使铜器舞变得更加刚柔并济，成为一种系统、完善的舞蹈形式。每逢春节、元宵节及丰收之际，铜器社便作为鲁湾村的“招牌”与其他村里的舞龙、舞狮队一同比赛或表演。铜器舞这一种民间习俗，逐渐踏上了民间舞蹈的道路。

虽然铜器舞有3个固定的谱系(3个曲牌)，但并没有形成文字形式的曲牌，它的传承都是以口授的形式。

铜器舞是一项非常重要的非物质文化遗产，是中华民族祭祀文化的一种传承。它虽然有着封建迷信的思想，但是更多地表达了人们对风调雨顺和美好生活的期待，同时也丰富了人们的生活。

大仵民间舞蹈

大仵乡民间舞蹈至今已有350多年的历史了，是柘城县的一种古老的传统民俗表演艺术。2008年，柘城大仵民间舞蹈被列入首批河南省非物质文化遗产名录。

柘城大仵民间舞蹈在经历了明末清初的引进和创编之后，成就了民国末年的成熟兴盛期，新中国成立至“文革”是过渡期，20世纪90年代进入活跃期以来，又有了新的发展。1995年，柘城县大仵乡北街村成立“大仵乡北街村民间舞蹈艺术团”。2005年在大仵乡北街小学体育课中增加了民间舞蹈的教学内容。

柘城大仵民间舞蹈分为两类七种，两类分别是不带说唱舞蹈和说唱舞

蹈。不带说唱舞蹈有五种，即龙灯舞、狮子舞、竹马、高跷、鬼会。带说唱舞蹈有两种，即小车和旱船。这七种舞蹈全部由打击乐伴奏。龙灯舞主要表现火龙和青龙相互搏斗、戏耍(戏珠)的各动作及生动场面。狮子舞是人们丰收之后喜庆之际，用狮子来表达欢愉的心情。竹马是模仿真马大小，以竹篾子做骨架，外面裱糊上彩纸条，挎在表演者胯间，在持彩伞人的指挥下，几匹马表演喜庆和吉祥的场面。鬼会又称“拉秦桧”，是大仵北街民舞艺人于明末清初时独创。此舞阵容强大，表演者需要 24 人以上，主要内容是奸臣秦桧害死民族英雄岳飞，天怒人怨，玉帝动怒，令阎王到人间查访，阎王派三曹判官带领小鬼小判、牛头马面捉拿秦桧夫妻的灵魂归案。因反映的都是阴间的故事，所以叫“鬼会”。柘城大仵民间舞蹈可单独表演，也可共同出场。

柘城大仵民间舞蹈是当地人民智慧的结晶，具有浓郁的乡土气息和区域性，同时反映了当地人疾恶如仇，具有强烈的民族自信。柘城大仵民间舞蹈道具造型夸张而不失真实，不但民俗民族特点突出，而且艺术特色也很鲜明，几百年来，深深根植于社会生活中，一直伴随着人们的繁衍生息传承发展。

灯 舞

灯舞是一种中国传统表演形式，在表演时见灯不见人，图案有动静又有高低多种层次的变化，让人拍手称绝。舞灯一般以群舞居多，灯的造型也多种多样，有动物、花卉等。表演中舞者可一人一灯或多人同舞一灯，可分为持灯、提灯、举灯而舞等多种表演形式。其中龙灯和鲤鱼灯是灯舞中流传最广的两种表演形式，“鲤鱼跳龙门”表现鱼龙变化的民间传说。龙灯也称火龙，从龙头、龙身到龙尾可多至二十几节，每节燃点蜡烛，一人举珠戏弄。其表演有“戏珠”“穿浪”“金龙蟠玉柱”等内容，进行中群众多燃点烟火、花炮助兴，气氛热烈。

灯舞起源于灯节，至今已有 1000 多年的历史，它主要在元宵节表演，是制灯工艺发展到一定水平的产物。明、清两代已盛行灯舞，清代文献中记载

比较多。灯舞主要在夜晚表演，彩灯照耀，灯人相映，情趣盎然，或通过彩灯形成不同的队形、图案，或摆成“吉祥”“天下太平”等字样，或在变化与穿插中表现各种意境。至清代，灯舞已发展到较高的水平，并有一定的表演程式和名目。乾隆年间灯节时，北京西厂为皇帝驾临观赏的灯舞表演者有三千人之众，舞者各执彩灯口唱“太平歌”循环起舞，变换队形，依次排成“太”“平”“万”“岁”各字。灯舞多为群舞，夜间表演，彩灯缤纷，气氛热烈，再伴以锣鼓、烟花、爆竹，热闹壮观。

灯舞有灯有舞，它是中国传统文化的一种表现形式，它的美让我们对传统文化更加心驰神往。

跑帷子

跑帷子是起源于春秋战国时期的中国传统民俗舞蹈，是由古代战争衍生出的，具有悠久的历史。它阵势古朴，变化万千，具有深刻的寓意，寓含着“因果报应”理念和揭示天象、节气变化的特点。在中国民间，跑帷子又称帷子，具有底层、民间、边缘的文化形态，覆盖于豫北、冀南大片地区，历来为广大人民群众喜爱，成为豫北一带影响力、渗透力极强的中国传统文艺表

演形式，具有典型的传统民俗文化艺术特点。

作为一种传统民俗文化，帷子共有 24 杆，象征着一年二十四个节气。每根帷头上的十二幅画面，象征着天干地支十二属相；帷头上的 144 个绣球，象征着宇宙漫天星辰。另有两面分别绣有太极图和日月祥云的彩旗，称为“彩子”，象征着天地间阴阳交泰、化生万物的气象。“跑帷子”有着很深刻的传统文化含义，每队 24 人为一“蓬”。表演时，当锣鼓响起，马号吹动，二十四杆彩帷分为两队，在两位彩头的引领下，踏着锣鼓的节奏，相互回环穿行，奔走如飞，远望如万马奔腾，近观似雄兵列阵。每当一场跑完，炮手立刻鸣炮定格。倘若在帷伞内装上灯火，晚上表演也十分引人。身着彩装的小伙子们手执帷杆，虎虎生风，两队帷灯在夜空下穿行，犹如火云变幻，金龙起舞，场面非常壮观。跑帷子，寄托着国泰民安、人间升平的理想和百姓对风调雨顺、五谷丰登、百业兴旺的祈盼。

“跑帷子”结合了古代战争的阵形场面，有自己独特的舞步、阵式、道具、配乐，是一项集体表演的大型广场传统舞蹈，场面十分壮观。并且它不断与时俱进，每年都翻出新的花样，使这一古朴的传统民间花会艺术形式与时代精神完美结合，不断焕发出新的风采。

麒麟舞

麒麟形象已有2500年的历史，它是中国民间传说中的神兽，象征着太平、吉祥，早在周代就与龙、凤、龟并称“四灵”。在近几百年，麒麟舞逐渐成了麒麟文化的代表，也就是进入表演艺术领域。麒麟舞融音乐、舞蹈、工艺美术、杂技于一体，既具有美学的欣赏价值，又有文艺的、宗教的、民俗的、历史的研究价值，这是祖先留给华夏子孙的一份宝贵财产。

舞麒麟已有500多年的历史，是客家人从北方带到南方来的一种民间艺术表演形式，以锣鼓加唢呐为伴奏，具有长江北部地区花会的风格，与广东岭南音乐不同，是客家人世代相传的艺术文化。它集歌、舞、乐于一体，所舞麒麟的骨架用竹篾扎成，皮用各色彩布做成。麒麟分成头、尾两截，中间穿孔，舞者站在穿孔处将麒麟系在身上，在春节期间，入村上街挨家逐户恭贺新年。据史料记载，麒麟舞原本是皇宫中的表演艺术，称为“麒麟圣舞”，为皇家各类庆典中必有的演出。据老人们介绍，明朝灭亡之后，本地一位皇宫艺术家将他的麒麟舞绝技带回家乡，代代相承，才得以流传。舞麒麟分为头套和尾套，统称麒麟套。每只麒麟由两个青壮小伙表演，一前一后协力合作完成表演动作。随着打击乐奏出轻、重、缓、急的各种节奏，前者腰挎麒麟头，做骑麒麟状，后者在其内做尾部表演，整个过程中表现麒麟活动的过程以及喜怒哀乐情绪。麒麟一红一绿代表一雌一雄，成对出场，金童玉女端坐其上，演员足踏一米多的高跷，身托50公斤的道具，完成闪、转、腾、挪等系列动作。表演技巧高，难度大。麒麟舞开始时，随着鼓手的一声高喝，鼓声、唢呐声四起，十多头麒麟围成一圈，左右摆动着头，大头娃奔走其间，手持红布或青枝，或站立、或蹲伏、或前瞻，挑逗着麒麟。麒麟神态各异，有的乐、有的怒，有的凌空腾起、有的匍匐在地。整套麒麟舞将武功融入充满生活气息的完整套路中，可即兴发挥，诙谐幽默，特别是大头崽戏麒麟的表演，融入生活搞笑细节，让宾客观后捧腹大笑。

麒麟舞是一种喜闻乐见的民间舞蹈，表达农民辛勤劳动后丰收的心情。同时“麒麟舞”也是中国最早的拟兽类舞蹈，是现今稀有的、产生于春秋战国之前远古的中华民族图腾舞种，具有珍贵的民间舞蹈史研究价值。它和龙舞一样，承载着中华民族的精神、信仰、价值取向和审美情趣，在民族学、民俗学、宗教学的研究上有着特殊的意义。

豫西狮舞

豫西狮舞兴起于汉朝的洛阳，洛阳市白马寺镇的大里王狮舞和巩义的小相狮舞是其中的代表。自汉代以后，西汉河南郡治和东汉都城洛阳，与大里王王氏居住地近在咫尺，皇宫朝野举行祭祀庆典，必有狮子舞等民间社火表演。大里王王氏狮子舞也随着朝代的更迭，中原人口的迁移及经济文化重心的南移，从黄河流域传播到了大江南北，并和南方文化融合发展，逐渐形成了北、南狮舞流派。

豫西狮舞的王者之风，正合洛阳古都的几千年历史——雄风浩荡，大气磅礴。虽然其中名家辈出，但是留下的记录很少。相反，小相狮舞因为年代较近，记录颇多：巩义市小相村小相狮舞清代嘉庆年间，当时霍乱突起，古代民间认为霍乱是妖鬼作祟，于是小相人就用狮舞驱病避邪。霍乱过后，小相狮舞保留下来了，每逢年节庙会便会热热闹闹地组织一次声势浩大的狮舞。渐渐地，小相人不再满足于“地摊”狮舞的单刀、双刀、哨子棍、九节鞭等，而是在此基础上创出了“高台”和“上老杆”。所谓“高台”就是两张板凳一层，层层上摞，能摞到 12 层，每层都有 4 个人“捉板凳”，最高一层是 3 张板凳。先是一个狮子在舞，后成了双狮舞，有“板凳架”“踩独绳”等。每个套路都有固定的动作，那一招一式都令围观者惊叹不已。“上老杆”即竖起一根三丈来高的独杆，先是四周扯紧六根大粗绳，“老杆”顶端放一椅子或板凳，狮子沿粗绳爬上杆顶，舞几个套路，然后顺绳爬下。后来，在“老杆”顶端搭起十字架，用八根绳子扯牢。这样一来，由原来上一架狮子变为上五架狮子，其中四角四架，中间一架，取名“五子登科”，“小相狮舞”因此远近闻名。

狮舞不仅是具有独特魅力的河洛文化的重要组成部分，而且也是我国传统文化和民间艺术的一枝奇葩。随着河洛民间社火文化发展，舞狮逐渐形成了具有独特风格的表演技巧和艺术造型，已成为传统艺术宝库中一颗璀璨明珠。

第五章
武术医药

杂技马戏

杂技，古称百戏，属于散乐。其中临泉杂技历史悠久，20 世纪 50 年代出土的文物——西汉陶器、陶楼(系演出设施)中，楼上有演出杂技节目的表现，间接证明了汉代时临泉便存在杂技活动。口碑相传，明代中期，曾有一班艺人在临泉的杨桥、长官、沈丘(今临泉县城)等集镇演出“过河刀山”——这就是传统的杂技，泉河、延河两岸有上万人观看，盛况空前。杂技、马戏就此在临泉民间广为流传。2005 年临泉杂技、马戏被安徽省列入省级非物质文化遗产保护名录。临泉是“全国文化先进县”“中国民间文化艺术之乡(杂技、马戏)”。

临泉杂技诞生在西周，汉代达到繁荣，到明朝时就有了影响深远的杂技班组。新中国成立后，特别是近几年，临泉杂技有了很大的发展。20 世纪

20年代，以尹清云、顾传标、吴清云为代表的杂技名人将动物表演融入杂技演出，并取得了很大成功，更留下了“宁走三江口，不过蒿桃柳”的美誉。到了30年代，以尹清川、李同仁、郑继荣等人开始进行驯兽动物展，受到广大观众的喜爱。新中国成立后，临泉出现了较为规范的杂技组织，全县33个乡镇都有杂技团。其中，拥有10个团队以上的乡镇有3个，30个团队以上的乡镇有5个。全县现有杂技团队800多个，常年在外地演出的达600个。改革开放以来，以蒿沟乡为中心的民间马戏艺术得到了快速发展，到20世纪90年代，民间马戏团已发展到200多家。临泉杂技、马戏演出节目较多，技巧与难度并重。传统保留节目主要有空中飞人、浪桥、驯马、古典马戏、顶技、蹬技和走钢丝等，代表性艺人侯德山挖掘整理的民间传统杂技——喷火是其拿手绝活。

在首届安徽省民间杂技艺术节杂技比赛中，临泉杂技团队一路势如破竹，摘金夺银。此外，临泉杂技团队还应邀参加了《红姑寨恩仇记》等多部影视剧拍摄，被《人民日报》海外版、《红旗》杂志、《农民画报》《杂技与魔术》及北京电视台等30多家媒体报道。近年来，临泉杂技多次参加CCTV7节目、央视《我要上春晚》《星光大道》《出彩中国人》等节目录制，还多次走出国门，到加拿大、泰国、菲律宾、新加坡等地演出并进行文化学术交流。

陈抟老祖心意六合八法拳

陈抟老祖心意六合八法拳又称水拳，为亳州人陈抟(871—989)所创，距今流传已逾千年，因陈抟曾受封华山，故在亳州以外流传时名为华岳六合八法。陈抟老祖心意六合八法拳是古老而优秀的拳种，并扬名海内。许多优秀传统正在消失，而可喜的是，此拳在创始地亳州能够不断发扬光大，成为亳州作为全国武术之乡的重要名片之一。

亳州是全国十大武术之乡之一，作为特殊拳种的陈抟老祖心意六合八法拳在亳州历代传承不绝。该拳内涵丰富，功法独特，以心中意念为指导，六合的“静”为体，八法的“动”为用，是内以养心性益气，外以修形体健美，是以意志为指导，不尚拙力，动作连贯、圆活、轻灵、沉稳，快慢相间，松紧相随。运动时以腰为轴心，步随腰动，不偏不倚，若虚若实，不露于外，鼓荡起伏，一气呵成，直至拳终。拳势运行如水势翻滚，内劲如海纳百川，以整劲为核心(发展为形意拳)，以步伐为转移(发展为八卦掌)，以轻柔为变化(发展为太极拳)，堪称中华内家拳的始祖。

到清代末期，吴翼翚先生是习陈抟六合八法拳名气最大的一位，并将该拳传于李道立先生。1987年，怀玉龙在研究本地流传的老祖六合八法拳的基础上，又专程前往上海，拜师李道立，然后返家乡收徒授教，弟子众多，在他们的努力下终于使该拳在其发源地亳州再度发扬光大。怀玉龙先生曾应邀在1992年亳州市首届国际中医药文化节上表演陈抟老祖心意六合八法拳，反响热烈。

六洲棋

六洲棋又称淮南棋、插方、来马、五福棋，源于安徽省淮南市的传统棋类体育形式。因为其通俗易懂，深受社会大众的喜爱。尤其在淮河流域的安徽省、河南省、江苏省以及湖北省、山东省受到广泛欢迎，并流传到中国各地，包括港、澳、台地区。六洲棋起源于劳动人民生活，并且深深扎根于民间，因为它简捷、明快，趣味性、竞技性强，所以长期流行于民间，成了富有传统文化色彩的竞技项目。六洲棋对于启迪智慧，休闲娱乐，增进交流非常有益，被列为安徽省第二批省级非物质文化遗产。

六洲棋棋盘是由横竖六条长30厘米左右的线段组成，两条线段之间的距离是相等的，而且平行的；横竖交叉线段两端不出边线，组成一个大正方形，正方形中间是25个小正方形，两线的焦点称为棋位，棋位的含义是淮河上的捕鱼要地，六六三十六个棋位。对弈双方在棋盘上各占18个棋位，这些棋位在棋盘上有着对称性质，每个棋位都有特定的命名，凡是对称的棋位名称相同，为区别起见，给予编号。棋子正面分黑白两种，背面涂以黄色，

即黑黄、白黄两种，总称黑、白、黄三色棋子。六洲棋的对弈过程，分做两大阶段，即着子阶段和运子阶段。交战双方各挚黑或白棋子，轮流将自己的棋子下落与交叉点上，每次落一子，如果本色棋子有三粒及以上或左右看或上下看或斜着看等，只要有一种情况能形成不间隔的直线，或者最小的方框的四个点都是同色棋子，就算得分了（此时称为“成子”），也就能得分了（若有六个棋子能形成一条直线，那就是“大杠”了，能得两分）。每得一分，就可以将对方尚不是“成子”的那些棋子中的任何一个棋子暂时让它失去功能。当全部36个交叉点均被棋子占满后，再将那些失去功能的棋子拿开，让原来的点空出来。以后，交战双方轮流着每次将自己的棋子移动一个交叉点到空出来的交叉点上，当移动后能形成“成子”，就可以得分了。依此类推地继续下去，直到棋盘中只存在一方的棋子，就是胜方的。

六洲棋起源于17世纪中期的明朝末年淮南渔民“蔡家网船”，由于蔡家祖先长期用渔网捕鱼，休闲时为消遣时光，突发灵感，以渔网做棋盘，贝壳做棋子，利用淮河上的捕鱼规则发明了“渔网棋”，并经过多年来的完善、推广、演变，最终成了现在的六洲棋。而它的得名又因古淮南称古六州，可谓来源于生活，又高于生活，给广大民众带来生活的趣味。对于六洲棋，中原地区几乎人人皆知，并推广到了港、澳、台地区。由于一直在民间流传，六洲棋一直没有统一的棋盘、棋子，以往人们在下棋的时候都是在地上画几个简易的格子当作棋盘。一直没有形成相关的辅导与学习教材，更谈不上棋谱，这给六洲棋棋友和想学习六洲棋的人带来诸多不便。另外，其在名称上也很不统一，在淮南一带叫六洲棋，在阜阳叫插方、来马，而在山东青岛，则叫“五福”。

五音八卦拳

五音八卦拳是流传于安徽阜南民间的一个濒临失传的传统拳术，是中华武术一块瑰宝。五音八卦拳起源于伏义八卦拳。（创始人刘怀，字道元，号南木老人，生于清乾隆年间。）伏义八卦拳第一代传人罗体贤在遍访中国各大武术门派后，经过长期的思考和演练，根据五行相生，阴阳相合、有无相立的思想，创立了功法独特、特色鲜明的一个崭新的武术门派——五音八卦拳。此拳，内容丰富，套路灵活，技法全面，功法独特，风格别致，没有“花架子”，且注重实践，其排打功精巧，形式多样，既练气又练力，内外兼修。

据介绍，五音八卦拳有拳术套路、器械套路、单练套路，还有独特的五音套排捶打功法，是一个完整的拳术体系。

五音八卦拳手型有别于其他拳种，全门系中没有勾手动作，其掌成瓦垄型，掌的握法要求与其他拳种一致，要求拳面平整，以利击打，拳的抱式和拳法名称别具一格。

说到五音八卦拳，一定跳不过的两个人就是罗体贤和方老端，前者创立了五音八卦拳，后者发扬了五音八卦拳。据介绍，清咸丰年间，河南鹿邑人罗体贤因附送皇贡不力获罪，避难来到方集，结合伏羲八卦拳编创五音八卦拳，并在方集裴湾村开设武馆教武，五音八卦拳流传方集乃至洪河流域。1902年，方老端师从咸丰皇帝的大内侍卫“五音八卦拳”创始人罗体贤之子罗宾甫苦学五音八卦拳，十年后学成全部功法、拳法。由于他天资聪颖、勤学苦练，又善于汲取各家之长，内外功法兼修，终于成就了一身神功绝技。至今，方集地区还流传着方老端在扬州古会上击碑比赛胜日本浪人、上海滩痛打英国佬哈利、方集古会除霸等故事。

其后五音八卦拳由方老端传袭下来，后传承于安徽西北部的阜南、阜阳、临泉、亳州等地。阜南县的马具森、李玉明为此拳第六代传人。战乱年代，五音八卦拳曾被老百姓当作守卫家园、行侠仗义的好武功来传学；和平年代，武术实用性逐渐式微，五音八卦拳不复当年盛况，只有一些传承人还在坚持习练、传艺。

晰扬掌

晰扬掌，别名为棋势功，由安徽省亳州市清真寺伊玛目沙阿訇为了宣传伊斯兰教门创编的“清真古兰健身术”发展而来。它长期流传于穆斯林群众，是亳州优秀文化的重要组成部分，2013 年 11 月被国家体育总局批准为首批中国体育非物质文化遗产保护与推广项目，是省级非物质文化遗产保护项目。

晰扬掌相传起源于红巾军的故事：在红巾军进入亳州时，与当地回民发生矛盾并加剧，很多回民被红巾军抓获，首领刘福通要把他们处斩，最后在红巾军内部的回族头领胡大海和朱元璋（当时为副元帅）的调解下，双方达成一棋定生死的协议。双方在棋盘上对阵，沙阿訇运内功于抓棋子的手指之上。他棋法稳健，步步威逼，获得了棋局的胜利，同时也化解了这一场矛盾，这对阵的棋局被演化成拳法，称为棋势功。1380 年（明洪武十三年）基本完成了棋局中的各套拳法，以“晰扬掌（棋势功）”命名。其实它真正的来源是在元仁宗延祐（1314—1320）年间，由亳州清真寺伊玛目沙阿訇为了宣传伊斯兰教门创编的“清真古兰健身术”发展而来的。沙阿訇在创编清真古兰健身术之前，就深感伊斯兰要想在这块土地上生存发展，必须学习汉文化、研究汉文化，把伊斯兰与中国精英文化相结合。所以经过数十年的努力，他终于摸索出把中国汉语言、哲学、武术、文学、武术术语与伊斯兰经文阿拉伯字母、礼拜动作、古兰经章节相结合的一整套伊斯兰武术体系。此拳不但能陶冶情操，而且对身体机能起到绝妙的调节作用，达到强身健体的效果。

晰扬掌中“晰”是清晰之意。“扬掌”，回族礼拜者，在礼拜时开始动作是“台克米尔”扬手。该拳种每套动作之首也都有一个“扬手”动作，称为“晰扬掌”，即清晰明了的掌法。棋势功是按《古兰经》经文字母的运笔走势和穆斯林礼拜动作结合中国象棋的对阵棋局而演化出的一套集伊斯兰文化和中国象棋文化于一炉的一项武学功法。该拳种由三百五十四式的七套拳法和一套兵器套路组成。

永京拳

永京拳，又叫徽拳，是安徽省省级非物质文化遗产。永京拳是我国著名武术家葛永志先生在20世纪70年代末创立，并于90年代普及，广泛用于健身、保健和实战，为广大人民群众所喜爱。

永京拳是一套完整、科学、系统的健身体系，它集气功、丹功、导引术、养身术、中外拳术之大成，融练养、实战、技击为一身的内外家相兼之拳学。讲究拳法自然意真，周身协调为合，整体混元一气，主动连续进攻意识。其拳势或纵逸不拘，锋芒毕露，或烟云舒卷，流水行地皆出自然。永京拳内容丰富，博大精深，有预热功、快拳、慢拳、内功心法、养生功、桩功、指功、对练、散手及刀枪剑棍术十八般兵器，适合不同年龄、不同体质人群习练。永京拳以养生出名，但是作为一种武术形式，它融入了太极、气功等各种武术的精髓，也就有了武术的内涵。

那么为何永京拳能养生呢？永京拳之所以能够养生的关键，就在于它是模仿了龟、鹤的呼吸方法。永京拳象形取意，模仿动物的呼吸和动作外形，就是让我们在一个自然的状态中，打通我们的气血经脉，活动我们的骨骼关节。在永京拳的动作中，不仅有对龟和鹤的模仿，对猴、熊、兔、龙、虎、豹、狮等动物的模仿也各有其不同的道理。

具有徽州文化特色的中国永京拳也有朴实秀美、厚重自然、轻灵如猿、经典实用之特色。永京拳文化内涵丰富，并具有鲜明的时代特色，随着它的不断发展壮大，必将成为人们健身、强身、养生、技击的重要运动内容，造福于人民。

大洪拳

大洪拳是郓城流行的主要拳种之一，它历史悠久，习练者众多，其中又分吴皮大洪拳、黄河崖大洪拳、任垓大洪拳、潘渡大洪拳、岗大洪拳等多种流派，并且各具特色。

吴皮大洪拳始于清乾隆年间(1740)，由李瑞龙传入郓城县吴皮村，在刁复礼等人的努力下，流传开来。其特点是：功架大，刚劲有力，手法清晰，以拳为主，配有各种掌法，攻击性强，将攻、防融为一体。主要分布在西关、吴皮、魏路口等村。

黄河崖大洪拳在清道光十年(1830)，由方姓拳师首次传入黄河崖，赵邦成等学习此拳。其特点是：姿势大方，步法扎实有力，手法以拳为主，变化神速。练功方法：以站桩、打拳为主，配有硬气功、金钟罩等功法。后移植八仙拳、西凉掌等套路。主要流行在杨庄集、孙庄、仝坝、李楼等村。

任垓大洪拳是清光绪十六年(1890)，由董兆瑞首次传入程屯任垓村。李进禄等将此拳发扬光大。其特点是：刚劲有力，举止大方，功架扎实，手法

清晰，变化多样。主要流传于任垓、仝坝、康庄等村。

潘渡大洪拳于1934年，由河北省馆陶县汪堤水坡村洪拳第八代传人汪秀严首次传入潘渡。其特点：姿势舒屉，动作灵活，快速有力，节奏显明，动作连贯，起伏转折，内外合一，形神兼备。练功方法；以桩功为主，配有各种拳法、腿法、腿盘桩等。主要流传潘渡、碱店，郭垓、李楼、冯店、潭庄、拳铺等村。

黄岗大洪拳在古代被称为少林十名趋罗汉拳，1930年自菏泽马垓村传入郓城。其特点讲究“八要”，即起、落、进、退、反、侧、收、纵。手法身法步法相配合，手法曲而不曲，直而不直，滚出滚入，运用自如；眼法以目注目，以审敌势；身法起横落顺，着重掌握重心，不失平衡；步法进低退高，轻灵稳固。战时藏而不露，内静外猛，战术上善于声东击西，虚实兼用，刚柔相济，出手无情，击其要害。大洪拳主要流传在马楼、黄岗、张坑、飞集、石佛庙等村。

八极拳

八极拳起源于焦作市博爱县月山寺，故又称“月山八极拳”。它是一种较为古老的拳种，距今已有800多年的历史。月山八极拳由月山寺第二代住持崇苍(苍公)始创于金大定二十五年(1185)，与其他寺院武术一样，月山八极拳原为月山寺看寺护院、寺僧强身健体所用。2008年10月月山八极拳正式列入第二批国家级非物质文化遗产名录。

八极拳历史源远流长。明永乐年间传入民间，清末民初由河南怀庆、山东庆云、河北沧县传至北京、天津一带。从八极拳祖师崇苍(苍公)始，八极拳历代掌门人全为月山寺僧，到民国二十六年(1937)共历二十四代。民国二十七年(1938)，月山寺毁于战火，八极拳由俗家弟子马连升传承，至今亦已三代。月山八极拳僧俗相传经历了二十七代共800余年的传承发展历史。

八极拳又称“开门八极”。所谓“八极”，乃沿用“九州之外有八寅，八寅之外有八闳，八闳之外有八极之意”。

月山八极拳在中国武术中占有重要地位，有很高的历史价值、文化价值、科学价值、现实价值。2008年10月月山八极拳正式列入第二批国家级非物质文化遗产名录。抢救和保护月山八极拳，对发掘研究中国传统武术内涵，以及当地政治、经济社会发展和河南本土文化、佛教文化的传承发展等，都具有重要的意义。

苌家拳

苌家拳又称苌门拳，苌家锤，是中国传统拳术之一。由清朝乾隆年间原郑州汜水县苌乃周(1724—1783)先生所创。苌乃周从小就苦学拳法，随着年龄的增长，他结合周易和各派拳法，博采众长，创立苌家拳派，成为技术精湛的武术实战家和武术理论家。2008年6月7日，苌家拳经国务院批准列入第二批国家级非物质文化遗产名录。

苌乃周才兼文武，20岁即参与《汜水县志》编修，“人以其文士而好武，故号为儒拳师”。他将研究心得著书绘谱，流传后世，《中气论》是苌家拳的核心理论，是指导苌家拳械的纲领。

苌家拳是中国武术百花园中的一朵奇葩，是中国名拳之一。它具有独特的内涵，并且重视技法，内外兼修，是中华武术宝贵遗产的重要组成部分，迄今已有近三百年的历史。

东北庄杂技

濮阳市岳村乡东北庄被称为杂技之乡，它与河北吴桥并称为中国杂技南北两故里，在中国杂技的发展中起到举足轻重的作用。该村习演杂技已有300多年的历史，在清朝中期进入全盛。

杂技历史久远，《魏书》中都记载了曹操的儿媳甄后八岁时观看民间马戏的故事。史料记载，东北庄始成于唐末宋初，因地处“桑间濮上”之东北方向而得名。东北庄的杂技源远流长。早在元末明初，东北庄就有很多人“干杂技”。清朝中期，东北庄杂技进入全盛时期。光绪年间，自小就从事杂技表演的东北庄人乔恩海练就了一身绝技。他有三个儿子，长子乔进美，次子乔进逄，三子乔进芳。乔恩海的三个儿子当时是“乔家班”的主要演员。

“乔家班”吸取了传统武术和民间表演的精华，练出了武功、气功、跑马、变戏法和带彩等绝技，并凭此走遍大江南北，影响深远。

少林功夫

少林功夫历史悠久，影响深远，是中国传统武术的一个重要组成部分。其最突出的特点是“禅武合一”，即以禅入武，习武修禅，因此又有“武术禅”之称。

那么何为少林功夫呢？少林功夫是指在嵩山少林寺这一特定佛教文化环境中历史形成，以佛教神力信仰为基础，充分体现佛教禅宗智慧，并以少林寺僧人修习的武术为主要表现形式的传统文化体系。这个文化体系具有完整的技术和理论体系。它以武术技艺和套路为其表现形式，以佛教信仰和禅宗智慧为其文化内涵。少林功夫尊达摩为祖师。

少林功夫纷繁复杂，内容丰富。据少林寺拳谱记载，少林武术套路有708套，其中拳术和器械套路552套，另外七十二绝技、擒拿、格斗、卸骨、点穴、气功等各类攻法套路156套。其中，少林功夫以拳种分主要包括少林金刚拳、少林五合拳、少林看家拳、大洪拳、小洪拳等；以地域分则包括嵩山少林拳法、南少林拳法和北少林拳法等。少林器械主要包括少林刀、枪、剑、棍、九节鞭、暗器、稀有兵器（虎头钩、方便铲、达摩杖、牛角拐等）等。

同样少林还有很多绝技，少林绝技主要包括散打与格斗、少林气功、少林打擂秘诀、少林点穴法、少林擒拿法、少林七十二艺、少林长寿法、少林寺伤科等。

以上只是粗略的统计，如果将其细分为南少林和北少林的话，少林武术的技术体系恐怕还要丰富得多。

太极拳

中国传统拳术众多，但要说到最出名的，莫过于太极拳。太极拳是以太极、阴阳辩证理念为核心，结合易学的阴阳五行之变化，中医经络学，古代的导引术和吐纳术形成的一种内外兼修、刚柔相济的中国传统拳术。同时太极拳内部派别众多。常见的太极拳流派有陈式、杨式、武式、吴式、孙式、和式等派别。太极拳能修身养性，对人体身心健康以及人类群体的和谐共处，有着极为重要的促进作用。

太极拳的创始，目前有两种不同的说法。在抗日战争之前，全国各地的太极拳家无不尊张三丰为祖师。这是为什么呢？因为张三丰创建了武当派，创始了内家拳。太极拳作为内家拳之首，尊称张三丰为祖师，是一种自然归属。张三丰创立的太极拳、八卦拳、形意拳、五行拳、混元拳、玄武棍等，都是从道教经书中汲取了精华，引申而来。张三丰所创立的拳法都有一个共同特点，即注重内功和阴阳变化，讲求意、气、力的协调统一，动作沉稳，姿势含蓄，劲力浑厚，神意悠然，这与太极拳内涵一脉相承。

太极拳是极富中国传统民族特色元素的文化形态。太极拳含蓄内敛、连绵不断、以柔克刚、急缓相间、行云流水的拳术风格使习练者的意、气、形、神逐渐趋于圆融一体的至高境界。它还要求习练者加强自身修养，有利于社会正能量的传播，同时太极拳还要求加强身体素质的训练，讲究刚柔并济，而非只柔无刚的表演，可谓一举多得。太极拳基本内容包括太极阴阳养生理论、太极拳拳术套路、太极拳器械套路、太极推手以及太极拳辅助训练法。其拳术套路有大架一路、二路、小架一路、二路。器械套路有单刀、双刀、单剑、双剑、单锏、双锏、枪、大杆和青龙偃月刀等。同样太极拳还有八种劲，即掤(用于化解或合力发人)，捋(用于借力向后引力)，挤(对下盘的外掤劲)，按(对上盘的外掤劲，或作反关节拿法)，采(顺力合住对方来力，或作拿法)，挒(以侧掤之劲破坏对方平衡)，肘(以肘尖击人)，靠(以肩膀前后寸劲击人)。太极拳是一种技击术，其特点为“以柔克刚，以静待动，以圆化直，以小胜大，以弱胜强”。

在当代，太极拳不仅在中国流行，也渐渐为国际友人所喜爱。太极拳逐渐成为一种连接不同种族、不同民族、不同国家的文化纽带，已经成为中国文化对外交流传播重要载体。

太乙拳

相较于太极拳的出名，太乙拳算是一种被遗忘的拳法了。太乙拳古称“太医拳”，是中华民族传统武术拳术之一。它的历史最远可追溯到道家《老子》中的“道”。“太乙”在《老子》“道法自然”“万法归一”“无为而大为”等哲理思想影响下，体现的最重要的一点就是天人合一。

同太极拳一样，太乙拳相传也是道教宗师张三丰所创，传承人把儒道释三教之中的修身养性理念三合为一；结合民族拳法和道家练气、养生之法，以民族拳术为基础，集禅宗修炼、道家养生于一身，创立了这套“内以养生，外以却恶”的“太乙拳”。

太乙拳，是中华传统武术套路中针对祛病疗伤的一种武术拳法，习练此拳，不仅可以增强自身力量，更重要的是它可以健体、修身、养性。太乙拳强调以自我调节为主，也是练真炁之秘诀，通过静心习拳，调身、调息、调心三调合一，让身心表现出的各种不良反应和亚健康状态，消失在萌芽之中。太乙拳法是“禅理、道法、武术、医学、艺术”的交融。它的套路自成体系，具有传承性和独特性。太乙拳套路既符合武术招式、人体生理规律，又符合自然运行规律。它具有独特的三大特点：一是太乙拳讲求拳气合一，以意引气，以内气随拳势之变化而运转周身，变化无穷，可让身心受益。二是太乙拳要求刚柔相济，刚藏于内，柔现于表，刚中有柔，柔中有刚，以柔韧之劲，连贯于整体套路之中。三是太乙拳在内气运行时，有动有静，静中有动，动中含静，以静制动，动静结合，心意相依，其套路和武术招式集拳术与养生为一体。

太乙拳不仅蕴含了中国传统武术的一些套路和基本招式，同时也容纳了民族的太乙文化理念，其武术文化和太乙文化内容深厚丰富。但是现在知道它的少之又少，所以我们应该保护它、传承它，让它发挥自己的光与热。

心意六合拳

心意六合拳又称守洞尘技，顾名思义，此拳术是由心生意，又由意转化为拳招。

心意六合拳，又称心意拳、六合拳，是我国著名的集养生和搏斗于一体的优秀拳种，它将中国的武术与文化有机结合，讲究由心生意，又由意转化为拳招。

心意拳相传为明末清初的武术家姬际可所创。由于外族入主中原，他具有强烈的反清思想，便留居少林教学。在这期间，他深入研究明朝盛行于少林的五行拳，在此基础上创立了心意拳。在姬际可之后，心意六合拳自洛阳人士马学礼得际可真传后，数百年来形成了河南心意六合拳一大支流。

在修习心意拳的时候，有"外三合"和"内三合"的要求。所谓"外三合"是指"肩与胯合，肘与膝合，手与足合"，即是身体各部分在运拳时都要互相配合的；而"内三合"是指"心与意合，意与气合，气与力合"，即是要内心的心情与拳招、力度等合一，方可发挥出威力。心意拳的演练路线是以直进直退为主，步法着重稳健坚实。心意拳的十大形是模仿龙、虎、马、猴、鸡、鹞、燕、蛇、熊、鹰的扑击、穿侧、捕食、闪躲等动作，具有明显的攻守意识，每一形皆有其独特含意的。在招式方面多为单式，而套路仅四把捶一套，也有后人心得所创的二把半等。六合还指鸡腿、鹰捉、龙身、熊膀、虎抱头、雷声这六式相合。

周口心意六合拳发展迅速，不仅传播到北京、上海、安徽、湖北、香港、台湾等地，而且远播美国、澳大利亚、加拿大、韩国、新西兰等国家和地区。在心意拳发展过程中形成了杨氏、卢氏、尚门孙系三大派别。

贵氏针灸

贵氏针灸以我国传统医学为基础，采取"望、闻、问、切"对患者进行诊断，尤其注重舌诊。其疗法以针灸、拔罐为主，中草药口服为辅，在人体经络及经外腧穴施以针法，主要治疗早期小儿脑瘫患者、脑血管后遗症、各种疼痛症、婴幼儿腹泻等病症，效果明显。贵氏针灸被列入2011年12月19日河南省人民政府公布的第三批河南省省级非物质文化遗产名录。

贵氏针灸创立时间不长，但是有很高的医学价值。贵氏针灸起源于咸丰年间，创始人贵大定，自幼习医，创建"修业堂"中医药门诊。他采取针刺放血疗法，加中草药煎服，救人无数，并著有《贵氏针灸图谱》。第三代传承人贵百贤(1886—1970)，继承先祖遗训，刻苦钻研家传技艺，总结出《舌诊百病》和贵氏针灸腹针疗法，开创了贵氏针灸无痛手法。并自制“毫针、圆利针”，用于治疗疼痛症，弥补了传统毫针针感不强的不足之处。

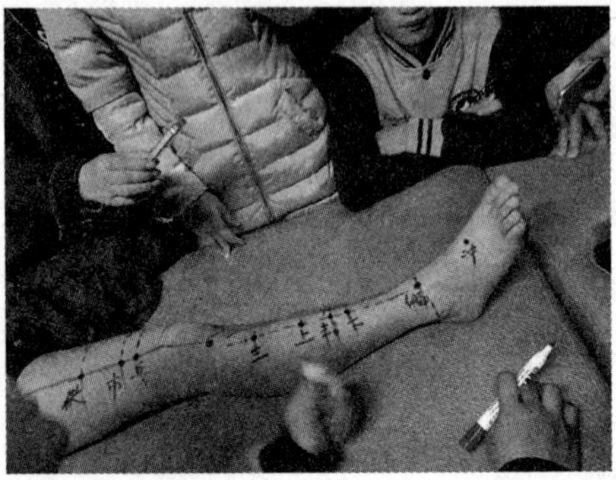

贵氏针灸是贵永坤及家族前辈，在继承传统针灸技艺上推陈出新，经过多年的临床实践、研究发展而来的独特的“从外治内”治疗方法。该疗法通过经络、腧穴的作用，应用一定的手法，治疗全身的疾病。

贵氏针灸是典型的家族传承模式，传承面不宽，是影响其传承的一个重要因素。该项目的许多技法，仍然是采取“口传心授”的方法，许多技法面临濒危，需要加以文字整理，才能更好地传承下去。

合水张氏正骨膏药

张氏正骨术、张氏膏药已有二百多年历史，是西平县名震一方世代传承的医术。2009年6月合水张氏正骨术被河南省人民政府列入河南省第二批非物质文化遗产名录。2010年4月，合水张氏正骨膏药被驻马店市人民政府公布为第二批市级非物质文化遗产。

张氏正骨术、张氏膏药创始人张双美，字浩然，自幼就喜欢读医书。清乾隆四十年(1780)山东镖师感染风寒后，在张家接受治疗，在这期间两人成为知己。镖师将正骨术和膏药秘方传给浩然，浩然将此学技法绘制成图，长期研究，并取得一些成就，从此求治者络绎不绝，名扬乡里。他和后代通过研究实践，总结出了一套完整的治疗体系，即跌打损伤，骨折、脱臼手法复位、小夹板固定，外用接骨膏药(又称张氏楼下膏药)，中医针灸、骨病后期康复治疗等，运用中医中药分期辩证治疗骨伤疑难杂症。慕名求治者络绎不绝，堪称当地一绝，并载入《西平县志》及《西平县卫生志》。

合水张氏正骨膏药，又称楼下膏药，因张氏当时为合水街大户，临街盖有楼房为标志性建筑，楼上住人，楼下为患者行医、接骨、敷药处，当时楼房稀见，故方圆百姓称其合水膏药为“楼下膏药”。合水张氏正骨膏药的中药配方的功能特点为：活血化瘀、温经活络、祛风除湿、消肿止痛、舒筋接骨。主要药物有当归、川芎、红花、乳香、血竭、防风、草乌、橡皮、土元、地龙、全虫、穿山甲、木香、三七参、麝香、冰片、灵仙透骨草等五十余种。目前，西平合水张氏正骨膏药每天在院内使用百余贴，同时销售于全国。

毛氏济世堂脱骨疽疗法

行医者追求的莫过于“悬壶济世”，而毛氏济世堂的得名便源于悬壶济世四字，它位于河南省直管试点县新蔡县，至今已历五代。2010年毛氏济世堂被河南省民间文化遗产保护委员会命名为“河南老字号”。2011年被河南省人民政府公布为第三批河南省非物质文化遗产项目。

毛氏济世堂创始人被韩氏后人尊称“老韩先儿”，是新蔡县练村镇韩庄人，曾在清宫中任职，跟随御医习得问疾医术，流落回乡后，亦医亦农，被当地人誉为“韩神仙”。“老韩先儿”生前将医术传给了义女和女婿。女婿毛羽君开办药铺，坐堂行医，取堂号“毛氏济世堂”。其“脱骨疽症治疗法”出自宫廷秘方，卓有奇效，名闻乡里。毛氏济世堂“脱骨疽症治疗法”主要治疗疑难杂症“老烂腿”（脉管炎），被认为是豫东南地区乃至全国治疗脱骨疽病首选疗法。

而在毛氏传承中，第四代传人毛顺卿是取得最大成就的人。他入伍后，在福建空军某部卫生队服役，后来被保送继续学医。他复员回乡后，结合中西医理论，对家传秘方系统整理和研究，尤其在运用传统中医药治疗脱骨病（脉管炎）等疑难杂症方面有所创新和发展，丰富和完善了毛氏中医的治疗范围。他在结合历代行医探索实践和运用家传秘方的基础上大胆创新，逐步形成了更加系统科学的“脱骨疽症治疗法”，已治愈患者上万人。其治疗风格和医术独特，特别在治疗血栓闭塞型脉管炎方面已研制出针对不同病症的丸、散、剂、胶囊等纯中药制剂，疗效显著，并获得国家医学发明专利。目前他正在积极开发处方药，带动地方中医药种植、养殖、加工、炮制等产业全面发展。

毛顺卿从医50余年，获得国家中医药发明专利七项，被命名为“全国特色中医”，享誉周边诸省。他撰写多篇论文著作，其中《毛氏济世堂医从》已由郑州大学出版社出版。毛顺卿打破传男不传女、传内不传外的祖训，不但培养儿子、媳妇、女儿，还收外姓人为徒，八位高徒均已散枝开叶，在周边开医问诊，影响较大。毛顺卿敢于打破传统，勇于创新，并积极将这一成果发扬光大，这样的医德实在让人敬佩。

象庄秦氏妇科

“象庄秦氏妇科”始创于清朝中叶嘉庆年间，至今已祖传十代，有二百多年历史，在中国的医学史上确实不算久远，取得的成就却不容忽视。

乾隆年间，秦氏妇科的创始人秦世禄，居住象庄镇，在起家门，以施舍茶水闻名乡里。远近游客商阔，常在其门前大槐树下饮水歇息。有一次，一个远方骑马来客，念秦世禄年老志诚，心地善良，又是施善于路人，就传以秘方。此秘方主治“男妇块疾，妇女气血凝滞，月经不调”等妇科病的药方，让他施于病家。由于药物配伍合理，价格低廉疗效奇特，很受群众欢迎。长期施药治病，使秦氏逐步积累了治疗妇科病的经验。经过秦的精心研制，遂创“足以起千季之沉疴，救一般妇科之生命”的丸药，独辟町畦，口碑载道，声望大振。他在施舍药物时，每付药又附有一粒红丸，效果奇特，无病可穿肠而过，有病则病化痰随大便而下，具有引证求病的效果。

创始人秦世禄研制“求病丸”，选药精良，制作讲究。秦家常到当时他省驰名中外的中药集散地——小禹州采购，还到遥远的西藏采购藏红花，到福建省采购好红曲，到青海省西宁等地购买地道的好大黄等药材，用石磨碾成细粉精心制作成丸。他们的“求病丸”，以施舍为主，有时“杏林堂”也廉价收费，并以口授方式，父传给子，子传给孙，绵延下来。到第五代传人秦仙洲时，声望更大，影响颇远，除发行“求病丸”外，还兼治妇女杂病。他开始用中医理论进行辨证施治，指导临床治疗，其时发展较快。到第六代传人秦曾智(乳名秦士裕，字明甫)时，他潜心医学，精制方剂，创制丸散膏丹兼精医方，引药入胜，应手奏效，其用药有妙手回春之著称。求医者络绎不绝，诊治的病症日益扩大。

“象庄秦氏妇科”，在卫生事业中具有举世瞩目的位置；在祖国医学宝库中，也是颗闪闪发光的明珠，被人们冠以“送子观音”“当代神医”“当代华佗”等美称。据《河南府志》记载，早在清代就被推为十大名医世家，当时就享誉中原及西北五省。在国民党把洛阳作为政府之行都时，到象庄秦氏妇科诊所求医问药者车水马龙，每天都在上百人之多。当今，“象庄秦氏妇科”作为河南省中医三大优势特色专科之一，早已载入《河南省卫生志》，并享誉海内外，受到医药界和社会的广泛赞誉。

张氏经络收放疗法

张氏经络收放疗法是我国古老的中医医术之一，虽然此疗法在历史上几经淹没，部分失传，在医学史上却大放异彩，在民间流行已久。尤其是对小儿麻痹、妇科、骨科的伤病疗效显著。此法疗效极佳，按捏简单，不打针，不吃药，收效迅速，且无精神痛苦之忧，是我国医学遗产中的一个独特派别。

说到经络收放治疗法，不得不提到张德文(1905—1984)。张德文字宗师，自幼就聪明好学，但是因为贫困，十六岁就休学，后来跟随族中长者从医。他提出了“十二经络立世全”的经络理论，并且早于苏联专家40余年提出了“生理电波”理论，他将这种理论用于自己的医疗实践，提出“遥控治病”“意念点穴”等疗法，这时候他才35岁。张德文先生用他的一生无数次证明了经络可以治病这一事实，但是不被接受。值得欣慰的是，中国的医学权威们已经肯定了他的探索。祝总骧教授在看过他留下的著作后惊呼：这是地道的中国民间经络学！张德文先生创建的“经络收放疗法”对偏瘫、脑血管硬化、胃肠疾病、肾炎、肝病等数十种常见病和疑难杂症有着奇特的疗效。他一生悬壶济世，普济苍生，每天门庭若市，车水马龙。他不用药，不动手术，不收治疗费，手到病除，患者便尊称他为救苦救难的“活神仙”。经络收放疗法的手法独有妙处，但具体运用时，须视病体之虚实、寒热、老少、新旧、强弱和胖瘦等，酌情运用，以达到补泻、温凉之效用。此法似按摩又非按摩，似推拿又非推拿，姑以疗效而论，实为调血、活络、舒气、解滞、扶正之疗法。

第六章
传统美术

灵璧钟馗画

灵璧钟馗画既是一种民俗画，同时也被民间视为降魔消灾之符图，被尊为“灵判”。它是安徽省传统民间用于祈福、驱邪，带有吉祥意味的珍宝，更是中国民间美术殿堂的瑰宝。

中华泱泱大国，五千年的历史文明，不断衍生出了各种各样的民间艺术，而这些民间艺术，通常都是以某一艺术或文化为载体，寄托和表达广大人民群众的情感和祈愿，是中国民间艺术的主要表达方式。《灵璧县志》记载：居民“岁岁逃亡，十不存五”。在新中国成立之前的漫长历史时期，与灾荒年众多民众长期逃荒流离有关，民间多出艺人，如杂技、曲艺、木偶戏、皮影戏等，以为生计。传承了1000多年的灵璧钟馗文化，在民间影响力尤为广泛、最具民俗文化价值。如今，楚汉文化、灵璧奇石、钟馗画已逐渐形成三元文化产业链。钟馗画与灵璧石、虞姬墓并称为“神、奇、美”的灵璧“三绝”，有“虞姬、奇石、钟馗画，灵璧三绝甲天下”之誉。

早在1932年2月，安徽省灵璧县诞生了一位对民间艺术大有贡献的才子——孙淮滨。他自幼攻习书画印学，博研经史及古文诗词，有较高的中华传统文化素养。其书画师从清道人入室弟子王奎璧、吕凤子先生。宗法授受，薪火相传，为清道人再传弟子。其于书学，求篆于金，求隶于石，兼及汉魏晋碑帖，熔金石书画于一炉。画谙“六法”，涉猎甚广，举凡山水、花鸟、博古、人物，或工或写，俱皆专能精擅，各臻妙境。晚年致力于本土传统钟馗画的研究与创作，他固守以唐人吴道子“钟馗样”为粉本，以墨线勾勒，以矿物颜料敷彩，数层烘染，必厚重乃止，达到焕烂而求备，再现大唐气象。他的钟馗画，集民间画、宫廷画、文人画于一体，带有他自身融入的独特风格，又焕发出大唐绘画特有的绚丽光彩。他的钟馗画被授予中国乡土文化非物质文化遗产。而他本人也被授予钟馗画代表性传承人和中国乡土文化非物质文化遗产钟馗画艺术大师。

灵璧钟馗画的形象是脱胎于吴道子的“钟馗样”，而且是一直追摩和延承吴道子的特色，后世经过众多灵璧画家在题材上的不断丰富，创造了灵璧钟馗画独有的艺术特色，形成了鲜明的地方风格。

楚人自古巫风炽盛，一直以来，钟馗在民俗传说中，被视为法力无边的捉鬼驱魔大神。以后虽然逐渐人格化，但仍旧保留面目狞厉，体态剽悍，神秘怪诞的原始图腾痕迹。因为灵璧钟馗画在创作上始终秉承“以狞制鬼，以猛驱邪”的理念，但在钟馗的面部刻画和形体动势以及行为气质的塑造方面，着重在突出钟馗的正气与神勇、嫉恶和慈爱上下功夫，使钟馗狞厉剽悍的外形与内美的心灵达到完美和谐的统一。灵璧钟馗画家笔下的钟馗，在狞厉中蕴涵温柔，在剽悍中流露儒雅；在貌丑中蕴含妩媚；在威武中内敛慈祥。具有威武慈祥的个性，阳刚阴柔的气质，幽默诙谐的趣味，令人望之威而即之温。

吴道子的“钟馗样”在民间钟馗画艺人中已形成了“口诀化”，并代代相传。关于“口诀”古已有之。如关于灵璧钟馗画的脸谱就有这样的口诀：“头如斗，‘国’字脸。扫帚眉，鸭蛋眼。秤砣鼻，下端宽。血盆口，獠牙尖。络腮胡，耳毛翻。扬正气，眉宇间。”关于衣着的口诀，如：“头戴乌纱帽，双翅圆而尖。文判穿官服，臀肥两肩宽。前后绣补幅，玉带系腰间。衣冠多褴褛，颜色红与蓝。武判着甲胄，铠叶鱼鳞联。足穿黑朝靴，靴底粉白边。站立‘弓’字步，独立一腿蜷。出手抓鬼势，持物笏与扇。按剑扬正气，拔剑怒眼翻。亮剑斩恶鬼，凛然气度严。”灵璧钟馗画的传统画诀，是灵璧钟馗形象的基本概括，历代沿承。千百年来灵璧钟馗的艺术形象已经深入人心，深深地刻印在人们的心间。

寓意寄情是灵璧钟馗画艺术的一大特色。灵璧钟馗画在民间一直传承着，走进了人民的生活，影响着人民的心理。钟馗身上寄托着人们的美好愿望，一是驱邪消灾，二是祈福纳祥。历代灵璧钟馗画家在创作中巧妙地运用借物寓意，或文字同声谐音的艺术手法，形成口彩吉语。数百年来，五彩缤纷，佳作联翩，闪耀亮丽，丰富了灵璧钟馗画的创作内容，感知灵璧钟馗画的乡土人情，体现了民间艺术“土而不陋”“俗不伤雅”的艺术审美情趣。

灵璧钟馗画主题的精髓内容即为“福”，因此蝙蝠是灵璧钟馗画中必画的属物，更是点睛之笔。蝙蝠的“蝠”字与幸福的“福”字同音，所以在钟馗身边往往画上一个蝙蝠（称作“天蝠”）或两个蝙蝠（意为“双福骈至”），还有的根据构图需要，画上五个蝙蝠（意为“五福临门”），以表达钟馗画的主题。它不但衬托画面的活泼，最主要的是通过它来点出并寓意钟馗为“福神”的主题。钟馗被称作“福神”，寄意驱邪降福。灵璧钟馗画围绕“福”字创作了不少谐音吉语的画作。如画钟馗手执宝剑，仰望空中飞翔的蝙蝠，取“执剑”谐音为“只见福来”。钟馗骑在马上，一只蝙蝠迎面投怀而来，取意“马上得福”。钟馗以手执笏，指向云中飞来的蝙蝠，题作“福自天来”。钟馗持爵进酒，仰望蝙蝠，取题为“晋爵得福”（“晋爵”意为“升官”）。钟馗怀抱花瓶，瓶内插满四季鲜花，题作“四季平安”。钟馗手持双柿，题作“事事如意”。钟馗肩背男孩，题作“盼子得子”。因钟馗又称“判官”或“判子”，是由“判”与“盼”谐音而得。如此等等。

后世借助自然物象，或引寓吉祥，或以物抨虐，或寄意平安，充实了灵璧钟馗画的文化含量，加强了民间美术的风土情趣。

灵璧钟馗画常画钟馗手持蒲叶艾草。艾草为中草药，可以除秽避瘟。有这样一种说法，农历五月为“恶月”，五月五日端午节早晨，家家门旁悬艾，用以祛恶消灾。这天大家都给小孩配戴艾叶香裹，据说这样，“五毒”不得近身。这天灵璧钟馗画店更加活跃，相传五月五日是钟馗诞辰，以这天正午时点睛的钟馗最“灵应”，因此五月五日来璧求购吉作的人群如潮。这也体现出灵璧钟馗画与民俗活动的互动。

还有一种画法，钟馗脚踩“五毒”（毒蛇、蝎子、蜈蚣、蟾蜍、蜥蜴），手挥利剑，题作“立斩五毒”。画钟馗身旁有蜘蛛垂下，取意“喜从天降”。按：蜘蛛善结网，粘捕毒蚊恶蜂。古人视蜘蛛为神奇珠儿，故以蜘蛛象征喜气，又称之为“喜珠儿”。

灵璧钟馗画上端必定盖有“灵璧县印”，这是灵璧钟馗画特有的标志。县印既是标志，同时也具有托物寄情之意。按宋黄山谷在跋潘侯所藏《五宰相书》时，引道人借县印却祸事，谓“县印能祸福百里，尚可以却不祥”。据此，在灵璧钟馗画上加盖县印也是作为厌胜物的巫术理念，也是“托物寄情”的手法。另外还有历史的流传：相传明代开国皇帝朱元璋，幼年便虔信灵璧钟馗画有祛邪赐福之灵，他在登基第一年的春节前夕，就令大臣到灵璧置办钟馗图分赐给大臣，以表关爱和恩宠，以后并奉为惯例。后来朱棣在北京登极，年号永乐，效法前朝，亦保留着旧制。到了成化年间，宪宗皇帝朱见深登基。宪宗皇帝痴爱书画，尤擅神像，亦喜作钟馗，他更喜爱灵璧钟馗画。他即位后，圣谕灵璧钟馗画为贡品，每年向灵璧县诏百幅晋京，分赐给宫廷大内及旧勋重臣，用以祛邪赐福。为张显灵璧钟馗画真品，每幅均加盖灵璧县印，并布为“品”字形，以作灵璧贡品的标志。后来灵璧钟馗画家在商品画上也加盖县印，流传既久，已成定式。灵璧钟馗画每年可售数万纸，若到县衙加盖县印是不可能的事，灵璧县城隍庙的“县印”就派上了用场。古时城隍神为阴间的县官，也有一方铜质的“灵璧县印”，与真县印大体相同，于是这方“县印”就成为灵璧钟馗画家所共用。

灵璧钟馗画家笔下的钟馗，形象众多怪诞、诙谐、幽默，惹人喜爱，还有一部分是“穷酸书生”“清官廉吏”，使人动之以情。灵璧钟馗画常常描绘钟馗衣衫褴褛、破鞋破帽、乘蹇驴、擎破伞、挑破灯、摇破扇，表现了钟馗一身正气、两袖清风、高尚廉洁的品德，与人世间见到的贪赃鬼、敛财鬼、吸血鬼，形成鲜明的对比。通过画面，使观者可法可成戒，对世人进行德业相劝。

灵璧钟馗画在传统中还有一种表现形式，就是“四破图”，画面上的钟馗穿着破衣、擎着破伞、挑着破灯、蹬着破靴。在大雪冷雨、天寒地冻之夜，钟馗仍然兢兢业业地巡逻，四处去捕拿恶鬼。画家并系之以“打油诗”云：“衣破尚可缝，靴破尚可行，伞破尚可擎，灯破尚光明。莫笑我正气文人太寒酸，请看那，贪鬼见我自潜形，毕竟是身正压邪真英雄。”人们敬贤尚廉，憎恶豪贪和为富不仁的恶德败行。所以看到了“四破图”，能够聊感惬意，慰藉心灵。曹植曾说：“存于鉴戒者，图画也。”灵璧钟馗画亦然。

灵璧钟馗画历史久远，文化渊源丰厚。与中国众多古代神话传说，民间故事，古史典籍，互相交融渗透，使其文化内涵更加博大精深。

钟馗文化是中华民族文化的重要组成部分，体现了我们的民族自古以来世代相传的潜在心理。它经历了一个无所不能的自我陶醉阶段，源于先民们所共有的超自然力量存在的想象力。灵璧钟馗画是中华古老民族文化的载体，它源于轩辕，肇始于盛唐，楚风唐韵，蕴含大千。灵璧钟馗画冶民间画、宫廷画、文人画于一炉；融宗教史、民俗史、哲学史、美术史、文学史于一体，具有精神文化与审美功能的双重价值。在今天的审美情趣里，其与文人画是一种互补共存融会贯通的中国艺术形态，因此它具有很高的历史价值，人文价值，审美价值和学术价值，是全球多元文化体系中卓具特色神秘幽深的一元。它在中国人民心理上永生，在世界美术大观园里熠熠生辉！

萧县农民画

萧县农民画出自安徽省萧县，是当地的传统工艺美术品，以中国画水墨写意著称于世。萧县位于安徽省最北部，它的东北部距徐州仅 23 公里。春秋时称萧国，为宋附庸，1955 年划归安徽省。

萧县以前出土过良渚文化的彩陶和汉画像石，曾被国画大师李苦禅誉为“国画之乡”。南朝宋开国皇帝刘裕就是萧人，他当时以书画名世，从南朝开始，书画传统绵延至明代，同时乡村出现了乡土书画家群体，清中晚期形

成民间国画水墨写意的“龙城画派”，享誉徐淮。自 20 世纪 30 年代至 60 年代，从萧县农村走出了王子云、刘开渠、朱德群、王肇民及萧龙士等美术大家。新中国成立后，又有吴燃、郭公达、卓然等 50 多位书画家走出萧县，笔耕在全国各地。

改革开放以来，萧县民间艺术发展极盛，尤其是农民绘画和书法活动蓬勃发展。至 20 世纪 90 年代初，书画队伍已达万人之数，笔墨成趣者近 4500 人，出版书画集 60 多部，举办展览 670 多次，其中省和国家级 70 多次。在 1993 年萧县被文化部命名为“中国农民画艺术之乡”。

砀山年画

“门神门神骑红马，贴在门上守住家。门神门神扛大刀，大鬼小鬼进不来……”这是一首广为流传的民谣，而这首民谣中提到的“门神”就是年画。在砀山县，一到过年，家家户户都喜欢贴年画，寓意祛邪避灾，迎新纳福。春节里，来拜年的亲朋好友络绎不绝，砀山县良梨镇三坝集村的王友福老人，总是乐呵呵地向大家介绍自家贴的年画。伴随着此起彼伏热闹的鞭炮声，年味就从一幅幅色彩鲜艳的年画弥漫开来。

砀山县民俗专家的黄世东，他是砀山县文化馆原馆长，曾编著了 29 万字的《砀山民俗文化》一书。

据黄世东介绍，砀山年画是一种古老的民间艺术，属于中国画，如今年画也成为城乡居民欢度新春佳节的必需品，在春节前张贴年画、春联已成为一种民俗。说起砀山年画，黄世东讲述了一个千年流传的民间传说。据说，唐太宗李世民一次生病，在梦里常听到鬼哭狼嚎之声，以致夜不成寐。这时，大将秦叔宝、尉迟恭二人自告奋勇，全身披挂地站立宫门两侧，果然宫中平安无事。李世民认为两位大将终日站岗太辛苦了，心中过意不去，遂命画工将他两人的威武形象绘在宫门上，称为“门神”。后来，民间争相仿效，几经演变，形成自己的独特风格，便成现在的年画了。年画色调明快，富丽堂皇，色彩鲜艳，红红火火，为春节增添热烈欢快的氛围。人们张贴年画，祝愿新年吉庆、祛凶迎祥、祈福禳灾和装饰美化环境，表达迎新纳福的思想情感和向往美好生活的愿望，反映民众的风俗和信仰。和春联一样，年画起源于古代的“门神画”，春联由神荼、郁垒的名字而向文字发展，而年画依然沿着绘画方向发展，多以敬德、焦赞、秦琼、孟良等古代武将作为门神。“以前过年，即使生活再贫困，日子再艰难，也要买张年画贴上，仿佛只有这样，才有过年的气氛。贴上年画，整个屋子都亮起来，尽管还是墙壁斑驳的老屋，却有了家的温馨，多了过年的喜庆。”黄世东说。

据了解，山东潍坊杨家埠、江苏苏州桃花坞、天津杨柳青和四川绵竹的木版年画在历史上久负盛名，是我国著名的四大民间木刻年画产地，被誉为中国“年画四大家”，砀山年画属于山东潍坊流派。砀山年画历史悠久，是我国年画众多画派的一枝绚丽花朵，表现形式多种多样，有和谐、传统、吉祥、喜庆、镇宅之分；内容丰富，有现代题材、演义小说、民俗风情、神话传说、历史故事、戏剧人物、儿童、山水、花鸟、虫鱼等；品种齐全，有独幅年画、门画、灶画、墙画、中堂年画、对联年画等。

如今，砀山从事年画创作的有 10 余人，文化馆退休职工范凤玲、孙宗喜，社会美术骨干黄兴桥、张庆林等，都是砀山年画创作的领军人物。该县每年举行“砀山年画展”活动，展出新创作品近 100 幅，部分作品还参加国家、省市级展览，年出版销售年画万余张。2010 年，砀山年画被列入安徽省第三批非物质文化遗产名录。

灵璧磬石雕刻

灵璧磬石，产于灵璧县及相同地质年代的周边地区，是一种黑色大理石，也是天然形成的奇石。宋代诗人方岩曾赞美灵璧奇石：“灵璧一石天下奇，声如青铜色如玉。秀润四时岚岗翠，宝落世间何巍巍。”灵璧石有奇特的天然造型，峰峦嵯峨，浑然天成，骨秀色青，扣之有声，集漏、透、瘦、皱、怪、丑、清、奇、形、响诸美于一身，色泽秀丽雅致，质地细腻光洁，居中国四大美石之首，为历代名人雅士所珍爱，收藏甚广。

灵璧磬石是怎么形成的呢？灵璧磬石的形成是由于地壳的不断运动变化，又经过亿万年的水中弱酸性水质的溶蚀和内应力、外应力的自然雕琢，去轻留精而形成的，具有“瘦、皱、透、漏、圆、蕴、雄、稳”等形态美的特点。

在晚元古代震旦纪(距今约9亿年)期间，经过吕梁构造运动，海水漫及灵璧县境内，灵璧成为浅海之海滨。在此期间原先藻类植物大量繁殖生长，形成礁体，在海相沉积相互作用下礁石发育成今天各类灵璧石矿体。在震旦系构造上沉积并形成了震旦系——奥陶系的碳酸盐岩石。进入古生代(距今约4亿—2.3亿年)经过加里东构造运动，地壳抬升为陆地后经华力西构造运动又下沉为浅海潟湖。直至中生代(距今约2亿年)，经印支构造运动灵璧一带才隆起为陆地，海水从此销声匿迹。在印支结构运动期间，灵璧境内地层发生了褶皱和断裂。在侏罗纪晚期至白垩纪，又发生了燕山构造运动，伴有火山岩喷发活动，出现了岩浆岩地质。进入新生代(距今大约一千二百万年)，在石灰岩泻蚀地区沉积了第三纪地层。近900万年形成了第四纪冲积平原地层。由此观之，我们今天所见的灵璧石，其形成期最长者距今约8亿年，最短亦在900万年之久，可谓天地之悠悠，自然之造化。在地壳各类运动中由于具有发声的金属

(铜或铁)溶于碳酸盐溶液中成矿，故灵璧石音韵独特，或如铜钟混响，或清脆金丽。灵璧磬石的是远古地层中的碳酸盐岩，形成已七亿多年。灵璧磬有几十个品种，其中经磬石最佳，磬石主要产在灵璧县的磬石山。

大理石灵璧磬石有大有小，天然成形。大者比较难觅，高广达数丈，如“卿云万态奇峰”，宜置于园林庭院，立石为山，这样，峰峦洞壑，岩岫奇巧，如临华岱；中者可作小丘蹬道、河溪步石、池塘陂岸缀石、草坪散石点缀；小者最多，主要作为斋室厅馆的清供，亦可装点盆景。灵璧石线条柔和，石表清润秀奇，坳坎变化，乃千姿万态，妙趣迭出。王守谦等人说，在他们目验的灵璧中，有的如游鱼，有的如卧牛，有的如翔鸟，有的如游龙，有的如荷花灵芝，有的如仙人高士，不一而足。然更多的灵璧石则具备了“皱、瘦、漏、透”诸要件，虽一拳之小，亦能尽藏千岩之秀，有“试观烟三山外，都在灵峰一掌中”的意境。明人谢文堃在《金玉琐碎》中评灵璧石云：“盖皴法若画。峰峦洞壑。无不毕肖。”

灵璧石色以黑、褐黄、灰为主，也有白色、暗红、五彩诸色。有的黑质白章，或间有细白纹或黄纹，或杂色如块状隐嵌于石面。如前文所称金星、玉脉、赤线、黄沙纹者即是。灵璧一般以黝黑如漆者为佳，但有的白灵璧、五彩灵璧更为夺人眼目。

石肤之于供石极为重要。灵璧石的肌肤往往巉岩嶙峋、沟壑交错，粗犷雄浑、气韵苍古。似乎历尽沧桑，给观赏者一种凝重感。石表常见的纹理有胡桃纹、蜜枣纹、鸡爪纹、宝剑痕、弹子窝、蘑菇头、树皮裂、黄沙纹、乳丁、裙折、绉带、水道、卧沙、金星、玉脉、赤线、蟹爪，以及通孔、半穴。有的纹理还往往交错缠结，孔洞委婉，既有原始风霜味，又有音乐韵律感；暴露地面时间愈长，愈显示出其苍老古朴。有的灵璧石肤则圆润细腻，滑如凝脂，入手使人畅心怡怀，这种石把玩摩挲，温润尔雅，韵味十足。

灵璧石的音质堪称独步，无论是用小棒轻击，还是仅用手指微扣，都可发出琤琮之声，且余韵悠长。所以灵璧石之音有“玉振金声”之美称。历来的论石专家也都把灵璧石“声音清越”作为突出特征，大加赞赏。我国古代的石质乐器——磬，也将灵璧石作为首选材料，明洪武年间曾以灵璧石作磬遍赐各府治文庙即是一例。

灵璧石质的硬度在6度至7度之间，最符合供石的条件。供石硬度低易风化剥蚀，难以保养长久；硬度过高，则难以有委婉多姿的曲线。灵璧石既坚固稳实，有分量感，又能给人以温润感，就与它的硬度密切相关。所以古人在灵璧石辨伪时，往往以利刃刮之，不能刮出石屑者即为真品。

灵璧磬石的特点是具备“声、形、质、色、纹、意”六美。“声”是灵璧石的主要特点，它“声如青铜，余音悠长”。早在三千年前人们就用磬石制成“编磬”，我国第一颗人造卫星对外播出的“东方红”就是用编磬演奏的。灵璧石磬文化有着悠久的历史，早在唐代就有赏石的民族记载。宋明两代赏石文化进一步发展，出现了《云林石谱》《素园石谱》《灵璧张氏园亭记》《灵璧石考》等一大批赏石文献，形成了东方爱石文化，并传播到日本、朝鲜及东南亚各国。

灵璧磬石具有高度、宽度和厚度，与赏石者处于同一空间。因此，随着赏石者视角的转换，同一块灵璧磬石的形象和神韵会呈现出多面甚至复杂的变化，具有不同的美感。

灵璧磬石的音韵美在中国最早的地理著作《尚书·禹贡》中就有取灵璧磬石制磬的记载。磬与编钟前身的“钲”，同为宫廷的主要乐器，曾响彻皇宫内外，在中国音乐发展史上占有重要地位。

灵璧奇石，灵性十足，传说能镇宅趋吉、祈福纳祥，取“石(时)来运转之意”。唐代大诗人白居易一生酷爱灵璧石，常对灵璧石鉴赏赋诗。五代南唐后主李煜广搜天下佳石制砚，置砚务官开发灵璧砚山，获一方绝砚，上有三十六峰，天生砚池，即可砚墨实用，又可清供观赏，后主爱之如宝。后来这枚砚山被宋代大书画家米芾所得，又被评砚家苏仲恭相中，以丹阳大宅换砚，米芾由此轻落一处房产。米芾是我国有名的石癖，他在涟水(今江苏涟水)任职，因地近灵璧，故蓄石甚丰，他公事少做，顽石如痴如醉，而每日癫狂拜石。据南宋费《梁溪漫志》载：米守濡须城时，闻河旁有怪石，令人移至州衙赏玩，见石形状怪异，甚感惊奇，命设席拜于庭下曰：“吾欲见石兄二十年矣！”米芾焚香拜石的情境，令人忍俊不禁，传为一段佳话。

灵璧石曾被清朝乾隆皇帝御封为“天下第一石”。其诱人魅力在于它集声、形、质、纹诸美于一体，有着无比丰富的美学内涵和极高的观赏收藏价值。

蚌埠杨氏微雕

微雕被称为“鬼工技”，上至帝王下至庶民无不喜爱备至。中国微雕艺术在经历了一万多年漫长缓慢的发展演变后，至明代末期开始进入一个全盛的成熟时期。这个阶段是从明末一直延盛到民国。杨氏微雕艺术在继承中华传统文化的基础上创造了现代微雕艺术的巅峰。“杨氏微雕”一脉相承，系杨大可、杨其鹏、杨洋一家三代人不同时期微雕艺术作品的统称。

杨大可(1926—1990)，中国著名微雕艺术家，杨氏微雕的一代宗师。其微雕艺术炉火纯青，盛誉海内外，其微雕绘画，造型准确精当，无论是人物、山水、花鸟、虫鱼、走兽、皆栩栩如生，灵而有性；其微雕书法，飘逸潇洒。金石篆刻，刚劲有力。可谓书画兼工、技艺全面、风格独特。作品先后在合肥、深圳、广州、北京故宫以及日本大阪、神户等级地展出。20 世纪 80 年代其微雕作品在日本中日文化交流展出时，引起轰动，被视为无上神品。

杨其鹏，杨大可之子，工艺美术大师、高级美术师、蚌埠市民间工艺美术行业协会会长、安徽省政协委员、安徽省政府参事、自幼师承其父杨大可，刻刀可直接运刃于珍珠、黄金、人发、瓷器、象牙、紫砂和各种玉石上施雕。杨其鹏的微雕艺术作品和印章边款被美国、韩国、日本、新加坡、泰国等国家和台湾、香港等地区的政府要员、大亨巨贾、世界船王以及海内外艺术名流、社会贤达、知名人士所珍藏。发雕作品还创造了多项世界基尼斯纪录。

杨洋，杨其鹏之女，“杨氏微雕”世家的第三代传人，安徽省工艺美术大师、高级工艺美术师。杨洋的微雕艺术作品别有佳趣，一出道，就已初露意欲超越父辈的天分。2004 年，杨洋和父亲杨其鹏的象牙微雕作品被中共中央办公厅、毛主席纪念堂收藏。纤纤素手，玉笋刀笔，小荷初露，已成大观。杨洋大概是迄今为止，从事精微艺术作品创作的最年轻的女性，这本身就堪称奇绝。杨氏微雕艺术，融博大精深的古今中华民族文化于一体，集丰富多彩的绘画书法雕刻艺术于一炉，是多种艺术形式之大成，堪称中华绝技！

淮北泥塑

泥巴有极强的可塑性，只要构思好素材，再经巧手加工，就能创作出各种精美艺品。民间艺人用天然廉价的材料，制作出各种各样逼真的作品。在淮北市众多民间技艺中，泥塑就是其中的优秀代表。

1937 年，李正卿出生于临涣镇(今濉溪临涣镇)四里村井营孜庄，那时，包括祖父和父亲，他们家族里的上几辈人都在从事庙塑创作，他们大都技艺精湛，学徒遍布江淮大地。李正卿也热衷泥塑创作，既因为耳濡目染，又出于内心的喜爱。

小时候，李正卿经常“泡”在父亲身边，学习泥塑和扎纸、书画、刻印，打下了好的艺术功底。初中毕业后，他成为濉溪县剧团的一名舞美设计，不但没有将这项祖传手艺荒废，反而利用业余时间不断精益求精，创作出大量在淮北及周边地区屡获奖项的作品，剧团演出用的很多道具也出自他的手笔。

因创作的泥塑作品惟妙惟肖，寓意深刻，李正卿被尊为“泥塑李”。2014 年 6 月，安徽省公布第四批省级非物质文化遗产名录，李正卿作为淮北泥塑传承人榜上有名。

近年来，为了将淮北泥塑这项省级非物质文化遗产技艺发扬光大，让这项绵延千年的古老艺术传承下去，淮北市各级文化部门通过多种方式予以宣传、推介，淮北读者节组委会也多次将李正卿请到活动现场。周边地区的多所高校和小学也发动师生，定期到传承基地接受李正卿的教学。

我们希望这一非遗项目能更好地得以传承。

殷派面塑

面塑俗称(捏面人)，是民间老百姓反映生活、热爱生活的一种丰富多彩一门艺术。殷派面塑在淮北人民群众的文化生活中非常重要，尤其是对青少年儿童的吸引力和影响力甚大，曾经是淮北几代人儿时抹不去的记忆。

殷派面塑的形成迄今也有400多年历史了。殷派面塑的艺术具有淮北地方特色，大多数作品都是反应淮北民间风土人情和民俗传说的，是民间老百姓祈福、歌颂民间传说、祝贺节日，以及祝寿，歌颂的一种民间生活习俗的艺术。尤其年节，庆典更能体现“殷派面塑”艺术的活跃性。艺术作品来源广泛丰富多彩，受地方区域，习俗，传说，时代，市场的影响，作品独具风格。

殷铤崴是“面人殷”面塑流派的第七代传人，自幼跟随其父第六代殷塑传人殷福田从艺，已有三十多年艺术生涯，在民间技艺比赛中屡受殊荣。他的艺术流派具有淮北地方性特色，大多数作品都是反映淮北民间风土人情和民俗传说，又受淮北汉文化的影响，正逐步把“面人殷”艺术，带向更高的艺术层面。

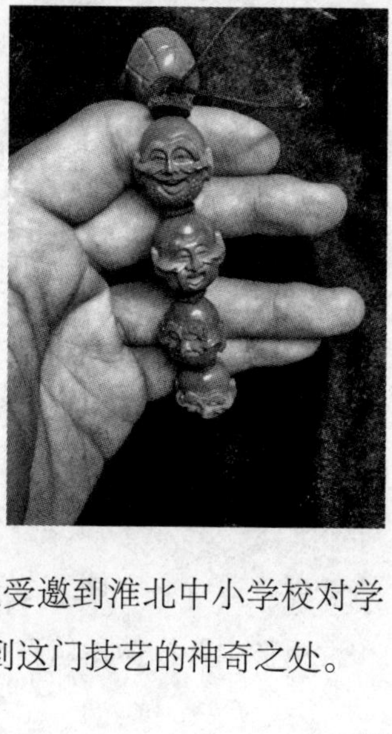

现如今，殷铤崴作为第七代传承人，如今收了淮北市的第一位徒弟，他也看到了面塑传承的希望。很多传统技艺的传承有个不成文的规定，技艺只传自家一脉。虽然之前他也收过一些徒弟，但是在淮北市，甚至在安徽省，他都从未收过徒弟。殷派面塑之前也是遵循如此的规定，由于不能广授技艺，使得如今能掌握这些民间艺术的人越来越少，眼看这门手艺即将没落，殷铤崴打破旧规矩，传承不再局限于只传自家。

除了收徒，殷铤崴还把艺术带到了课堂上。他受邀到淮北中小学校对学生们进行教学活动，让更多的孩子能够直观地感受到这门技艺的神奇之处。

阜阳剪纸

阜阳剪纸是安徽阜阳一门古老的传统民间艺术。其多以五谷丰登、吉祥喜庆、六畜兴旺、年年有鱼(余)等民间题材为主。阜阳剪纸情趣丰富，装饰味重，粗犷之中蕴纤巧，质朴之中见秀丽，刚柔兼备，情趣醇和，兼有南北剪纸的艺术特色。其作品有单色、填色和染色等。2002年农民剪纸艺人程建礼被中国剪纸研究会评为中国剪纸大师；2006年，阜阳剪纸被命名为安徽省非物质文化遗产；2008年，阜阳剪纸被列入中国国家级非物质文化遗产第一批名录。2009年，阜阳市颍州区又被文化部批准为“中国民间剪纸艺术之乡”。全地区有剪纸大师一人：程建礼(已故)。省级非物质文化遗产传承人四位：朱坤英(已故)、刘继成、程兴宏、吴青平。剪纸艺人近50人。阜阳剪纸研究会会员达108人。现在，阜阳剪纸发展走向一个新的阶段。

阜阳剪纸产生的确切年代已无法考证，但关于阜阳剪纸的历史，可以追溯到南北朝时期。歌颂巾帼英雄花木兰(古谯郡人，今亳州人，亳州原属阜阳)的《木兰辞》(北朝乐府民歌)中就有“当窗理云鬓，对镜贴花黄”的诗句，“花黄”即是头贴剪纸。这说明早在南北朝时期阜阳地区就出现了剪纸艺术。

阜阳剪纸兼容南北之长——浑厚中见洒脱，淳朴中藏秀美，刚劲中育柔和，粗犷中含细微，达到虚与实、动与静、巧与拙的和谐统一。无论是剪、刻、撕、染，都能尽态极妍，臻于完美。

其艺术特色可归为以下几点：

一是取材广泛，内容丰富多彩。阜阳剪纸的题材分为吉祥喜庆、花鸟鱼虫、民间戏曲、现实生活题材四种题材，内容涉及文学、历史及生活、生产等各个领域，这些题材中很多都是取材于大自然，是对大自然事物的再现，有其朴实优美的一面，善于表现劳动场面和农村生活和擅长对人物塑造。如现实生活题材、花鸟鱼虫题材就是取材于自然界的动植物。

二是刚柔并济，形式和谐生动。阜阳剪纸受道家“阴阳”观念的影响，更追求阴阳结合，刚柔并济的效果。刚与柔的并置是阜阳剪纸中完美的和谐音。主要包含形态对比、大小对比、粗细对比、精粗对比、位置对比等。体现在剪纸的造型手段上，就是善于运用阴阳剪交替的手法，对黑白关系进行处理与把握，这使得剪纸主次更分明，效果更丰富、和谐。

三是托物寄情，寓意吉祥幸福。阜阳剪纸善于通过自然对象寓意对美好生活的向往。如“莲花”“荷花”“石榴”“鸳鸯”等寓意对人的繁衍生息，以朴实平时的艺术语言来表现人们对生命的关注。工艺美术理论家张道一先生曾以“福、禄、寿、喜、财、吉、和、安、养、全”十个字来概括民间美术中的吉祥寓意。阜阳剪纸中常用的有谐音、谐形、象征的手法。比如，牡丹寓意富贵，石榴寓意多子多福，喜鹊寓意喜事，蝙蝠寓意幸福，花瓶寓意平安等。体现了阜阳地区人们对幸福生活的期盼与热爱。

四是主观意向，造型自由夸张。民间剪纸图案大多不受任何真实存在关系的约束，不考虑透视关系，大胆地运用主观意象，表现创作者想表现的一切。在阜阳剪纸中，只要是作者能够想象到的、意识到的，不管任何物象，它都可不受透视、解剖、比例关系的约束，运用夸张、变形、对比、取舍的手法，把物象进行理想化的塑造，追求超越现实的装饰美。

五是古朴醇厚，风格朴实优美。阜阳剪纸的美，美在有浓郁的“乡土味”，塑造的形象是老百姓喜闻乐见的，取材生活，贴近自然，形象生动。创作者是阜阳地区的广大农民，其情感、品格、审美直接受当地自然条件与历史文化的影响，他们言谈朴实，热情好客、个性真诚。他们用深厚的生活基础、勤劳的双手和纯朴的情感塑造出古朴、醇厚的剪纸形象。

阜阳剪纸的大部分作者都土生土长，他们以自己的作品来表达生活情趣，美化周围环境。逢年过节，婚丧喜事，祝寿送礼，人们习惯用剪纸装饰物品；妇女们在鞋帮、衣帽、枕套、手帕、围裙上绣的花样，也喜欢用剪纸作底稿。农民传统的朴素的审美观，直接影响着艺人的剪纸作风和作品内容。阜阳剪纸多以吉祥喜庆、五谷丰登、六畜兴旺、年年有鱼（余）等民间题材为主。阜阳剪纸，以传统多样的题材、丰满严谨的构图、浓郁的乡土气息和纯朴的艺术特色而享有盛誉。1978 年以来，阜阳剪纸继在合肥、上海、南京、北京以及日本东京等地展出之后，又由中央新闻纪录电影制片厂搬上了银幕。阜阳剪纸正在慢慢走向世界。

杜氏刻铜

在很多人眼里，杜氏刻铜这种能够变刀为笔，以阴文刻、阳文刻及双钩浅刻等造型手法，使山水人物、花鸟鱼虫、楷行草篆“跃然于铜上”的工艺，无异于“鬼斧神工”。他们能在铜壶上作画题字，线条流畅，铜板上妙绘山水，如临其境。而在杜平眼里，这些却仅仅是一个“铁锤敲钢刀”的事。一人一锤一钢刀，看似没有多少秘密，却在无形中演绎着阜阳杜氏刻铜这项“新科”国家级非遗的坚守与传承。2014 年 11 月，安徽省阜阳市申报的“杜氏刻铜”经国务院批准列入第四批国家级非物质文化遗产代表性项目名录。

杜氏刻铜技艺是阜阳民间艺术的一朵奇葩，其代表性传承人杜平在其父杜鸿年的熏陶下，在刻铜艺术方面自成一家，其作品线条流畅，工艺精湛，造型独特，古色古香，集书法、绘画、篆刻等多种艺术形式于一体，实现了方寸间的气象万千。近年来，杜平多次赴海内外参加非物质文化遗产作品展览和文化交流活动，作品多次在国家级、省级各类展览和大赛上摘金夺银。

刻铜与传统的作画不同，纸上写字、画画，错一笔，还可以换一张纸，或者修改，但是铜就不行，错一点，一个完好的铜器就有可能没用了，所以在刻铜前就要做到胸有成竹。这也造成了刻铜技艺难以传承，因为学习刻铜需要扎实的美术和书法功底，而且研习过程枯燥和艰苦，坚持下来的学生寥寥无几。好在，有几个青年现在以兼职学习的形式，坚持着刻铜的研习，这让杜平安心不少。现在他最大的愿望，就是这些“准徒弟”能够把刻铜坚持学下去，让杜氏民间工艺继续传承和发扬光大。

曹县江米人

山东曹县有一种捏制江米人的汉族传统手工技艺，独具特色。逢年过节，大大小小的庙会、集市上，总少不了艺人们捏制江米人的身影。他们用粗糙、满是老茧的双手，创造出各种生动逼真、神采飞扬的神话人物、祥瑞动物形象。

江米人，是面塑的一种，用小麦粉、糯米粉混合揉成面团，在面团中掺入各色颜料将面团揉匀，捏制而成的一种色彩绚丽、艺术造型多样的艺术品，主要用作祭祀、观赏、娱乐之用。在曹县，捏制江米人的习俗主要流行于桃源镇、安蔡楼镇、青岗集乡等地区。据当地老人讲，远古时期，鲁西南灾祸连年，人们为了祈求风调雨顺，便集会举行祭天敬祖仪式，同时杀猪、牛、羊等牲畜作为供品。后来，人们祭天敬祖不再用猪牛等牲畜，而改用面捏制、蒸制而成的猪牛等形象，后来又在供品中增加了瓜果、蔬菜等各种样式的蒸馍。为求逼真的效果，还在供品表面涂上各种颜色。后来，艺人们为了方便直接在和好的面团里揉入颜料，制成各种彩色面团，然后进行捏塑，捏制的形象也由最早的猪、牛、羊等动物扩展到神话人物、历史人物、传说故事、祥禽瑞兽等各种题材。

捏制江米人一般从面部五官开始，综合运用揉、捏、剪、挑、压、粘、贴等方法，就能捏塑出细腻传神的江米人。首先取出一定量的面团，按在竹筷上，用拨子捏出脸部轮廓，然后捏出眼、耳、鼻、嘴等形态，粘上黑色的眉毛；用拨子采用压、贴的手法，制作出眼睛，挑出嘴唇后，捏制具有装饰性的帽子及花翎等饰物；接着，制作出穿有黑靴的双腿，取出黄、绿、红、黑等颜色的面剂揉匀，捏成片状，制作成色彩斑斓的裙袍，再用面剂捏成手臂，用小剪子剪出五指形状，用小梳子把黑色的面剂按压做成胡须。最后是把不同颜色的面剂缠绕在篾子上，制作出人物佩带的刀、枪、剑、戟等武器。这样一个个色彩丰富、精神饱满的人物立即活灵活现起来。

明洪武年间曹县桃源镇、安蔡楼镇等地就制作花供祭祀天地、火神，花供有用江米面捏制的人物、麒麟、花鸟等。这种民间风俗一直延续到今天，表达了民众祈求幸福安康的美好愿望。此外，江米人在平时更多的是用作儿童玩具，艺人挑着扁担游走四方，边做边卖。当地有俗语称："一根扁担两条绳，走遍天涯不受穷。""肩上放上扁担货，走遍九州不挨饿。"都说明江米人是曹县手工艺人的一项重要的副业收入。江米人还曾流传到菏泽周边的河南商丘、开封，江苏徐州、沛县一带；伴随着闯关东的艺人还大量扩展到东三省，甚至有曹县艺人在新中国成立前将此手艺带到台湾，以至于艺人的足迹则遍布大江南北。

曹县江米人是山东民间艺术的一个重要品类。它是用江米面捏制的色彩绚丽、艺术造型多样、风格独特，用来娱玩和祭祀的民间艺术形式。由于曹县地处平原，交通便利，手工业发达，在与外界频繁的接触交往中，民间文化艺术交汇融合，因而江米人生长和传承的土壤丰厚。

曲阜楷木雕刻

曲阜楷木雕刻是山东省古老的汉族传统雕刻艺术之一。至今已经有2400余年的历史。曲阜是历史文化名人孔子的故乡。曲阜作为圣人之乡，因礼仪之邦而名扬四海。曲阜楷木雕刻是曲阜独有的传统手工艺术，为曲阜"三宝"(楷雕、碑帖、尼山砚)之一。它内涵丰富，技艺精湛，历史悠久，品种繁多，具有鲜明的民族特色和独特的艺术魅力。

据记载，"北宋末年，女真贵族南侵、康王赵构渡江建立了南政权。四十八代衍圣公孔端友于建炎二年(1128)带子贡所雕楷木像去扬州陪祀，未再北归，赐居浙江衢州，另立孔府称南宗"。据此可证，楷雕之始应为孔子门人子贡所创。他用楷木雕刻的其师孔子、师母亓官氏的两尊圆雕坐像，已成千古传世之宝，而如今存于孔子博物院内。孔林中的“子贡手植楷”就是其珍贵的历史遗迹。相传孔子辞世后，他的弟子子贡，为恩师庐墓六年，并从外地移来奇木种植于墓旁，以寄托哀思之情。

楷雕技法分圆雕、浮雕、透雕和镂空雕。经历代艺人们的辛苦创造形成了独特的艺术风格，形神兼备，刀法古朴简约，取法正宗，浑厚精细。楷雕的制作工艺有十几道之多。楷木雕产品也由原来的“寿杖”“如意”几个品种发展为孔子像、各种人物、花鸟走兽和文具等近百个品种。如意图案有龙、凤、蝠、鹿、鹤、八仙、三星等题材，寓意好运当头、幸福吉祥等。头为灵芝祥云状，通体雕花、浮雕、透雕、镂空雕等众多雕刻技法，交叉使用。作品赋有神韵，行乎自然、高贵典雅。

曲阜名胜古迹众多，古式建筑群到处可见。曲阜楷木雕刻汲取了孔庙所存汉画像石刻和大成殿龙柱等姊妹艺术的营养，经艺人们的艺术加工，巧妙地运用到“寿杖”“如意”上来，使原有简朴的如意、手杖得以充实了生气和美感。圆雕方面受着孔林翁仲造像及文豹、角端、华表等造型的熏陶。曲阜楷雕艺术与三孔雕刻是分不开的。楷雕历经秦、汉、唐、宋、元、明、清，已有2400多年的历史了，其间，艺人们通过世代相传的辛勤劳动和不断的创造与提高，使楷雕形成了自己独特的风格。

楷雕传统产品有人物、楷杖和如意。至清咸丰年间，楷雕艺人辈出，光曲阜一地就有李家、徐家、颜世仁、孔广义等四家以楷雕为业，尤其以颜世仁、孔广义雕刻为精。根据《曲阜县志》卷五和有关文献记载，此种工艺已被列入史册，如人物志载有：“颜锡忠业木工精雕刻，清光绪十七年慈禧太后寿辰，山东巡抚张命做寿杖一支、如意两架以作寿仪。其杖刻百龙百珠云霞相映，玲珑细巧跃跃欲活；如意刻有八仙祝寿，耳、目、口、鼻、高、短、肥、瘦不异生人，太后见之称为绝技，深加赞赏。其子振轩、侄振昌亦功此业，深得其家传云。”

郯城木镟玩具

郯城木镟玩具发祥于山东鲁南地区临沂市郯城县港上镇北部的樊埝村，俗称“耍货”，源于元末明初，已有600多年的历史。

郯城木镟玩具具有浓郁的乡土气息。它的题材内容、艺术形式都是为适应农村特点而产生的，很有地方特色。在图案设计上，多取材于民间神话、民间故事、历史故事等，具有造型精巧、形象逼真、色彩艳丽、夸张传神等特点。部分木镟玩具运用机械原理，玩具能运动，且伴有声音，颇富情趣，深受广大群众的喜爱。这些看似极普通的木镟玩具，却包含着古老的文化内涵，而于游戏中寓意着护生和辟邪的作用。

木镟玩具以长短不一、粗细不等的木材为原料，其制作的过程是从“刮树皮”开始的。刮树皮就是用镰刀把杨柳木的树皮刮去。刮完树皮后就把木材截成一段一段，然后这些木材就可以用了。做木镟玩具的木材一般是较粗点的树枝。然后开始制毛坯，就是在镟床上先把木头镟成各种毛坯，做不同的木镟玩具需要有不同的毛坯。毛坯做好后，就开始上颜色了。首先是“上粉子”，即在木头表面涂一层粉子，粉子是滑石粉跟水胶混合的。这样做是为了上色的时候能比较均匀。打完底子后要晾干，晾干后才能再在上面上颜色。传统的木镟玩具常用的颜色为桃红、草绿、艳黄等艳丽的颜色。彩绘所用图案一般是由老一辈艺人一代一代传下来的，根据不同类型玩具绘以各种花卉、动物等适合纹样。色彩和图案都极具乡土气息和地方特色。上好颜色后，再放到太阳下晾干，整个制作过程就算完成了。

郯城木镟制品自创始以来，一直以樊埝村为中心，世代相传，已传至第十九代，并且历代都有传承比较典型的人物，对木镟制品进行不断创新。从

20 世纪七八十年代起，郯城木镟玩具以村民樊继美为代表，生产京剧脸谱、木偶人等，樊埝村木镟玩具的制作完成了由手工向机器生产的方向转变。有资料显示，他们加工生产的木镟玩具已形成 10 大类 600 多个花色品种，传统作品有古代人物、虎头棒槌、高低棒棒人、燕车、鸟车、八仙花盘、和尚敲木鱼、不倒翁、京剧脸谱、花篮、杂货、木碗、把拉头子、撵钻子等。创新品种有胡桃人、火箭、飞机、大炮、智力拼盘等。产品不但在国家级民间工艺品比赛或展览中获奖，被中国美术馆、宋庆龄基金会等单位收藏，还出口日本、美国、韩国、新加坡等 30 多个国家和地区，年创汇 100 多万美元。樊埝村因此成为闻名遐迩的“木镟玩具之乡”。

金坛刻纸

刻纸是一门古老的民间艺术，金坛是中国刻纸流行最早的地区之一，早在隋唐时期，双喜、门花、堂花、灯花、鞋花、花鸟虫鱼、人物戏文等刻纸作品便散见于民间，世代沿袭，在金坛地区形成了刻纸传统。金坛刻纸以蕴涵浓郁的江南地方特色而显其艺术张力。

2007 年，金坛刻纸被列为江苏省非物质文化遗产名录，2008 年被列入第一批国家级非物质文化遗产名录。

金坛刻纸的历史可以追溯到明清时期。那时，金坛民间为了祛鬼祛邪、祈福迎祥，逢年过节家家户户会贴挂一种带有镂空图纹或象形字纹的纸，一般贴挂在门楣、梁沿、船头、舱尾、篷架、神龛等处的边沿，颜色多为大红，偶有黄、绿。这种被称为门笺、喜笺或是花笺的镂空纸，便是金坛刻纸的雏形。

旧时金坛的灯笼、龙灯和纸扎等行业很红火，扎好的灯笼常会糊上刻镂的纸质图案做装饰。到了清末民国初，这种纸质装饰逐渐从灯笼蔓延到鞋花、窗花、喜娃、寿星、八仙、钟馗和花鸟虫鱼等。

到了 20 世纪 70 年代中后期，金坛县文化馆组织了一批具有较好基础的民间美术骨干，进行剪(刻)纸培训辅导，现在的刻纸国家级非遗传承人杨兆群也在其中。开班后不久，他们创作的《大干促大变普及大寨县》首次入选

“江苏省农民画展览”，振兴金坛刻纸的序幕从此拉开。

随后，金坛县文化馆成立工艺美术社，汇聚部分以民间刻纸见长的美术骨干，形成了一个刻纸创作的群体，逐步走上了群体式的金坛刻纸创作之路。1980年6月，北京中国美术馆举办了为期18天的“金坛民间刻纸艺术展览”，展出作品220多幅。1993年12月，金坛被文化部正式命名为“中国民间美术(刻纸)之乡”。

1997年4月，金坛刻纸分别选送60余件和40余件作品参加美国洛杉矶“中国民间艺术一绝大展”及休斯敦“美国第26届国际艺术节”展览，民间刻纸艺人殷卓宁受文化部委派，赴休斯敦进行现场刻纸艺术表演，赢得一片赞誉。2001年7月，在荷兰鹿特丹市展出期间，被当地媒体赞为“千姿百态人堪颂，皆是金坛神手来”。1995年，刻纸艺人朱晓坤、殷卓宁、孙荣才被联合国教科文组织和中国民间文艺家协会联合授予“中国民间工艺美术家”称号。

2007年和2008年，由多位金坛刻纸艺术家历时3年共同完成的巨幅作品《奥运梦·中华魂》和《从雅典到北京》分别被赠送给北京奥组委和国际奥委会名誉主席萨马兰奇，受到盛赞，后者(绿版)被国家博物馆收藏。

2007年，金坛刻纸被列为江苏省级非物质文化遗产，2008年，被列为国家级非物质文化遗产。2008年，金坛刻纸艺人杨兆群、殷卓宁、孙荣才被列为省级非物质文化遗产项目的代表性传人，其中杨兆群为国家级代表性传承人。

百年来，金坛民间刻纸已积累了600多个品种，在国内外各种报刊上公开发表，在省和国家级参展或比赛中入选、获奖的作品1000多件，还有近百幅作品被中国、国外美术馆收藏。

苏州灯彩

苏州灯彩大多绘有山水人物飞禽走兽花草，工艺十分精巧，画面丰富多彩，光华灿烂，制作巧妙。如有一种“剔画彩灯”和“走马灯”，灯上设置各种故事人物，有西施采莲、张生跳墙、刘海戏蟾之类。待灯里燃起蜡烛，冷热空气对流，人物即能循环转动，颇有趣味。

元宵观灯，在我国有着悠久的历史。从汉朝开始，就有关于关结灯的记载。传说早在两千多年前汉武帝就“结灯为山祭祀太乙”。到唐代，元宵张灯的风俗进一步盛行。唐睿宗时，在长安搭建灯楼，燃灯万盏。进入宋代，更是盛况空前，城镇上出现了灯市。因此，我国历来把元宵节称为灯节。

辛弃疾有《元》词：“东风夜放花千树，更吹落、星如雨。宝马雕车香满路，风箫声动，玉壶光转，一夜鱼龙舞。”把灯节的景象写得十分壮观。宋代苏州灯节之盛，《石湖乐府序》记载：“吴中风俗，尤况上元，前一日已卖灯，谓之灯市。……诗云：吴台今古繁华地，偏爱元宵影灯戏。春前腊后天奴晴，已向街头作灯市。选玉千丝似鬼工，剪罗万服人力穷。两品争新是先出，不待三五迎东风。儿郎种麦荷锄倦，偷闲也向城中看。酒垆博塞杂影呼，夜夜长如正月斗。”由于元宵赏灯风俗在苏州十分盛行，这就促进了苏州纸扎彩灯工艺的高度发展。据史书记载，宋代在杭州举行的花灯展览会上，苏州与福州制作的花灯名列前茅，评为上品，蜚声海内。苏州花灯品种繁多，有罗帛、琉璃、鱼鲩、麦丝、竹缕、夹纱、料丝、鳌山。《红楼梦》中讲到薛蟠从苏州带回京师的花灯叫纱工灯，也是其中的一种。

徐州剪纸

徐州剪纸是一种江苏省的传统民俗工艺品，广泛分布于邳州、新沂、沛县等地，剪纸技艺在当地世代相传。其形式大致可分为装饰剪纸(窗花、顶棚花、盆花、枕花、帐花、灯花等)、绣花纹样(鞋花样)、特种剪纸等。徐州剪纸取材丰富，内容广泛，有历史故事、民间传说、戏剧人物等类型的作品，也有以现实生活为主题、反映新时代精神风貌的剪纸作品。2008 年徐州剪纸入选第一批国家级非物质文化遗产扩展项目名录。

徐州剪纸具有很高的艺术价值和人文价值。艺人用独特的艺术语言，对黑白关系进行大胆处理和把握。作品中有时会出现大面积的空白，有时在大面积的色块中不着一剪，有时又出其不意的在大面积的色块中，镂出一些灵性的物像，使剪纸工艺简洁明快，画面朴实、大刀阔斧，保持了原生艺术的纯正品格。

徐州香包

香包，又称“香囊”“香缨”，俗称“香布袋”“料布袋”。制作和佩戴香包的习俗在中国由来已久，而香包中又以徐州香包较为出名。

徐州香包是传统的民间艺术品，是以男耕女织为标志的中国古代传统文化的产物。2008 年入选第一批国家级非物质文化遗产扩展项目名录。

它的历史可以上溯到战国时期。汉乐府长诗《孔雀东南飞》中有“红罗覆斗帐，四角垂香囊”；汉代《礼记》有云:“男女未冠笄者……衿缨皆陪容臭。”容臭即香包，说明汉代未成年的男女都是佩戴香包的。徐州是两汉文化的发祥地，因此可以说，汉代时徐州香包工艺已经出现了。当时的香包都用高级锦绣制成，内储茅香根茎或掺辛夷等香料。历经唐宋，到了明清时期，特别是清初，香包已成为爱情的信物了，而且香包作为佩饰盛行一时。

经过数千年的发展演变，逐渐形成了具有徐州地方特色的徐州香包工艺。至明清时期，香包不在属于单纯的日用品，同时被赋予了人文价值，清代《古玩指南续编》中说，香包在三教九流中渐成为炫耀斗富比巧的东西，一些士族阶层，富商小贩，他们不仅比佩玉品位高下，还比所带香包看出自哪位名家之手，看绣工如何，以及所用材料和镶嵌金丝宝石华贵程度，显然一度成为市面上一大流行趋势。

徐州香包从造型上看，以新、奇、美、真为特色，形状敦实淳朴，色彩对比强烈，立体造型栩栩如生，有较高的观赏、收藏价值。它形状非常多，有心形、圆形、菱形、元宝形、蝴蝶形、花瓶形(保平安)、水滴形、长方形、人物娃娃等。

徐州香包从内容上看，多以喜庆吉祥题材为主，如龙凤呈祥、鸳鸯戏水、松鹤延年、喜鹊闹梅等，寄托着人们祈求祥瑞、辟邪纳福、丰衣足食的美好愿望。随着经济的发展和人民生活水平的提高，徐州香包的题材也在发生着变化，出现了以戏曲人物脸谱、布袋和尚(招财)、麒麟送子、观音送福、两汉文化、卡通娃娃等为题材的作品，更适应当代人民的需求。

汴　绣

汴绣，中国传统刺绣工艺之一，历史悠久，素有“国宝”之称。它早在宋代就已驰名全国，以绣工精致、针法细密、图案严谨、格调高雅、色彩秀丽而闻名。

2006 年，汴绣被确定为河南省首批非物质文化遗产之一；2008 年，汴绣被列入第二批国家级非物质文化遗产名录。

汴绣起源于宋代。当时开封作为北宋的国都，称作“汴梁”也作“汴京”，是当时世界政治、经济、文化交流中心，而刺绣在北宋年间是手工业中一个重要行业，因开封古时称汴梁城，所以当时被称作“宫廷绣”的刺绣，就有了汴绣之称，汴绣与苏绣、湘绣、粤绣、蜀绣合称为中国五大名绣。皇宫设有“文绣院”，聚集三百多名绣女专为皇帝王妃、达官贵人刺绣服饰和绣画，所以宋绣亦被誉为“宫廷绣”或“官绣”。当时皇帝的龙袍，官员的朝服、乌纱帽、朝靴皆为宋朝刺绣精品。

北宋，刺绣行业与其他手工业一样，分为官营和私营两类。商品经济大发展，刺绣成了手工业中一个重要的行业。当时，手工业中著名的丝织，刺绣业由政府中少府监掌管。

在北宋初年，天下大定，百业俱兴。在平定后蜀时，得锦工 200 人，太祖乾德五年(967)在京师东京设立了绫锦院来安置他们进行生产。以后，又不断在绫锦院中增加一些浙江、四川、湖州的绫锦工人。这些我国古代著名丝织业发达地区的优秀匠人聚于京师，使东京官营丝织业如虎添翼。绫锦院的规模不断扩大，工匠人数日益增加，到太宗末、真宗初，已发展成手工业作坊。绫锦院高手云集，产品专供皇室贵族官僚显要享用，也供军队消费和岁时赐予。因此，北宋最高统治者非常重视绫锦院的生产，太宗曾亲自到绫锦院“命近臣从观织室机杼”。

南宋王朝自建立以来，一直在金国的威胁之下，因此刺绣业随着宋室南迁，大批优秀工匠被带到了南方。开封刺绣也随着政治、经济、文化地位的变化相应衰弱，加之屡次的水灾战乱，使宋绣流落到了民间。

野火烧不尽，春风吹又生，汴绣在民间的发展一刻没有停息。也正是北宋的衰亡，绣业的南迁，宋绣技师散落全国各地，在这几百年的历史长河中，中国的刺绣业却出现了前所未有的大融合的局面。而全国各地各派刺绣无一不或多或少地受到北宋宫廷绣的冲击和影响，直至现代。

汴绣借鉴了苏绣、湘绣等姊妹绣艺的长处，继承了宋绣的题材、工艺特点，吸收了河南民间刺绣的乡土风味，并在此基础上创新了大量针法。汴绣既长于花鸟虫鱼飞禽走兽，又善于山水图景，刻画人物形象细致传神。绣品既有苏绣雅洁活泼的风格，又有湘绣明快豪放的特点，从而形成了“汴绣”

绣工精致细腻、色彩古朴典雅、层次分明、形象逼真的特色。《东京梦华录》称它为“金碧相射，锦绣交辉”。汴绣针法既长于刺绣花鸟虫鱼飞禽走兽，又善于创作气势磅礴的山水图景，刻画人物形象更是细致传神。绣品既具有苏雅洁活泼的风格，又具有粤绣明快豪放的特点。

1956 年合作组转化为合作社，1958 年第一家汴绣国有企业——开封汴绣厂正式成立。通过对河南民间刺绣及末绣工艺的挖掘、搜集、整理、研究，同时向其他绣派学习借鉴，技巧和艺术效果都达到了新的水准。以北宋首都开封为体裁的《清明上河图》的成功绣制使开封刺绣行业进入第二高潮。1959 年汴绣《清明上河图》精心绣成，并作为国庆十周年献礼，陈列在人民大会堂，它以针代笔，以线代晕，使这幅宏伟浩繁的历史风俗画卷逼真地展现在人们眼前。作品展览时，中外客人无不叹服。

汴绣在原有的基础上又大量开发了仿古长卷、装饰画、皮影画等题材。工艺上和其他绣种一样把历史上的双面绣发展为双面异色绣和双面三异绣，其代表作品如异色绣中的《洛阳牡丹》、三异绣中的《中日友好》《嫦娥奔月与天女散花》。1982 年在中国工艺美术百花奖评比中，汴绣被评为湘、苏、粤、蜀之后的第五绣，其地位得到了真正意义上的确立。改革开放以来，汴绣工艺又得到进一步的发展与创新，精品迭出，如《清明上河图》《百骏图》《五牛图》《韩熙载夜宴图》《簪花仕女图》等绣品均为国家收藏或被国外友人重金购去。

此外，汴绣除刺绣之外，还有单面绣、双面绣、三异绣及大量机绣产品，品种繁多，题材广泛。曾多次荣获省“优质奖”“百花奖”，中国工艺美术“百花奖”“优质产品奖”，各种报纸杂志、电视台争相报道。

2007 年元月，开封汴绣行业协会正式成立。它的诞生，把汴绣行业的人们凝聚在一起，使开封的汴绣更加系统化，规范化，为开封汴绣走向世界奠定良好的基础。

当代的汴绣，与其说是针法和线的劳作，不如说是汴绣人智慧和毅力的结晶，是艺术集大成的珍品。如今流传甚广的一段话描述着中国绣品的现状：“苏绣猫咪，湘绣狮虎，蜀绣游鱼，粤绣鸟禽，汴绣人物最传神。”这也算是各有侧重吧。

布 艺

宋河镇的布艺最负盛名，在豫东地区优秀民间布艺中独具特色。它坚持纯手工制作，工艺复杂，除掌握剪裁、缝制、插花等多种技法外，还要融入一定的艺术想象力和创造力。

小孩子穿虎头鞋、虎头帽最是可爱了。虎头鞋、虎头帽作为河南省非物质文化遗产，在鹿邑民间广为流传，其制作工艺极其丰富。除了虎头的基本特征外，彩线、布料、毛线、皮毛、珠子、花边、金属片、扣子、彩带等材料往往反复使用，它在颜色上以鲜艳、亮丽为基调，加上粗大的针脚，粗狂厚重之气更加强烈，蕴含当地豪迈的民风和人文特色。

缝制虎头鞋一般先由剪纸样开始，根据事先合计好的样式，剪出“虎头”“虎身”“虎腹”三部分纸样，即鞋头、鞋帮、鞋底三部分；然后把它们贴在褙子上，依样裁剪下来，再在裁剪好的褙子上粘上面料。面料通常使用的是生活中常见的绸、缎或棉布，颜色的选择根据当地风俗习惯，主要有红、黄、蓝等主色。

如今，为更好地传承和发展虎头鞋、虎头帽，宋河镇文化站对全镇300多名民间手工艺人进行统计、建档和集中培训，采取基地骨干带动，民间艺人参与的生产经营模式，成立了李耳故居文化发展有限公司，走规模化发展虎头鞋、虎头帽民间布艺文化产业之路。

方城石猴

方城石猴又称画石猴，源于中国历史文化名城河南省南阳市的方城县独树镇砚山铺村，是一种传统石雕艺术品。方城石猴起源于宋代，鼎盛于明清，在民间已有1000多年的历史。2008年6月，南阳方城石猴被国务院列为国家级非物质文化遗产。因与“时候”谐音，意指“好运气”备受游客喜爱。民间艺人采用当地石料，雕出猴子形状，然后用黄、绿、红、黑等颜料涂染勾画在石猴身上而成，故又称“画石猴”。

石猴作为一种古老的民俗文化，每年农历三月三，在南阳市方城县小顶山都有庙会，庙会上出售一种石雕“小石猴”，地俗称“好时候”（谐音），也叫“画石猴”。赶庙会的人都踊跃购买，并相互赠送“好时候”，渴望能给自己和亲朋带来好运。“单猴”，寓意是“祖师封侯”；“母猴背小猴”，寓意是“辈辈封侯”。它独特的造型和吉祥的谐音，使得它誉满中原，长久不衰。当地人们逢年过节便以此为吉祥物让孩子佩戴，这在方城县形成了一种独特的“猴文化”。

这些小石猴造型别致，刀法简洁，具有浓郁的地方特色。它们分素色和彩色两种，彩色用黄、绿、红、黑等颜料涂染而成，高约三至五厘米。这些石猴形态多样，有单猴、猴背猴、猪背猴、母子猴、猪八戒背猴等。小巧玲珑，独具文化神韵。

当地人们普遍非常喜爱小石猴，因为它还有药用价值。农民下地干活

时，带上一个小石猴，一旦那里碰伤、划破了，在小石猴身上刮些粉末擦上就可以止血。

石猴之所以被百姓喜爱，除了有药用价值外，它还包含着深厚的“猴文化”底蕴。因为“猴”与“侯”同音，人们希望加官封侯，就给“猴”赋予了一种富贵、吉祥的含义。

朱氏古建筑彩绘

在河南省古代建筑保护研究所有这样一家人，他们家五代从事彩绘，一脉传承至今，他们家的彩绘被称为“中原朱氏彩绘”。他们的活儿，就是让古建筑里那些色彩暗淡的柱子、房梁、天花板，变得色彩艳丽，焕发生机。

从清朝末年算起，朱家祖辈五代都传承着彩绘技艺。在彩绘领域，郑州的“朱家”名声在外。

朱彦林是“朱氏彩绘”第四代传人。朱家多年来为湖北黄陂木兰山、汤阴岳飞庙、淮阳太昊陵、少林寺、白马寺、湖北武当山、郑州城隍庙、浚县大佛等多处风景名胜古建筑进行了彩绘、塑像、上彩等工作，受到了国内古建筑界的高度评价。

朱家彩绘最为独特的地方就是，工艺上有自己的一些不传之秘，最独特的就是“沥粉焊线”，使绘出的图案像浅浮雕一样富有立体感。金色的边框鼓出，像是焊上的金边，金箔、矿物质颜料、桐油等混合而成的“沥粉”，用专用筒子挤出，厚薄不一的图案就有了立体感。朱家彩绘还讲究根据不同的建筑彩绘不同的图案，比如说太昊陵主要画龙，女娲庙主要画凤，关帝庙主要画关公挑袍，岳飞庙主要画八大锤。

据省古建所的专家介绍，彩绘这门活，又苦又累，材料气味还很难闻，如今，掌握彩绘技艺的工人流失严重，亟待抢救保护。

河南省浚县泥塑

浚县泥塑是河南浚县的传统泥塑艺术品，其产地集中在城关镇杨屯，传说始于隋末。原料采用黄泥胶，分为泥咕咕派、泥猴派和泥玩派等三大流派。其题材广泛、内容丰富、粗犷憨厚。

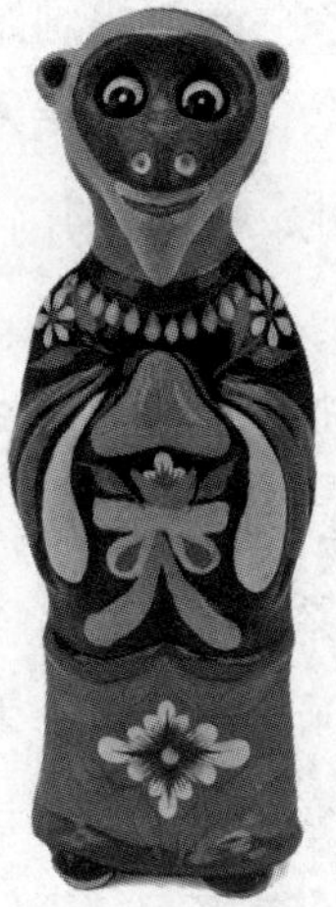

豫北的浚县，古称黎阳，是历代兵家的必争之地。浚县捏泥玩泥的习俗相当悠久。据当地人说，隋末农民起义领袖李密，曾率领瓦岗军在此与隋军大战，终于夺取了设在这里的朝廷大粮仓，并在此屯兵屯粮。当时，许多将士战死在沙场。将士和当地老百姓掩埋将士的遗体，并捏些泥人泥马作为陪葬物。后来，每当想起这次大战，想起在战斗中阵亡的起义军，人们不由自主地捏一些骑马打仗的兵将，来寄托自己的哀思。

时间一久，捏泥人成了浚县的传统，泥人的题材也不再局限于战争。在农家小院里，老人捏，孩子捏，男人捏，女人也捏。在继承传统模式的前提下，大家尽可以发挥自己的聪明才智，即兴创作，形成了老人稳、孩子稚、男人刚、女人柔的特点。

浚县泥塑的原料就是俯拾皆是的黄胶泥。人们将黄泥晒干，碾碎过筛，加上棉花或纸浆，再掺水和匀，用木头捶打数通，然后，等待胶泥变得柔软细腻。接着，经过搓、拉、捏、掐，小小的一块黄泥，玩笑之间就变成了一个憨态可掬的小动物。不过要注意的是，刚刚捏好的泥玩具容易变形，所以人们把它放在锅台上，待烘热冒烟时，赶忙用黑或棕色颜料打底。之后，再在晾干的泥玩具上涂上各种鲜艳的色彩。经过彩绘的泥塑，在阳光的照射下，五彩缤纷，煞是好看。红绿黄蓝等色彩把胶泥的本色完全覆盖了，不知道底细的人，还真不知道这栩栩如生的玩具竟取材于泥土。

在2006年，浚县泥塑入选首批国家级非物质文化遗产名录。黎阳镇的杨玘屯村，以制作泥玩具而出名，被国家文化部命名为“泥玩具之乡”。

滕派蝶画

滕派蝶画始祖为唐高宗李渊的第二太子李世民之弟李元婴，是历史悠久的传统工艺美术品。李元婴善丹青，尤喜画蝶，其技法精妙独特，无与伦比。李元婴因于唐贞观十三年，受封于滕王，滕派蝶画因此而得名。

唐朝初期，李渊之子、滕王李元婴将自己的“蝴蝶梦”留在宣纸上，独创一门，成为滕派蝶画的鼻祖，后滕派蝶画从宫中流传到中国民间。滕派蝶画，巧夺天工。宋代诗人谢无逸有诗赞美蝶画曰：“粉翅翻飞大有情，海棠庭院往来轻。当时只羡滕王巧，一段风流画不成。”

滕派蝶画历经唐、宋、元、明、清一千多年，一直为最高统治者的宫廷画派。它以佛赤、泥银表现蝴蝶翅上的鳞片，用各种名贵宝石粉着色，用五种珍贵檀、沉、芸、降香等为颜料，使蝶画富丽华贵、光耀夺目。滕派蝶画属于工笔重彩画类，独特的颜料和特殊的技法，使蝶画保持百年仍不减初作时的风采，被各朝代上层社会视为珍品，引以为家私荣耀。

作为一种古老的传统民间艺术，以画蝶为主，不陪衬大型花卉，在蝶之外只补以点点野草、青苔、散花，形成与众不同的“雅、素、洒、脱”四大艺术风格。

滕派蝶画虽为宫廷画派，却为家传。从元婴之子湛然之后，则传入梁家（当时梁蔚曾在滕王府邸为幕宾，常伴湛然做事，故得滕派蝶画真传），从此梁家视为珍宝，内部相传十数代之久，并有“传男不传女，传内不传外”之规定。

相传唐高宗将滕王李元婴贬往隆州。李元婴对此已习以为常，一到隆州，便择一僻静优美处，建了个滕王亭。每日坐亭中四顾山水，操练丹青。当地蝴蝶众多，日日绕亭翩然飞舞，李元婴于是日夜揣摩，苦练画蝶之法。数载之后，世人便有“滕王蛱蝶江都马，一纸千金不当价”之誉，他也因此成为滕派蝶画的鼻祖。

滕派的蝶画，乍一看，在点点野草、青苔、散花的陪衬下，画中的飞蝶不过华贵精致而已。但人们用放大镜对准一只斑斓飞蝶细看时，就同一般蝶画大不相同了：蝶目滚圆，蝶体凸现，蝶身上纤纤绒毛上的蝶粉历历在目。整只蝴蝶惟妙惟肖，分外传神。

“滕派蝶画”属于工笔淡彩画系，雅、素、洒、脱是滕派蝶画的特色。它笔法细致入微，设色清淡素雅，纹理清晰、线条流畅，形象逼真、姿态多变，望之摇拂、呼之欲飞，起动憩止、栩栩如生。更因其采用独一无二的颜料和与众不同的技法，故而能使蝶画虽历百年而不减风采，成为画中珍品。

现今，滕派蝶画的独特绘画技法和它神秘的颜料配方一直还是个谜，而谜底，有待于后人来揭示。

镇平玉雕

镇平玉雕是河南省南阳市镇平县地方传统玉石雕刻工艺品。作为一种古老的民间雕刻艺术，南阳镇平玉雕加工业历史悠久。

据出土文物考证，玉雕生产起源于西汉时代，距今已有 2000 余年的历史。宋、元两代玉雕生产开始渐具规模，明、清以来已成为本县的一大产业，且有出口业务。

镇平玉雕造型生动，雕刻精细入微，博采京津工艺之雄厚，苏杭工艺之

俊秀，从而形成自己独有的中部风格，玉雕设计人员精心设计制作的艺术珍品不胜枚举。如，翠玉《九龙花薰》为国家级珍品，陈列于人民大会堂河南厅；独玉《鹿鹤同春》被中国美术馆收藏；双层大型转动翡翠花薰《哪吒闹海》巧用浮雕、透雕、镶嵌技术，玲珑剔透，荣获轻工部工艺美术百花奖；另有独玉《姜子牙封神》《万里长城》、翠玉《麻姑献寿》等270多件工艺精品，先后获得省优、部优和全国工艺美术百花奖。

自古以来，镇平玉雕工艺品以其工艺精湛，做工细腻，质地优良，设计新颖，造型逼真，栩栩如生而驰名中外，成为中国乃至世界最美、最珍贵的瑰宝。

阜阳刺绣

细阳刺绣发源于中原地带，以细阳（太和旧城）大地最为集中，至今已有一千多年的历史。细阳刺绣吸收当地民间风情特色以及剪纸艺术，融入了东西南北的文化，形成了自己的独特风格，既有粤绣的富丽堂皇，蜀绣的细腻，京绣的端庄，苏绣的秀丽与妩媚，又有汴绣的粗犷与古朴。细阳刺绣精细规整，色彩浓艳，花纹苍劲，形象优美，质地坚牢，对于研究当时社会的自然经济和风土人情都有着重要的历史参考价值。

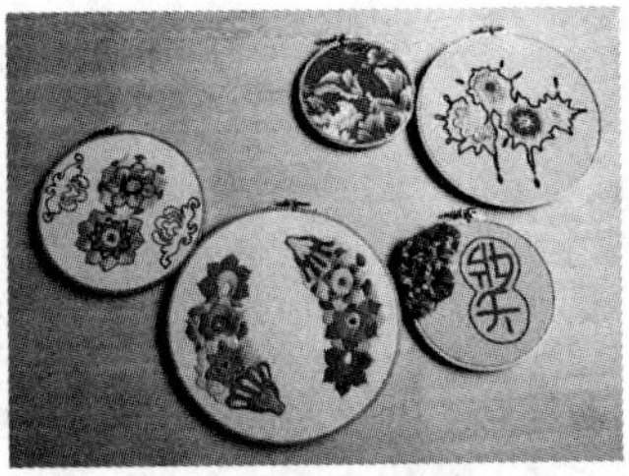

说起阜阳刺绣不得不说的两个人就是苑玉玲和白丽。苑玉玲的刺绣手艺传承于家族，从十几岁开始，她便跟着姥姥学习刺绣。刺绣是一门需要极大耐心和细心的工艺，一双小小的虎头鞋往往要耗上苑玉玲一两个月的时间，她却在坚持不懈的制作过程中感受到一种难以言表的快乐。苑玉玲最大的愿望就是弘扬细阳刺绣，努力把这一优秀的传统文化传承下去。2015年，年过半百的苑玉玲成功入选安徽省第五批省级非物质文化遗产代表性传承人名单，再次引起人们对细阳刺绣的关注。

如果说苑玉玲是传承，那么白丽就是创新。阜阳市非物质文化遗产传承人——太和绣娘白丽，在继承和发展苏绣传统工艺的基础上结合家乡濒临绝迹的徽绣艺术，创作的刺绣作品，秀美大方极具皖北民俗特色。2015 年，白丽凭借创作的一幅徽绣作品习总书记肖像，荣获“2015 北京(国际)工艺美术博览会”银奖。白丽正努力将徽绣和服装业结合起来，通过徽绣推动太和刺绣手工业发展。

阜阳刺绣中蕴含着阜阳人民的生活习性以及精神文明。阜阳刺绣工艺是安徽阜阳市非物质文化遗产中的一颗璀璨的明珠。

参考文献

[1]《国家级非物质文化遗产大观》，北京工业大学出版社2006年版。

[2] 安徽省文化厅：《安徽省非物质文化遗产传承人图谱》，黄山书社2010年版。

[3]《中国非物质文化遗产百科全书》，中国文联出版社2015年版。

[4] 中国非物质文化遗产网。

[5] 淮河流域各省市地区非物质文化遗产中心资料。